Franz Alt
Ernst Ulrich von Weizsäcker
Der Planet ist geplündert

W0197200

Franz Alt
Ernst Ulrich von Weizsäcker

Der Planet ist geplündert
Was wir jetzt tun müssen

HIRZEL

Bibliografische Information der Deutschen Nationalbibliothek
Die Deutsche Nationalbibliothek verzeichnet diese Publikation in der Deutschen
Nationalbibliografie; detaillierte bibliografische Daten sind im Internet unter
http://dnb.d-nb.de abrufbar.

1. Auflage 2022
ISBN 978-3-7776-3020-5 (Print)
ISBN 978-3-7776-3133-2 (E-Book, epub)

© 2022 S. Hirzel Verlag GmbH
Birkenwaldstraße 44, 70191 Stuttgart
Printed in Germany

Einbandgestaltung: semper smile, München
Satz: Satzpunkt Ursula Ewert GmbH, Bayreuth
Druck und Bindung: cpi books GmbH, Leck

www.hirzel.de

*Den beiden Co-Präsidentinnen des Club of Rome gewidmet:
Sandrine Dixson-Declève (Belgien) und Mamphela Ramphele
(Südafrika), eine aus dem Süden und eine aus dem Norden*

»Die reinste Form des Wahnsinns ist es, alles beim Alten zu lassen und zu hoffen, dass sich etwas ändert.«
Albert Einstein

»Wir brauchen einen neuen moralischen Kompass – eine Weltrevolution des Mitgefühls.«
Der Dalai-Lama

»Die Preise müssen die ökologische und ökonomische Wahrheit sagen.«
Ernst Ulrich von Weizsäcker

»Wir haben zu viele schlechte Nachrichten, um selbstzufrieden zu sein, aber wir haben auch zu viele gute Nachrichten, um zu verzweifeln.«
Sandrine Dixson-Declève, Co-Präsidentin des Club of Rome seit 2018

»Ein Wissen, das nicht in die Zukunft reicht, ist kein Wissen.«
Hans-Peter Dürr

»Eine Gemeinschaft, welche die Grenzen des Wachstums nicht beachtet, bekommt Corona.«
Franz Alt

Inhalt

Der Planet in Lebensgefahr
Für einen globalen Ökohumanismus

Die Studie »Die Grenzen des Wachstums – Bericht des Club of Rome zur Lage der Menschheit« traf 1972 einen Nerv der Zeit. Dieser legendäre ökologische und ökonomische Grundlagentext wurde im Jahr des Erscheinens zehn Millionen Mal gekauft, bis heute sollen es 30 Millionen Exemplare sein. Dieser Bericht des Club of Rome kann als Gründungsdokument der internationalen Umweltbewegung bezeichnet werden. Er hat das Denken in Wissenschaft, Politik, Gesellschaft und Wirtschaft global und nachhaltig verändert. Nachhaltig heißt enkeltauglich.

Mit den Mitteln der Mathematik und mit Hilfe von Computerberechnungen kam der Bericht vor 50 Jahren zum Schluss: »Wenn die derzeitige Zunahme der Weltbevölkerung, der Industrialisierung, der Umweltverschmutzung, der Nahrungsmittelproduktion und der Ausbeutung der natürlichen Ressourcen unvermindert anhält, werden die absoluten Grenzen des Wachstums auf der Erde in den nächsten hundert Jahren erreicht.«

Die Hälfte der Zeit ist jetzt um. 1972 lebten 3,8 Milliarden Menschen, heute sind wir knapp acht Milliarden. 2022, also 50 Jahre später, sind die tatsächlichen Grenzen des Wachstums bereits weitgehend erreicht. Unser Planet ist nahezu geplündert. Wir, die heutigen Generationen, haben nicht enkeltauglich gelebt, gearbeitet und gewirtschaftet.

Die neue Religion des ewigen Wachstums und das immer irrwitzigere Tempo des Verbrennens fossiler Rohstoffe haben Millionen Men-

Festhalten an der Wachstumskurve

schen das Leben gekostet und noch mehr in eine unvorstellbare Armut getrieben sowie auf der anderen Seite zum Zeitalter der Milliardäre geführt. Und zu allem Überfluss wollte das ehemals kommunistische Lager dabei den Westen noch »einholen und überholen«.

Noch heute versuchen Neoliberale, mit »Wachstum, Wachstum, Wachstum« das Klima zu retten und das Artensterben zu stoppen. Doch das ist, wie Feuer löschen zu wollen mithilfe von Benzin. So aber werden die Freiheiten der wirtschaftlich Starken noch weiter gestärkt und die wirtschaftlich Schwachen zusätzlich geschwächt. In den ersten zwei Jahren der Corona-Pandemie haben die Reichsten ihr Vermögen nochmals verdoppelt, während sich die Zahl der Millionen Armen ebenfalls verdoppelt hat.

Eine Gemeinschaft, welche die materiellen Grenzen einer begrenzten Welt nicht beachtet, bekommt Corona. Oder auch Flutkatastrophen wie Deutschland, Österreich und China im Juli 2021, oder Feuerkatastrophen wie Kanada, die USA, Skandinavien und die Staaten rund ums Mittelmeer ebenfalls im Sommer 2021. Zehntausende mussten vor dem Flammenmeer um ihr Leben fliehen.

Im noch jungen 21. Jahrhundert gab es bislang kaum ein Jahr ohne außergewöhnliche Wetterkatastrophen. Was wir zurzeit erleben, sind keine Vorboten des Klimawandels – es ist die Klimakatastrophe, sagen die Klimawissenschaftler. Für sie ist auch klar, dass es ohne den Klimawandel diese Extremwetterhäufigkeit nicht geben würde. Hier nur einige extreme Beispiele: 2002 – Elbeflut in Deutschland, 2003 – Hitzesommer in Europa mit 65 000 Hitzetoten, 2005 – Hurrikan Katrina in den USA, 2011 – enorme Trockenheit und Hungersnot in Äthiopien, Eritrea, Somalia und Kenia, 2016 – in Kuwait wird mit 53,9 Grad Celsius die heißeste Temperatur Asiens überhaupt gemessen, 2018 – global wärmstes Jahr seit 1880, 2018 bis 2020 – extreme Trockenheit in ganz Europa, bis zu 70 Prozent Ernteausfälle, 2019 – Zyklon Kyarr im Indischen Ozean ist mit 240 Stundenkilometern der stärkste Wirbelsturm aller Zeiten, 2021 – Starkregen in Nordrhein-Westfalen und Rheinland-Pfalz, Hitzerekorde in Griechenland, Waldbrände rund um das Mittelmeer, in Kalifornien, Russland sowie Kanada und Hochwasser in China.

Will der Mensch weiter leben, kann er nicht so weiterleben. Keine neue Erkenntnis, schon Rainer Maria Rilke schrieb: »Du musst dein Leben ändern.« Viele Menschen tun das auch. Alte Gewohnheiten wie schlechte Ernährung, mangelnde Bewegung, chronischer Stress oder übermäßiger Alkoholkonsum lassen sich ändern. Das gilt auch für politische Krisen. Gesundheit lässt sich nicht objektiv messen. Doch wir können Gesundheit so umfassend verstehen, wie es die Weltgesundheitsorganisation (WHO) schon 1946 in ihrer berühmten Präambel getan hat: als einen »Zustand vollständigen physischen, mentalen und sozialen Wohlbefindens und nicht nur der Abwesenheit von Krankheit und Gebrechen«.

Krise wird es für lange Zeit nicht mehr im Singular geben. Das Ensemble der Krisen im Plural macht deutlich, dass die Klimakrise ihren Ursprung in der Ausbeutung der Natur und in mangelnder Ehrfurcht vor ihr hat. Unser Planet ist geplündert: 1,5 Milliarden Menschen weltweit haben keinen Zugang zu sauberem Trinkwasser, täglich verhungern etwa 20 000 Menschen, Tier- und Pflanzenarten sterben schneller aus als je zuvor in den letzten 65 Millionen Jahren, die Gletscher schmelzen, die Wüsten breiten sich aus, die Sturmschäden nehmen zu, Methan wird in großem Maßstab freigesetzt. Wir führen einen Weltkrieg gegen die Natur und damit gegen uns selbst, denn wir sind ein Teil der Natur. In früheren Büchern zum Thema schrieb ich: »Die Erde hat Fieber.« Heute wissen wir: Unsere Mutter Erde liegt auf der Intensivstation. Klima ist jetzt alles, und alles ist jetzt Klima.

In China mussten 2021 allein in der Millionenmetropole Zhengzhou 376 000 Menschen vor den Fluten in Sicherheit gebracht werden. In drei Tagen war so viel Regen gefallen wie sonst in einem ganzen Jahr. Die Zeichen mehren sich.

Soll es einfach so weitergehen? Die schlichte Verlängerung dieser Gegenwart kann keine gute Zukunft für alle bringen. Die wichtigste Lektion aus den vergangenen Katastrophen lautet: Wir müssen endlich verstehen, dass wir gefährdet sind. Nicht nur Bangladesch ist ein verletzliches Land, sondern alle Länder sind durch die Klimakrise verletzlich geworden.

Von den vielen Weltuntergangsszenarien will ich hier nur eine zitieren – aus einer Studie der Universität Hawaii: Bis zum Ende dieses Jahrhunderts werden 75 Prozent der Bewohner unseres Planeten Opfer mörderischer Hitzewellen geworden sein, weil es dann global um etwa vier bis fünf Grad wärmer sein wird als heute (nach anderen Studien sogar um sieben bis acht Grad heißer). Ähnliche Vorhersagen gibt es vom Weltklimarat, also ganz offiziell von den Vereinten Nationen – und dort sitzen im Normalfall keine Weltuntergangspropheten, sondern eher sogenannte Realpolitiker. Das heißt im Klartext: Drei Viertel der Menschheit werden umgekommen sein – eine ungeheuerliche Vorstellung. Das ist die Zeit unserer Kinder, Enkel und Urenkel – je nach Ihrem Alter, liebe Leserin, lieber Leser. Durch die Pest im Mittelalter starben in Europa etwa ein Drittel aller Menschen.

Klimawandel klingt für viele Menschen recht theoretisch. In Wahrheit ist es eine Gesundheitskatastrophe, ja, eine Überlebensfrage. Zur Eröffnung der Weltklimakonferenz in Glasgow am 1. November 2021 sagte der britische Premierminister Boris Johnson: »Es ist eine Minute vor zwölf.« Vor dem Gipfel in Glasgow unterzeichneten Papst Franziskus und weitere 40 Religionsführer aus der ganzen Welt – unter ihnen der Großiman aus Ägypten, Ahmed al-Tajjib, sowie der Patriarch von Konstantinopel, Bartholomäus I. – einen dringenden Appell für mehr Klimaschutz: »Jetzt ist die Zeit für drängende, radikale und verantwortungsbewusste Taten.«

Was hat diese Konferenz in Glasgow mit 30 000 Teilnehmern aus beinahe 200 Ländern dem Klima gebracht? Greta Thunberg meint, das war alles nur »blah, blah, blah«. Ich sehe das Glasgow-Ergebnis differenzierter, denn immerhin bekannten sich 190 Staaten, Regionen und Organisationen zum Kohleausstieg, 40 Länder wollen die Finanzierung fossiler Energieträger im Ausland beenden, und mehr als 110 Staaten sagten zu, bis 2030 den weltweiten Verlust der Wälder zu stoppen. Kohle und alle fossilen Energieträger wurden erstmals zum Auslaufmodell erklärt. Auch ich weiß, dass diese Zusagen zunächst nur Versprechungen sind. Wir wissen aber auch: Sollten diese Zusagen umgesetzt werden, dann wird es um circa 0,3 Grad weniger warm als ohne entsprechendes Handeln. Das heißt: noch drei solcher Konferenzen mit tatsächlich umgesetzten Maßnahmen, und das 1,5-Grad-Ziel von Paris wäre erreicht. Es geht also, wenn es wirklich gewollt ist. Denn die Klimawissenschaft sagt uns auch, dass wir vor Glasgow auf eine Erwärmung von 2,7 Grad gegenüber der vorindustriellen Zeit zusteuerten, danach »nur« noch auf 2,4 Grad, falls die Zusagen eingehalten werden. Nach Glasgow fehlen also noch 0,9 Grad bis zum Paris-Ziel von 1,5 Grad.

Klimakonferenzen wie Glasgow stehen in einer Reihe mit anderen Konferenzen zu internationalen Problemen wie Artenvielfalt, dem Vertrag über die Nichtverbreitung von Atomwaffen oder dem Schutz der Ozonschicht. Glasgow brachte Hoffnung auf Fortschritte beim Klimaschutz. Es muss freilich schneller gehen und konsequenter. Es ist richtig und wichtig, dass in Glasgow noch einmal das 1,5-Grad-Ziel von Paris von allen Staaten der Welt bekräftigt wurde, denn dieses Ziel aufzugeben hieße, das Recht auf Heimat von Milliarden Menschen zu ignorieren. So schlimm wie Hoffnungslosigkeit wäre Gleichgültigkeit. Der Klimawissenschaftler Professor Ottmar Edenhofer zu Glasgow: Wir wissen jetzt, dass es »nicht die Welt kostet, den Planeten zu retten«. Für die Rettung des Planeten haben wir freilich nicht unendlich viel Zeit. Wir sind aber in eine Phase der Geschichte eingetreten, in der die Vorstellungskraft vieler Menschen nicht mehr ausreicht, sich Ernteausfälle, Hungersnöte, Flüchtlingsströme von Millionen Menschen, den Kollaps von Regierungssystemen, den Kollaps des Amazonasgebietes und Kriege um Wasser vorzustellen. Selbst der Niedergang des größten Regenwaldsystems der Erde beschleunigt sich.

Was heute ein »Jahrtausendsommer« ist, kann schon in wenigen Jahren ganz normal sein, prophezeit der Weltklimarat. 2021 ließen Tiefdruckgebiete Westdeutschland im Hochwasser versinken und verwandelten Hochdruckgebiete Südeuropa in ein Flammenmeer.

Sind diese Behauptungen schiere Polemik oder das Ergebnis der Uralterkenntnis aller Religionen und Weisheitslehren, wonach wir nur ernten können, was wir säen? Viele reden dabei immer noch von »höherer Gewalt«, als sei Gott dafür verantwortlich. Doch die Täter sind wir – also sind wir auch die Opfer. Wir ernten, was wir säen. Wir sind Täter und Opfer zugleich.

Auf die notwendigen Veränderungen sind wir so wenig vorbereitet wie die Flutopfer 2021 in Nordrhein-Westfalen und Rheinland-Pfalz. Angesichts solcher Vorhersagen verfallen manche Menschen in Zynismus und Pessimismus. Aber noch mehr bekommen Angst. Diese Angst ist mehr als berechtigt. Doch wir sollten uns von dieser Angst nicht lähmen lassen, sondern sie produktiv nutzen. In ihr steckt auch eine Kraft: die Kraft zur Veränderung und zur Wandlung. Vielleicht sogar die Kreativität der Liebe.

Der Publizist und Zukunftsforscher Robert Jungk hat recht – es bedarf eines »Menschenbebens« als Antwort auf die Krisen der Gegenwart: »Die Zukunft ist kein Schicksal. Die Welt kann verändert werden.« Zukunft ist nicht vorhersehbar, aber gestaltbar. Jungk war chronisch zukunftsverliebt. Und er wusste, dass die Umkehr zu einem guten Leben für alle nicht allein durch technologischen Fortschritt zu erreichen ist.

In Anlehnung an die Studie von 1972 »Die Grenzen des Wachstums« des Club of Rome, auf die wir im nächsten Kapitel ausführlich eingehen, wollen Ernst Ulrich von Weizsäcker und ich mit diesem Buch an Beispielen positiver Entwicklungen zeigen, dass und wie rasche Veränderungen – wahrscheinlich gerade noch – möglich sind:

Deutschland produziert bereits knapp 50 Prozent seines Stroms erneuerbar, Island 98 Prozent, Costa Rica 100 Prozent.

Das deutsche Konzept der Passivhäuser spart 90 Prozent des bisherigen Energieverbrauchs ein und macht vor allem in China Karriere.

Die Kosten für die Produktion erneuerbarer Energie aus Sonne und Wind sind in Deutschland zwischen 1990 und 2020 um das Fünfzigfache gefallen. Wissenschaftler sprechen vom »Wunder der Solarforschung«.

China hat in seinem jüngsten Fünfjahresplan erklärt, die »globale Supermacht der erneuerbaren Energien« werden zu wollen. Chinas Umweltschutzbemühungen sind weitreichender, als wir es im Westen wahrhaben wollen. Es hat eine Verringerung seines Kohleverbrauchs ab 2025 in Aussicht gestellt. Warum kaufen Chinesen mehr E-Autos als wir Europäer? Ganz einfach: Ein Nummernschild für einen Verbrenner in Schanghai kostet 15 000 Euro, das grüne Nummernschild für ein E-Auto ist dort kostenlos. Alles klar?

Die karibischen Zwillingsinselnationen Antigua und Barbados haben sich gegenüber den Vereinten Nationen verpflichtet, bis 2030 eine Zukunft mit 100 Prozent erneuerbarer Energie zu erreichen. Ihre Regierungen haben erkannt, dass erneuerbare Energien, grüner Wasserstoff und E-Mobilität die kosteneffektivsten Energieträger sind.

Dänemark mit knapp sechs Millionen Einwohnern baut jetzt einen Offshore-Windpark, der zehn Millionen Menschen Ökostrom liefern wird. Der Windstrom soll auch für die Produktion von grünem Wasserstoff genutzt werden für Schifffahrt, Luftfahrt und Schwerindustrie. Saudi-Arabien plant bis 2030 das weltgrößte Solarkraftwerk in der Wüste, das etwa so viel Strom liefern soll wie 70 Atomkraftwerke. Kosten pro Kilowattstunde Solarstrom: ein Eurocent.

»Gas over«, sagte der Präsident der Europäischen Investmentbank Werner Hoyer Anfang 2021. Seine Bank will 2022 die Unterstützung von Kohle, Gas und Öl komplett einstellen.

Tausende Kommunen auf der ganzen Welt haben eine ökologische Verkehrswende eingeleitet. Vorbild ist die südchinesische 20-Millionen-Metropole Shenzhen, in der 15 000 Busse und sämtliche Taxen bereits elektrisch fahren. Diese innovativste Stadt im Reich der Mitte ist heute die leiseste und sauberste Metropole der Welt, setzt Maßstäbe bei der Verkehrswende, für die globale Drohnenindustrie, bei der Digitalisierung und der künstlichen Intelligenz. Die negative Seite dieser Entwicklung: Shenzhen hat das brutalste Überwachungssystem seiner Bürger und Bürgerinnen weltweit, es ist unmöglich, sich in dieser Stadt außer Haus unbeobachtet zu bewegen.

Die IT-Branche verursacht weltweit etwa so viel CO_2 wie die Flugbranche. Doch es geht auch anders: Der Münchner Internetanbieter M-net hat innerhalb von zwei Jahren seine CO_2-Emissionen um 90 Prozent reduziert oder kompensiert durch eigene regenerative Energieerzeugung, grünen Stromeinkauf und Aufforstung.

Bayern hat sich gesetzlich verpflichtet, bis 2030 den Anteil des biologischen Landbaus zu verdreifachen, ebenso Baden-Württemberg. Auch die neue rot-grün-gelbe Bundesregierung will in Deutschland 30 Prozent Ökolandbau bis zum Ende des Jahrzehnts. Förster haben überall auf der Welt erkannt, dass der Wald von morgen ein Mischwald sein muss, und verabschieden sich von Monokulturen wie Fichte oder Tanne. Kommunalpolitiker geben die Devise aus: Wälder in die Stadt, Bäume auf die Häuser, die Natur zieht in die Stadt.

Ein Fünftel von Helsinki besteht aus Stadtwald, 34 Prozent des Stadtgebiets sind grün, 1200 Kilometer Radwege durchziehen die Stadt, auch richtige Radschnellwege, abgesenkt und ohne mit Autos oder Fußgängern in Konflikt zu geraten.

BP nennt sich seit über zwei Jahrzehnten nicht mehr British Petroleum, sondern »Beyond Petroleum«. Sein Konkurrent Royal Dutch Shell investiert jetzt groß in Offshore-Windparks. Um erneuerbare Energien haben sich riesige Kapitalmärkte gebildet. Londoner Investmentbanken wie S&P Global Clean Energy Index preisen ständig ihren grünen Status an.

Die Zahl der E-Autos hat sich in Deutschland im Jahr 2020 mehr als verdoppelt. 2021 wurden in Deutschland europaweit die meisten E-Autos verkauft. Dieselautos und Benziner werden hierzulande bis 2030 Auslaufmodelle. Die Bundesregierung stellt für den Ausbau des öffentlichen Verkehrs bis 2030 über 100 Milliarden Euro zur Verfügung.

Über 1000 Energiegenossenschaften treiben allein in Deutschland die Energiewende voran. Schon bis 2025, spätestens 2030 sollen ihre Regionen klimaneutral sein. In Österreich gibt es über 100 Energiegenossenschaften.

Trotz des Klima-Ignoranten Donald Trump wurde während seiner Amtszeit als Präsident der kalifornische E-Autobauer Tesla zur wertvollsten Autofirma der Welt, sank der Kohleverbrauch in den USA drastisch, und die Erneuerbaren wuchsen weit schneller als die US-Wirtschaft.

In Amsterdam und Stockholm werden bereits die Hälfte aller Wege mit dem Fahrrad zurückgelegt, in Tokio sind schon 95 Prozent des Verkehrs öffentlicher Verkehr.

Auch die Deutschen haben während der Corona-Pandemie das Fahrrad wiederentdeckt. Radfahren boomt, die Umsätze steigen, E-Fahrräder sind begehrt, es gibt Lieferengpässe. Das Bundesverkehrsministerium steckt 600 Millionen Euro in den Ausbau der Radinfrastruktur und hat in sieben Hochschulen Lehrstühle eingerichtet, um den Radverkehr als Universitäts- und Forschungsfach zu verankern. Drei davon sind mit Frauen besetzt: Angela Francke forscht in Karlsruhe zu Verkehrspsychologie, Martina Lohmeier plant in Dresden Verkehrsanlagen, und Jana Kühl fordert in Salzgitter mehr Vielfalt im Straßenverkehr.

Auch die schicken Pariserinnen und Pariser lieben in der Stadt der Liebe immer mehr das Fahrrad. Die sozialistische Oberbürgermeisterin Anne Hidalgo hat 300 Kilometer Fahrradwege bauen lassen, auf den großen Boulevards der französischen Hauptstadt fahren jetzt mehr

Radfahrer als Autofahrer. Die Champs-Élysées sollen ein außergewöhnlicher Garten werden für alle, die dort sehen und gesehen werden wollen. Und Vögel sollen in den Bäumen zwitschern. Promenieren soll die neue Freiheit sein. Überall in der 13-Millionen-Metropole öffnen Bioläden und vegetarische Restaurants. Anne Hidalgo hat auch eine Null-Abfall-Kampagne in Geschäften gestartet, die unverpackte Waren anbieten. Als sie dafür Freiwillige suchte, meldeten sich 25 000 Bürgerinnen und Bürger. Das Motto der Oberbürgermeisterin: »Ich will, dass Frankreich wieder atmen kann.«

Die Zahl der Bioläden wächst weltweit rapide – vor allem dank des Drucks, den die Käufer – also wir – durch unsere Kaufentscheidungen ausüben.

Die USA wollen den Ausstoß von Treibhausgasen bis 2030 um 50 bis 52 Prozent im Vergleich zu 2005 verringern; daraufhin gaben sich auch andere Länder ehrgeizigere Klimaschutzziele.

Japan kündigte an, seine Emissionen bis 2030/2031 um 46 Prozent im Vergleich zu 2013 zu verringern, bislang waren nur 26 Prozent vorgesehen.

Brasilien hat sich bereit erklärt, die illegale Abholzung des Amazonas bis 2030 zu beenden und seine Emissionen in den nächsten zehn Jahren um 50 Prozent zu senken.

Die EU will bis 2030 gegenüber 1990 55 Prozent weniger CO_2 emittieren, ursprünglich waren nur 40 Prozent vorgesehen. Auch Deutschland hat nach einem spektakulären und historischen Urteil des Bundesverfassungsgerichts im April 2021 seine Klimaschutzziele erhöht und will bis 2045 klimaneutral sein. Bayern und Hamburg wollen dieses Ziel bis 2040 erreichen, andere Städte schon bis 2035.

Neuseeland sorgt für mehr Klimaschutz durch Transparenz: Ab 2022 sind große Unternehmen verpflichtet, die Auswirkungen ihrer Geschäfte auf den Klimawandel offenzulegen.

Der jüngste Bericht des Weltklimarats (IPCC) betont: »Das Leben auf der Erde kann sich von einem drastischen Klimaumschwung erholen, indem es neue Arten hervorbringt und neue Ökosysteme schafft, Menschen können das nicht.«

Und zum Schluss noch eine besonders positive Meldung: Ruanda ist wieder zu einem Drittel mit Wald bedeckt.

Wenn wir als Spezies überleben wollen, dann müssen die Ökonomen lernen, dass ihre Wissenschaft eine Unterabteilung der Ökologie ist. Nur diese ist schöpfungsgemäß und hat Zukunft. Die Ökologie ist so alt wie unser Planet, mehrere Milliarden Jahre – die heutige Ökonomie als Wissenschaft nur knapp 300 Jahre.

Beide Begriffe, Ökonomie und Ökologie, haben die griechische Wurzel »oikos«, übersetzt »Haushalt« oder etwas weiter gefasst: die »Wissenschaft vom Haushalten«. Ökologie ist die Wissenschaft vom Zusammenleben aller Lebewesen im Haus ihrer Umwelt und hängt eng zusammen mit der Ökonomie der Nahrungsbeschaffung. Alle Geschöpfe bilden eine Lebens- und Hausgemeinschaft miteinander. Gott ist dabei kein Macher, sondern ein Schöpfer.

Auf den Punkt gebracht heißt die neue Erkenntnis: Klimaschutz, Klimaschutz und noch mal Klimaschutz. In Wahrheit geht es um eine grüne Revolution mit einer Wende hin zu solarer Energie, ökologischem Verkehr, nachhaltiger Landwirtschaft, nachhaltigem Bauen, nachhaltiger Wasser- und Waldbewirtschaftung. Am Ende wird die Ökologie dann die intelligentere Ökonomie sein und ökonomisches Handeln künftig nur im Rahmen der planetaren Grenzen verantwortlich sein.

Das alte Dogma »Die Klimakatastrophe betrifft vielleicht Afrika, Indien und Bangladesch, aber doch nicht Deutschland« hat sich selbst hinweggespült. Die neue Erkenntnis heißt: Der Klimawandel betrifft alle. In den Katastrophengebieten hörte ich Politiker sagen: »Damit konnte wirklich niemand rechnen.« Meine Rückfrage: »Haben Sie in den letzten Jahrzehnten keine Zeitung gelesen und keine Nachrichten gesehen? Wir hatten 25 Weltklimakonferenzen, und es wurde mindestens in diesem Zusammenhang sehr ausführlich berichtet, was auf uns zukommt.« Die meisten Politiker leben wie die berühmten drei japanischen Affen, die nichts sehen, nichts sagen und nichts hören wollen.

Das ist die Grundbotschaft dieses Buches: Möglichkeiten gibt es überall. Es verschweigt nicht die Probleme, aber es zeigt im Gegensatz zu vielen Publikationen vor allem Lösungen und möchte einen Beitrag

Die drei Affen

leisten, Zukunft zu ermöglichen. Nicht zuletzt gibt es heute viel mehr gebildete Menschen als je zuvor. Wir wissen mehr über die Weltgeschichte als frühere Generationen und mehr über unsere großen Geister und Vorbilder in der Geschichte. Mehr Menschen kennen heute die Bergpredigt Jesu und den achtfachen Pfad Buddhas und wissen, dass wir zur Lösung der globalen Probleme eine globale Ethik, ein Weltethos, brauchen: eine Ökospiritualität.

Vor allem aber will dieses Buch zum Selbstdenken und noch mehr zum Selbsthandeln verführen. Die entscheidende Kunst der Transformation besteht jetzt darin, aus Panik, Empörung und Frust Motivation, Aktion und Lust zu machen. Oder mit einem afrikanischen Sprichwort: »Wende dein Gesicht der Sonne zu, dann fällt dein Schatten hinter dich.«

Die Nutzung fossil-atomarer Energiequellen werden künftige Generationen zu den Schattenseiten des Industriezeitalters zählen. Seit der industriellen Revolution leben wir in der Illusion einer Welt mit grenzenlosem wirtschaftlichem Wachstum, in der Grenzen vor allem dazu da sind, um durchbrochen oder niedergerissen zu werden. Doch die Corona-Krise hat uns, sofern wir lern- und wandlungsfähig sind, gelehrt, dass diese neue Situation auch eine Generalprobe für eine tiefgreifende planetare Wende sein kann, in der wir lernen, dass wir uns in unseren »vier Wänden« neu erden können. Die Kontaktsperren während der ersten und zweiten Corona-Welle haben in Europa Hunderttausenden Menschen das Leben gerettet.

Die Menschenkatastrophe

Bereits 2019 hatte UN-Generalsekretär António Guterres beim Weltwirtschaftsforum die Klimaerhitzung »eine Frage von Leben oder Tod« genannt. Niemand wird also sagen können, er oder sie habe es nicht gewusst. Wir wissen alles. Die Zeit zum Handeln drängt, wenn wir wirklich wollen, dass unsere Spezies überlebt.

Der Entwurf des jüngsten Berichts des Weltklimarats trägt die Überschrift: »Das Schlimmste kommt erst noch«, also noch mehr Hitzewellen, Hungertote, Überschwemmungen, Waldbrände, ein noch rascheres Artensterben. Ein Verfehlen des 1,5-Grad-Ziels, das sich die Weltgemeinschaft 2015 in Paris gegeben hat, hat nach Einschätzung der Klimawissenschaft verheerende Folgen für die gesamte Menschheit.

Oft werde ich nach Vorträgen gefragt: »Wie heiß wird es denn noch werden?« Meine schlichte Antwort darauf lautet jedes Mal: »Genauso heiß, wie wir es machen. Die Klimakatastrophe ist eine Menschenkatastrophe.« Eckart von Hirschhausen sagt es so: »Wir müssen nicht die Erde retten, sondern uns – Mensch Erde! Wir könnten es so schön haben.«

Die Todesflut in Nordrhein-Westfalen und Rheinland-Pfalz Mitte Juli 2021, als tsunamiähnliche Wellen durch Eifeldörfer rollten, hat auch alte Dogmen unterlassener Klimapolitik der letzten Jahrzehnte mit einem Rutsch weggespült. Zum Beispiel das Dogma, dass Klimaschutz doch viel zu teuer ist – nichts ist so teuer wie kein Klimaschutz. Weit preiswerter, als die Not zu lindern, ist, sie zu verhindern. Am teuersten ist es, nichts zu tun. Oder dass Klimaschutz Arbeitsplätze zerstört – Klimaschutz ist der Jobknüller der Zukunft und kein Jobkiller, in der Branche der erneuerbaren Energien arbeiten in Deutschland heute schon 300 000 Menschen. Außerdem das Dogma, dass wir noch lange Verbrennerautos fahren werden – Dieselfahrzeuge und Benziner sind Auslaufmodelle. Die EU hat mit ihrem Green New Deal angekündigt, dass diese ab 2035 nicht mehr zugelassen werden. Audi hat als einer der ersten großen Autohersteller hierzulande beschlossen, ab 2026 keine weiteren Verbrenner mehr zu entwickeln. Auch das vierte Dogma, nämlich dass die Klimakatastrophe vielleicht Afrika, Indien und Bangladesch betrifft, aber nicht Deutschland, ist ebenfalls dahin – der Klimawandel betrifft uns alle.

Doch brauchen wir immer zuerst Katastrophen als Lernhelfer? Schreckensbilder allein werden uns kaum für die Wende zugunsten des Klimas motivieren. Eher wartet ein Kosmos neuer Erkenntnisse auf seine Entdeckung. Die Magna Charta dieser Erkenntnis heißt: Die Natur weiß es besser – lasst uns in die Schule der Natur gehen. Dabei geht es um nichts Geringeres als um einen globalen Ökohumanismus – und darum, die Dinge nicht so zu sehen, wie wir sie oft sehen und wie wir sind, sondern offen, weitsichtig, altruistisch. Die göttliche Ordnung der Natur sorgt entschieden besser für unsere Zukunft als jede Versicherungs- oder Aktiengesellschaft.

Ein gesellschaftlicher Wandel, der diese Prinzipien ernst nimmt, kann unsere planetarische Krise überwinden. Hier wartet unser größtes und wahres Innovationspotenzial auf seine Nutzung. Viele Probleme werden dann lösbar beziehungsweise entstehen erst gar nicht. Vielleicht gibt es sogar einen dem Menschen angeborenen Trieb zur tiefen Erforschung der Umwelt. Materielles Wachstum mag begrenzt sein, doch die Intelligenz der Schöpfung, des Schöpfers oder der Schöpferin ist grenzenlos. Wir alle sind Kinder dieser Intelligenz, und deshalb ist unser geistiges Potenzial riesig und unbegrenzt. Darin liegt unsere Chance – trotz allem: noch.

Deshalb: Retten kann uns noch eine Ökologie der Herzen.

Klimaschutz ist Gesundheitsschutz und Schutz der Freiheit

Falls es Ihnen genauso geht wie mir, als ich diese eben genannten Fakten zum ersten Mal gelesen habe, dann wünsche ich Ihnen rasche Erholung.

Diese brauchen Sie schon deshalb, weil Hitze, Dürre, Waldbrände, Flutkatastrophen und Milliardenschäden das neue Normal werden. Denn es gibt ähnliche Zahlen vom Weltklimarat, also ganz offiziell von den Vereinten Nationen.

Was wir Menschen angerichtet haben, bringt künftig drei Viertel aller Menschen in Lebensgefahr – eine ungeheuerliche Vorstellung. Im Hitzesommer 2003 starben in den EU-Ländern mehr als 71 000 Menschen an der ungewöhnlichen Hitze. Hitzewellen im Sommer sind besonders für Kleinkinder und Ältere gefährlich. Und Experten warnen, es wird alles noch viel schlimmer werden. Wer einmal wie ich in der Südtürkei 52 Grad Hitze erlebt hat, weiß, dass diese Temperaturen kaum zu ertragen sind.

Diese Zahlen lügen nicht. Niemand wird sagen können, er oder sie habe es nicht gewusst. Wir wissen alles. Die Zeit drängt zum Handeln, wenn wir wirklich wollen, dass unsere Spezies überlebt.

2021 sind in Deutschland mehr als zehnmal so viele Menschen durch Hitze gestorben wie durch Hochwasser. Hitze tötet schon heute. Aber sie bewirkt eher einen stillen Tod. Sie macht mega-aggressiv, verursacht Herzinfarkte, Unfälle und Suizide. Inzwischen warnen auch die Ärzte vor den gesundheitlichen Auswirkungen der Klimaerhitzung bei uns.

Der Klimawandel und die Umweltverschmutzung befeuern auch das Auftreten von Allergien, fast 30 Millionen Deutsche sind betroffen, Tendenz stark und rasch steigend. Immer mehr Kinder leiden an Neurodermitis. Zunehmende Luftverschmutzung reizt die Atemwege und macht sie anfälliger für Erkrankungen. Luftverschmutzung ist das am meisten unterschätzte Umweltproblem, jedes Jahr sterben weltweit sieben Millionen Menschen daran.

Hitzewellen, Artensterben und Umweltverschmutzung schaden schon heute und erst recht morgen in der noch wärmeren Welt unserer Gesundheit. Corona und Klimaerhitzung machen uns krank. Die Chefärztin der Hochschulambulanz für Umweltmedizin am Universitätsklinikum Augsburg, Claudia Traidl-Hoffmann: »Die Klimakrise ist vor allem eine Gesundheitskrise.«

Sie forscht über die Zusammenhänge von Umweltkrisen, Klimaerwärmung und Gesundheit. Und der Arzt und Autor Eckart von Hirschhausen meint: »Wenn die Überhitzung das Fieber von Mutter Erde ist, dann ist das Artensterben ihre Demenz.« Fakt ist, dass heute Atmen etwas mit Feinstaub zu tun hat und Wasser mit Mikroplastik. Bei 50 Grad Hitze in Indien sterben Menschen an Lungenschäden und Herzkreislauferkrankungen. Hierzulande übrigens schon bei 42 Grad. Das alles macht deutlich, dass der Klimawandel und die Umweltverschmutzung die Geschichte unserer Zeit bilden.

Im Zuge der Erderwärmung hat sich die Arktis dreimal schneller erwärmt als der Rest des Planeten. Meine Frau und ich haben in Grönland Tage erlebt, an denen es dort wärmer war als in Mitteleuropa. Klimawissenschaftler haben uns vor Ort gesagt, dass das Grönlandeis heute bis zu sechsmal schneller schmilzt, als sie noch vor zehn Jahren prognostiziert haben. Was dann genau mit den Meeren passieren wird, wissen wir nicht. Aber wenn das Grönlandeis komplett schmilzt, steigt der Meeresspiegel um bis zu sieben Meter. Klar ist, dass die große Flut auch auf uns zukommen wird und norddeutsche Küstenstädte verschwinden könnten.

Auf Grönlands höchstem Punkt, auf 3230 Metern, hat es Mitte August 2021 zum ersten Mal seit Jahrtausenden, wahrscheinlich seit Jahrmillionen, geregnet. Das lässt sich durch Untersuchungen an Eisbohrkernen wissenschaftlich nachweisen. Seit dem Jahr 2000 sind hier die Temperaturen drei Mal über null Grad gestiegen.

Der US-Klimaforscher Michael E. Mann ist überzeugt: »Je weiter wir uns in die wärmere Welt vorwagen, desto gefährlicher wird es.« Und die Klimawissenschaftler sind sich einig, dass bisherige Extremereignisse erst die Vorboten dessen sind, was künftig auf uns zukommen wird. Ganz nebenbei: 2021 wurden nahezu alle früheren Schreckensvorhersagen des Weltklimarats IPPC übertroffen. Der Meteorologe Özden Terli: »Weil sich der Planet erhitzt, gerät die Wettermaschine aus dem Takt.«

Zuvor war die Wirklichkeit des Klimawandels mindestens drei Jahrzehnte verdrängt und verleugnet worden. In seinem Roman »Der Tod des Iwan Iljitsch« erzählt Leo Tolstoi in der Rückschau über die Kunst des menschlichen Verdrängens: »Aber wenn man wenigstens begreifen könnte, warum es geschieht.« Begreifen, erkennen, näher hinschauen: Das müssen wir wenigstens jetzt, um zu verstehen, dass wir heute nicht so leben, wie es nötig ist.

Es war schon immer ziemlich doof, wenn Regierungen versucht haben, einen Großbrand mit einem Handfeuerlöscher zu besiegen. Jetzt müssen die Regierungen der Welt aus dem Jahrzehnt der 20er-Jahre das Jahrzehnt der erneuerbaren Energien machen. Das ist keine Illusion: Schon 2020 beruhten weltweit 80 Prozent der neu installierten Kraftwerksleistung auf erneuerbaren Energien. Wachstumsraten zurzeit: 30 Prozent pro Jahr. Wir brauchen aber mehr. Denn dieses Jahrzehnt ist das letzte, das wir noch für die große Transformation haben. Das Ziel der neuen Bundesregierung: bis 2030 null Prozent Kohle und 80 Prozent Ökostrom – immerhin.

Als im Juli 2021 innerhalb weniger Stunden in Rheinland-Pfalz und Nordrhein-Westfalen durch Starkregen ganze Dörfer weggespült, Tausende Häuser zerstört und beinahe 200 Menschen getötet wurden, titelte die »taz«: »Jetzt wird nichts mehr sein wie vorher.« Selbst konservative Politiker wie Horst Seehofer, Armin Laschet und Angela Merkel wollten nun ganz plötzlich den Klimawandel schneller und effektiver bekämpfen. Zumindest verbal! Armin Laschet: »Das bedeutet, dass wir bei den Maßnahmen zum Klimaschutz mehr Tempo brauchen – europäisch, bundesweit, weltweit.« Angela Merkel als Fazit ihrer Amtszeit: »Wir müssen mehr tun als bisher.«

Auch Wirtschaftsforscher schlagen vor, die Corona-Krise als Forschungslabor für eine bessere Arbeitswelt zu nutzen. Schon vor der Krise galten deutsche Arbeitnehmer als die »Frustweltmeister«. In keinem anderen Land der Welt gehen Arbeitnehmer so lustlos zur Arbeit wie in Deutschland. Über 70 Prozent geben an, dass sie am Montagmorgen nichts sehnlicher herbeiwünschen als den Freitagabend. Aber nicht nur Arbeitnehmer und Arbeitnehmerinnen, sondern auch Studentinnen und Schüler haben ein riesiges Frustpotenzial. Sie alle eint der Wunsch, die Zukunft positiv zu gestalten. Der Dalai-Lama sagt dazu: »Wer alles mit einem Lächeln beginnt, dem wird das meiste gelingen.«

Wenn wir in unserer Arbeit eine Sinnhaftigkeit finden, mobilisieren wir unseren inneren Antrieb. Dann müssen wir nicht arbeiten, dann dürfen wir arbeiten. Weder schnelle Aufstiegsmöglichkeiten noch ein überdurchschnittliches Gehalt sind die entscheidenden Kriterien für die Wahl eines Arbeitgebers. Die Lust, Sinnvolles und nachhaltig Zukunftsfähiges zu tun, überwiegt alles andere. Wo aber bleiben die Chancen für eine Potenzialentfaltung? Wir brauchen neue Drehbücher für Chefetagen, Betriebe, Universitäten und Schulen. Es ist Zeit für ein neues Wirtschaftssystem und für ein zeitgemäßes Bildungssystem.

»Politik ist die Kunst des Möglichen«, hat Otto von Bismarck gesagt. Das ist heute endgültig passé. Die Aufgabe der Politik im 21. Jahrhundert ist es vielmehr, das Notwendige möglich zu machen: die vollständige solare Energieversorgung der Menschheit. Erst dadurch ist eine ökologische Ökonomie möglich, die Humanisierung der industriellen Revolution und ihre Übertragbarkeit auf alle Menschen sowie Lernlust auf Zukunft.

Klimaschutz ist ein Schutz der Freiheit. Das hat auch das deutsche Bundesverfassungsgericht am 29. April 2021 festgestellt und dem Klimaschutz Verfassungsrang verliehen. Das ist ein sehr politisches und historisches Urteil, und zwar global. Die junge Generation habe ein »Recht auf Zukunft«. Damit argumentiert das oberste deutsche Gericht ähnlich wie die Fridays-for-Future-Bewegung und fordert von allen künftigen Regierungen eine Politik der Generationengerechtigkeit. Vielleicht sind die Kinder und Jugendlichen bei Fridays-for-Future noch nicht wütend genug. Wut kann eine andere Form der Liebe sein.

Greta Thunberg: »Wenn genügend Menschen Veränderungen fordern, wird Veränderung kommen.« Bei jeder Revolution wird etwas möglich, was zuvor unmöglich schien.

Ideen verändern die Welt

Wenn entgrenzte Menschen die Grenzen der Erde zu oft überschreiten, dann wird die Zeit, die uns bleibt, den Planeten und damit uns selbst noch zu retten, immer knapper. Mit einem Weiter-so riskieren wie die Bewohnbarkeit des Planeten. Mit Verzweiflung oder mit martialischen

Worten allein lässt sich die Schlacht um die Umwelt und um eine gerechtere Zukunft freilich nicht gewinnen. Was also tun?

Ein Kosmos neuer Erkenntnisse wartet auf seine Entdeckung. Die Magna Charta dieser Erkenntnis heißt: Die Natur weiß es besser – lasst uns in die Schule der Natur gehen. Der renommierte US-Biologe Eduard W. Wilson meint:»Die unberührte Natur gleicht einem magischen Brunnen: Das Reservoir an Wissen und Nutzungsmöglichkeiten, die sie für uns bereithält, wird umso größer, je mehr wir daraus schöpfen.« Die neuen Erkenntnisse von Biologie, Physik und Chemie zeigen uns ein Universum, das auf Kooperation, Empathie, Kreativität und Selbstorganisation beruht.

Die göttliche Ordnung der Natur sorgt entschieden besser für unsere Zukunft als jede Versicherungs- oder Aktiengesellschaft. Warum das so ist, hat der indische Weise Sri Yukteswar seinem Schüler Yogananda so erklärt: Im Gegensatz zu äußerlich materiellem Glück ist »Gott ewig neue Freude«. Jesus sprach ähnlich von Gott. Ewig neue Freude ist der erste, intimste und glaubwürdigste Gottesbeweis. Gott ist Harmonie.

Ein gesellschaftlicher Wandel, der diese Prinzipien ernst nimmt, kann unsere planetarische Krise überwinden. Also lernen von der Natur: Von dieser Erkenntnis wurde auch der frühere CDU-Bundestagsabgeordnete Herbert Gruhl in seinem Buch »Ein Planet wird geplündert« geleitet und geführt. Wir müssen den Kontakt zur Natur, das heißt zur evolutionären Wirklichkeit, suchen und finden. Hier wartet unser größtes und wahres Innovationspotenzial auf seine Nutzung. Viele Probleme werden dann lösbar beziehungsweise entstehen erst gar nicht. Vielleicht gibt es sogar einen uns angeborenen Trieb zur tiefen Erforschung der Umwelt. Die Überlebensfrage des Lebens heißt: Sind wir bereit, von der Natur zu lernen?

Leben ist mehr als Chemie und Physik. Wer nur Chemie und Physik versteht, versteht auch diese nicht. Nicht nur das aktuelle Coronavirus, auch Ebola, HIV und SARS sind bei ihrem Beginn von einem Tier auf den Menschen übertragen worden. Wir wissen jetzt, dass die Zerstörung von Ökosystemen die Gefahr von Infektionskrankheiten erhöht.

Weltweit gibt es nur noch knapp drei Prozent ökologisch unberührte Landflächen.

Zunächst gilt es, die Fakten anzuerkennen. Fakt ist, dass die Wohlhabendsten zehn Prozent der Weltbevölkerung für circa 40 Prozent aller Treibhausgase verantwortlich sind. Fakt ist auch, dass ein Afrikaner heute ein Dreißigstel der Energie verbraucht, verglichen mit einem Durchschnittseuropäer. Die Experten gehen davon aus, dass eine Erderwärmung um zwei Grad 420 Millionen Menschen zusätzlich dem Risiko von Hitzewellen aussetzt. Zudem sei bis 2050 ein Hungerrisiko für bis zu 80 Millionen Menschen zusätzlich zu erwarten. Die größten Millionenstädte der Welt – wie Tokio, Schanghai, Mumbay, Kalkutta, Dhaka, Alexandria, Kapstadt, Mexiko-City, New York, Los Angeles, aber auch Hamburg, Oslo, Stockholm, Venedig, Danzig oder Lissabon – liegen an den Küsten. Sie könnten verschwinden, sie sind die Frontlinie unseres Kriegs gegen das Klima. Manche Klimaforscher befürchten sogar, dass Berlin eine Küstenstadt werden könnte.

Bei einer Erderwärmung von drei Grad ist die Zahl der Menschen in Europa mit einem klimabedingten Sterberisiko dreimal so hoch wie bei 1,5 Grad. Zurzeit laufen wir noch auf eine globale Erwärmung von etwa drei Grad zu. Europa könnte mit von Mücken übertragenen Krankheiten wie Malaria, Dengue-Fieber oder Zika konfrontiert sein. Heuschreckenschwärme am Brandenburger Tor sind denkbar. Die Meere könnten wärmer als Badewasser werden. Ob Sie dann noch Lust auf Badeurlaub am Meer haben?

Nach der Hochwasserkatastrophe in Deutschland im Sommer 2021 mit über 180 Toten und Tausenden zerstörter Existenzen fragten sich viele: War das erst der Anfang? Klar ist spätestens jetzt: »Ändert sich nichts, ändert sich alles«, so die österreichische Fridays-for-Future-Aktivistin Katharina Rogenhofer.

Vor der Vollversammlung der Vereinten Nationen forderten im September 2021 zum ersten Mal 220 Gesundheitsmagazine aus der ganzen Welt im Namen aller Gesundheitsberufe die Politik auf, die »katastrophalen Gesundheitsschäden« durch den Klimawandel zu verhindern. Ungewohnt deutlich formulieren die Autoren des Appells auch ihr Anliegen: »Die größte Bedrohung für die globale öffentliche Gesundheit ist das anhaltende Versagen der führenden Politiker der Welt, den globalen Temperaturanstieg unter 1,5 Grad zu halten und die Natur wiederherzustellen.«

In einer Rede, wie sie nie zuvor von einem Weltpolitiker gehalten wurde, sagte UN-Generalsekretär António Guterres am 1. Dezember 2020: »Frieden mit der Natur zu schließen, ist die entscheidende Aufgabe des 21. Jahrhunderts. Sie muss für alle und überall oberste Priorität haben.« Das macht deutlich, dass inzwischen wenigstens auch in Teilen der Wirtschaft und Politik verstanden wird, was die Wissenschaft bereits 1972 erkannt hatte. 50 Jahre Differenz: Ist das Homo sapiens?

Nach dem jüngsten Bericht des Weltklimarats 2021 erklärte Guterres: »Der Bericht muss die Todesglocke für Kohle und fossile Treibstoffe läuten, bevor sie unseren Planeten zerstören. Wenn wir jetzt alle Kräfte bündeln, können wir die Klimakatastrophe noch abwenden.« Zugleich macht der Bericht deutlich: Es gibt keine Zeit mehr für Aufschub und keinen Raum mehr für Ausreden. Wir sind jetzt in eine Phase der Geschichte eingetreten, in der die Vorstellung nicht mehr fernliegt, sich Ernteausfälle, Hungersnöte, Flüchtlingsströme von Millionen Menschen, den Kollaps von Regierungssystemen, den Kollaps des Amazonasgebietes und Kriege um Wasser auszumalen.

Bislang wurde jede große Veränderung in der Menschheitsgeschichte getragen von neuen Ideen und von neuen Wertvorstellungen. Alle Weisheitslehrer und die Religionsstifter waren davon durchdrungen, sie lebten diese Visionen. Doch diese Ideen müssen Politik, Wirtschaft und Gesellschaft erreichen. Das braucht Zeit, doch wenn diese gekommen ist, reicht meist ein Funken oder ein Tropfen – ein 15-jähriges Mädchen wie Greta Thunberg oder ein mutiger Politiker wie Michail Gorbatschow, der sich von klugen und starken Frauen inspirieren lässt. Dann verändert sich die Gesellschaft, und ethisch-moralische Revolutionen werden möglich, die vorher unmöglich erschienen.

Zugleich beginnt eine bessere Zukunft bei jeder und bei jedem Einzelnen. Schon Mahatma Gandhi hat empfohlen, selbst die Veränderung und der Wandel zu sein, die wir uns für die Welt wünschen.

Wollen wir den Krieg gegen die Natur wirklich beenden, müssen wir eine konservative Aufgabe übernehmen, nämlich alles tun, um zu bewahren, was uns bewahrt – gute Luft, sauberes Wasser, fruchtbare und nicht kontaminierte Böden, Tiere, Pflanzen und Wälder, also die Vielfalt des Lebens. Dabei werden wir lernen und erfahren: Liebe tut dem Körper, dem Geist und der Seele gut. Oder in den Worten des Dalai-Lama: »Innerer Frieden ist die Basis des äußeren Friedens, und innerer Frieden entsteht auf der Basis von Mitgefühl und Logik, nicht auf der Basis von blindem Glauben.«

Die Nato-Politik in Afghanistan ist auch deshalb gescheitert, weil sie darauf ausgerichtet war, den Krieg zu gewinnen und nicht den Frieden. Heute ist Afghanistan ein Friedhof der Großmächte.

Wir müssen inneren Frieden studieren, um unsere negativen Emotionen wie Hass, Gewalt, Rache und Wut zu überwinden, nur dann können äußerer Frieden und geistiger Frieden entstehen und wirksam werden für den Weltfrieden. Wenn wir die Welt lieben, werden wir sie retten. Eine der wichtigsten Ideen der Neuzeit ist wohl eine Form weiblicher Weisheit und Intuition: Die Welt wird sich nur ändern, wenn wir uns ändern. Und das Gute ist: Wir Menschen können uns ändern, weil wir denkende Wesen sind, die auch fühlen, und fühlende Wesen, die auch denken (António Damásio).

Mein Vorschlag an meine Leserinnen und Leser, den bereits der Philosoph Immanuel Kant im Jahr 1784 gemacht hat: Sapere aude! Habe den Mut, dich deines eigenen Verstandes zu bedienen. Denke am Tag und träume in der Nacht. Und lerne, auf deine Träume zu achten. Sie sind die wertvollen Geschenke der Nacht. Denke und träume – träume und denke. Mag sein, dass wir erst wieder träumen lernen müssen, bevor unsere Träume wahr werden können.

Träume sind Erfahrungen im Schlaf, die wir Nacht für Nacht machen, aber meistens verschlafen. In meiner ersten Therapiestunde sagte meine Therapeutin: »Schreiben Sie fürs nächste Mal Ihre Träume auf.« Meine Antwort war: »Ich träume nicht.« Darauf meinte die sehr erfahrene Therapeutin: »Schreiben Sie sie trotzdem auf.« In der nächsten Nacht konnte ich gleich mehrere Träume aufschreiben. Ich lernte: Wenn wir uns den Träumen zuwenden, dann wenden diese sich uns zu. Auch wenn wir die meisten Träume nicht verstehen, manchmal können sie uns helfen, uns besser zu verstehen.

Zukunft haben die, die Zukunft machen. Nach meiner ganz persönlichen Erfahrung geht jede wirkliche Transformation immer über das Herz, das heißt, sie erfordert Herzensintelligenz. Und Veränderungen gehen immer von Minderheiten aus.

Eine ökoplanetare Zukunftsvision

Wie kann eine nachhaltige und bestandsfähige, demokratische und ökoplanetare Zukunftszivilisation aussehen, eine »das soziale Ganze in sich einschließende Liebe« (Rudolf Bahro), in die wir die Welt einzurichten haben? Dazu bedarf es eines Quantensprungs in der Politik, vorbereitet von Millionen zukunftsoffenen Menschen.

Die ökologische Zeitenwende steht uns jetzt in einer Wendezeit bevor. Unser derzeitiges Jahrzehnt könnte diese Wendezeit bringen. Dafür gibt es – neben der Fridays-for-Future-Bewegung – viele Anzeichen: das Umdenken und Umhandeln in der Wirtschaft, die Finanzströme in Richtung ökologisches Wirtschaften, der rasche Ausbau der erneuerbaren Energien. Wobei ganz nebenbei die Fridays-for-Future-Bewegung die Klimadiskussion auf eine neue Ebene gehoben hat: Es geht nicht mehr nur um Wissenschaft, Wirtschaft und Politik, es geht jetzt auch um Ethik und um die Lebensrechte der künftigen Generationen, um die Zukunft und die Freiheit der heute noch gar nicht Geborenen.

Wenn wissenschaftlich etwas gesichert ist, dann wird eine Frage entscheidend: Achten wir und die Politik auf die Macht der Argumente, oder setzen sich die Argumente der Macht durch? Viele Wissenschaftler setzen auf exponentielles Wachstum der Ökobranchen. Kann Grün doch noch gewinnen, trotz des enttäuschenden Ergebnisses der Grünen bei der Bundestagswahl 2021? Schaffen wir eine enkelgerechte und entwicklungsländerverträgliche Wirtschaft? Noch ist unser Wirtschaftssystem der in Institutionen gegossene Glaube an unbegrenztes materielles Wachstum. Aber unbegrenztes wirtschaftliches Wachstum gibt es nicht und kann es niemals geben. Unbegrenzt wachsen können wir jedoch auf geistiger, moralischer, spiritueller, kultureller, religiöser Ebene. Menschen sind neugierig, genau darin liegt auch unsere Chance.

Dafür brauchen wir viele Menschen, die in sich einer Balance zwischen Herz, Hand und Verstand finden. Das Wort »Balance« ist der Schlüssel für eine gute Zukunft. Im erst 1896 im Wüstensand Ägyptens aufgetauchten Evangelium Maria Magdalena, dem einzigen, das nach einer Frau benannt ist, sagt Jesus seiner Gefährtin und Vertrauten Maria Magdalena dieses Wort als Zauberwort für den Aufbau des Reiches Gottes. Er wirbt für eine Balance von männlich und weiblich, für eine Balance von Geist und Materie, für eine Balance von Herz und Hirn, für eine Balance von Ökonomie und Ökologie sowie eine Balance zwischen heutigen und künftigen Generationen.

Alle Transformationen der Weltgeschichte werden getragen von der Veränderungsenergie von Millionen Menschen – ein anderes Wort für Liebe. Das gilt für die Abschaffung der Sklaverei, die Einführung der Demokratie und des Frauenwahlrechts, die Abschaffung der Kinderarbeit, den Ausstieg aus der Atomenergie, für die solare Energiewende, die ökologische Verkehrswende, die biologische Landwirtschaft, nachhaltiges Bauen, die Kreislaufwirtschaft oder auch das Rauchverbot. Es gilt allerdings auch: Von nichts kommt nichts. 50 Jahre seit der Erstveröffentlichung von »Die Grenzen des Wachstums« sind historisch ein Wimpernschlag der Geschichte. Immerhin wurde 2015 das geschichtlich einmalige Pariser Klimaschutzabkommen geschlossen, dem alle 194 UN-Mitglieder zustimmten und sich damit zur einen Weltfamilie bekannten, ein kurz zuvor noch undenkbarer Fortschritt.

Jede wirkliche politische Transformation ist eine moralische Revolution. Trotz aller Diktatoren und autoritärer Regime ist auch heute wahr: Freiheitswille, Aufklärung und Solidarität sind langfristig stärker, das beweist die Geschichte. Genau deshalb habe ich vor 60 Jahren – neben politischer Wissenschaft, Völkerrecht und Theologie – auch Geschichte studiert und mich danach noch viel intensiver mit der Tiefenpsychologie von Carl Gustav Jung beschäftigt und 15 Bücher über ihn publiziert.

Heute leben mehr Menschen als je zuvor in individueller Freiheit und in Wohlstand. Jetzt gilt es, einem nächsten zivilisatorischen Entwicklungsschritt mit mehr Gerechtigkeit, Geschlechterbalance und Umweltschutz zum Durchbruch zu verhelfen. Das ist heute der Wertekanon vieler fortschrittlicher Gesellschaften. Welch ein Glück, dabei mitwirken zu dürfen!

Von selbst kommt dieser Fortschritt freilich nicht zustande. Er bedarf des Kampfes und des Muts von vielen, manchmal über viele Jahrzehnte. Erst dann entsteht »Zukunftskunst« (Uwe Schneidewind). Die eigentliche Chance für eine ökologische Rettungspolitik erwächst aus dem geistigen Lebensniveau einer Gesellschaft. Der Übergang vom materiellen Wachstumsstaat in eine in sich ruhende Wohlseinsgesellschaft ist die eigentliche Aufgabe unserer Zeit.

Eine Wohlseinsgesellschaft werden wir, wenn wir neben wirtschaftlichem Wohlstand auch ökologischen und spirituellen Wohlstand anstreben. Der Rest ist dann nur noch der Tropfen, der das Fass zum Überlaufen bringt, wie Fukushima 2011 oder 1989 ein desinformierter Regierungssprecher in Ostberlin, der aus Versehen und durch einen Versprecher die Mauer zum Einsturz brachte. Erich Honecker durfte dann in der alten DDR als Letzter das Licht ausmachen, obwohl er noch kurz zuvor getönt hatte: »Den Sozialismus in seinem Lauf halten weder Ochs noch Esel auf.«

Mit evolutionären Schritten kann es uns noch gelingen, späteren revolutionären Umstürzen oder Ökodiktaturen zuvorzukommen. Gandhi war der Ansicht, wir würden aus der Geschichte nur lernen, dass wir nichts lernen. Im Atomzeitalter und im Zeitalter der Klimaerhitzung können wir uns das gar nicht mehr leisten, es sei denn, wir wollen das Ende unserer Zivilisation selbst in die Hand nehmen. Doch wollen wir das wirklich? Oder schaffen wir noch die große Transformation? Die Rio-Konferenz 1992 oder die Paris-Konferenz 2015 haben zumindest starke Hoffnungen reifen lassen, dass die Welt doch lernfähig ist. Es ist auch meine ganz persönliche Lebenserfahrung, dass wir tatsächlich aus der Geschichte lernen können – manchmal allerdings erst zu spät.

Die Frage, ob wir lernfähig sind, ist längst beantwortet: Wir sind es. Bis ins hohe Alter ist unser Gehirn lernfähig. Viel wichtiger ist die Frage: Sind wir lernwillig? Unser Gehirn können wir dank seiner Plastizität trainieren wie einen Muskel. Dafür ist es nie zu spät. Lebenslanges Lernen heißt für mich spielend lernen und spielend arbeiten. Dadurch können wir auch Altersdemenz zumindest hinauszögern, lehrt uns die Gehirnforschung. Unser Allgemeinwissen sagt uns, dass wir nicht für die Schule, sondern für das Leben lernen. Das Zitat stammt vom römischen Philosophen Seneca. Er hat es aber schon vor 2000 Jahren kritisch gegenüber den damaligen Philosophenschulen gemeint und so gesagt: »Non vitae sed scholae discimus« – wir lernen nicht mehr für das Leben, sondern nur noch für die Schule. Mehr und mehr Pädagogen sind der Meinung, dass diese uralte Kritik sehr aktuell ist.

Eine der größten Lernaufgaben unserer Zeit: Neben den lokalen, regionalen und nationalen Identitäten brauchen wir im 21. Jahrhundert eine Weltbürgeridentität. In der Gründungserklärung der Vereinten Nationen steht nicht: »We the Nations – Wir, die Staaten«, sondern: »We the People – Wir, die Menschen«. Wir alle sind als Schwestern und Brüder *Eine* Weltfamilie. Wir leben auf *Einer* Erde unter *Einer* Sonne. Und diese Erde ist *Ein* großer Organismus. Sie ist *Ein* Ökosystem und *Ein* Netzwerk.

Peter Spiegel und Georgios Zervas in ihrem Buch »Wettbewerbsneutral« dazu: »Jeder Denkansatz, der dies nicht erkennt und angemessen beachtet, führt zwangsläufig in Sackgassen, in grandiose, verantwortungslose und sehr gefährliche Irrtümer.«

Der Religionsstifter Baha'u'llah zum selben Lernprozess: »Die Erde ist nur ein Land und alle Menschen sind seine Bürger.« Jesus von Nazareth sagt es so: Wir alle sind »Kinder Gottes«, also Schwestern und Brüder. Er fügt hinzu: »Die Sonne scheint für alle, für Gerechte und Ungerechte.«

Schon Platon verstand sich als Weltbürger: »Die ganze Welt ist meine Familie.«

»Die Grenzen des Wachstums« – und die Folgen
Ende und Anfang

1972, in einer Zeit des beinahe grenzenlosen Fortschritts und des Wachstumsoptimismus, ertönte mit »Die Grenzen des Wachstums« die prominente Stimme des Club of Rome und wies darauf hin, dass begrenzte Ressourcen auch die Begrenztheit dieses kurzfristigen ökonomischen Modells bedeuten müssen. Die Frage aller Fragen, welche die Autoren schon in der ersten Auflage des Buches stellten, hieß: Wie können wir eine menschliche Wirtschaft schaffen, die ausreichend für alle sorgt? Erweitert auf unsere Zeit, würde die Frage heute so lauten: Wie können wir eine »große Transformation« (Uwe Schneidewind) bis 2050 so organisieren, dass ein gutes Leben in Würde für zehn Milliarden Menschen innerhalb planetarer Grenzen möglich ist?

Aus den wichtigsten Botschaften von »Die Grenzen des Wachstums« möchte ich die drei bedeutendsten zitieren:

Erstens: Wenn die gegenwärtige Zunahme der Weltbevölkerung, der Industrialisierung, der Umweltverschmutzung, der Nahrungsmittelproduktion und der Ausbeutung von natürlichen Rohstoffen anhält, werden die absoluten Wachstumsgrenzen auf der Erde im Laufe der nächsten 100 Jahre erreicht.

Ein Beispiel für diese Behauptung: Im Schnitt werden in industrialisierten Ländern bis heute pro Kopf und Jahr 100 Tonnen nicht erneuerbarer Rohstoffe verbraucht, um den gegenwärtigen Lebensstil aufrechtzuerhalten, und zusätzlich 500 Tonnen Frischwasser. Das sind über

30-mal mehr als pro Kopf und Jahr in den ärmsten Ländern der Erde. Richtig ist, dass weder genügend Rohstoffe zur Verfügung stehen noch genügend Umweltraum, um allen Menschen den heutigen westlichen Lebensstil zu ermöglichen. Es wären um die drei bis fünf Planeten nötig, wenn alle Menschen so leben würden wie wir in den Industriestaaten. Auf Dauer kann es damit keine friedliche Entwicklung geben, wenn – wie bisher – 20 Prozent der reicheren Menschheit 80 Prozent der Ressourcen für sich in Anspruch nehmen.

Zweitens: In der internationalen Umweltdiskussion ist die Frage der globalen Gerechtigkeit wichtig und darf nicht ausgeklammert oder verdrängt werden. Friedrich Schmidt-Bleek, einer der großen Vordenker der Umweltbewegung in den USA und in Deutschland: »Gerechtigkeit bekommt einen anderen und sehr grundlegenderen Sinngehalt, wenn die Krise als Folge des übermäßigen Ressourcenverbrauchs definiert wird.« Beim Thema Gerechtigkeit ist immer zu bedenken, dass wir in der Schöpfung alle gleichermaßen bedeutend sind, aber nicht gleich. Völlige Gleichheit wäre ein langweiliger Einheitsbrei.

Drittens: Zum Bevölkerungswachstum, unsensibel oft noch immer »Bevölkerungsexplosion« genannt, schrieben die Autoren: Es ist abhängig von der Geburten- und Sterberate. Solange die Geburtenrate höher ist als die Sterberate, wächst die Bevölkerung. Ist die Sterberate höher, so sinkt sie. Geburten- und Sterberate sind aber abhängig von der medizinischen Versorgung und der Nahrungsmittelproduktion. Nahrungsmittelproduktion und medizinische Versorgung hängen wiederum von der Industrieproduktion ab, da diese Auswirkungen auf die Bereitstellung von Technologien für die Landwirtschaft und das Gesundheitswesen hat.

Bis in die Mitte des 21. Jahrhunderts, so nahmen die Autoren an, werde das Bevölkerungswachstum stark sein, dann aber stoppen und sich rückwärts bewegen, weil die nicht erneuerbaren Ressourcen immer knapper und teurer werden. Um den Ressourcenfluss aufrechtzuerhalten, sind immer größere Investitionen nötig. Diese fehlen dann in anderen Sektoren der Wirtschaft, was schließlich dazu führt, dass die Produktion von Industriegütern und Dienstleistungen stark zurückgeht, wodurch wiederum die Lebenserwartung sinkt und die durchschnittliche Sterberate steigt.

Unmittelbar nach der Erstveröffentlichung 1972 kam es zu kontroversen Reaktionen. Henry Wallich von der US-Universität Yale zum Beispiel bezeichnete in einem Leitartikel in »Newsweek« das Buch als »unverantwortlichen Unfug«, die Zukunftsszenarien des jungen Wissenschaftsteams um Dennis und Donella Meadows im Massachusetts Institute of Technology in Boston seien lediglich die Propaganda »von politischen Vorstellungen geprägter subjektiver Zukunftsvisionen«.

Heute wissen wir, dass die Ressourcenknappheit 1972 stark überschätzt wurde. Unterschätzt hingegen wurden mögliche technologische Fortschritte, wie sie später in den Büchern »Faktor Vier«, »Faktor Fünf« und »Faktor Zehn« aufgezeigt und zum Teil auch in die Praxis umgesetzt wurden. Die bald acht Milliarden Menschen von heute leben im Ölrausch, der nach der Prognose des Club of Rome eigentlich schon lange vorbei sein sollte. Ich gebe zu: Vor 30 Jahren habe auch ich verkannt, dass noch immer neue fossile Quellen entdeckt werden können, und geglaubt, dass Kohle, Gas und Öl bald zu Ende sein werden, womit sich dann das Klimaproblem sozusagen von selbst lösen wird. Das war eine meiner großen Täuschungen und ein gefährlicher Irrtum.

Nicht Knappheit, sondern Überfluss und Preisverfall zeigen sich als die eigentlichen Probleme, noch immer verwandeln wir Rohstoffe einfach zu Müll. Und die Ölpropagandisten vermelden noch immer: Erdöl schafft Reichtum, Öl sei die andere Seite der Demokratie, Öl habe das Ende der Sklaverei und Ausbeutung erst möglich gemacht. »Nach seinem Tod wurde Gott zu Öl«, schreiben die finnischen Philosophen Antti Salminen und Tere Vaden.

Dennoch hatten die Autoren von »Die Grenzen des Wachstums« mit ihren Grundaussagen recht: Unser Planet hat ökologische Grenzen, die die Menschen bei ihren ökonomischen Aktivitäten berücksichtigen müssen. Und in späteren Ausgaben von »Die Grenzen des Wachstums« wurden die Reichweitenprognosen auch differenzierter dargestellt. Schließlich war dieser Club 1968 von hoch angesehenen Industriellen,

Meinungsführern und Wissenschaftlern gegründet worden und nicht von »sektiererischen« Ökologen oder Zukunftspessimisten.

Der Bericht entwickelte eine gewisse Durchschlagskraft – doch mit welchem Erfolg? Der emeritierte Professor für Umweltpolitik Udo Simonis: »Die Autoren waren als Wissenschaftler äußerst erfolgreich, doch die weitere Zerstörung und Belastung der natürlichen Umwelt haben sie nicht verhindern können. Sie leiden darunter und bekennen sich dazu.« Die Autoren selbst schrieben:»Wir haben das Ziel unserer Arbeit nicht erreicht. Wir haben weiterhin große Sorge, dass die gegenwärtigen politischen Trends zu globaler Grenzüberschreitung (overshot) und Zusammenbruch (collapse) führen werden, weil die Anstrengungen der Menschheit nicht ausreichen, die ökologischen Grenzen des Tuns zu antizipieren und sich darauf rechtzeitig einzustellen ... Wir haben völlig dabei versagt, das Konzept der Grenzüberschreitung in der öffentlichen Debatte zu verankern.«

Aber so viel ist auch klar: Seither hat der Glaube an eine nachhaltige und humanitäre Welt ein wissenschaftliches Fundament. Ohne das Buch wäre der relative Erfolg der Konferenz von Rio de Janeiro 1992 nicht möglich gewesen. Diese Konferenz hat das Bewusstsein für die großen Überlebensprobleme der Welt entscheidend geschärft. Auch Al Gore als US-Vizepräsident und heute Joe Biden als erster Klimapräsident der USA samt seiner Vizepräsidentin Kamala Harris sind ohne »Die Grenzen des Wachstums« kaum denkbar.

Szenarien wie die des Club of Rome sind keine exakten Vorhersagen, sie deuten aber eine mögliche Entwicklung und Richtung an, so zum Beispiel die drei Szenarien des Club of Rome aus dem Jahr 1972 (siehe Grafik). Hier wird ein möglicher Zustand der Welt zwischen den Jahren 1900 und 2100 abgebildet.

Es entwickelt sich zunächst die globale Gesellschaft in gewohnter Weise wie im 20. Jahrhundert weiter. Das heißt: starke Zunahme der Bevölkerung und der Industrieproduktion, aber nur bis in die Mitte des 21. Jahrhunderts. Dann wird diese Entwicklung gestoppt und bewegt sich rückwärts, weil die nicht erneuerbaren Ressourcen immer knapper und teurer werden. Um den Ressourcenfluss aufrechtzuerhalten, sind

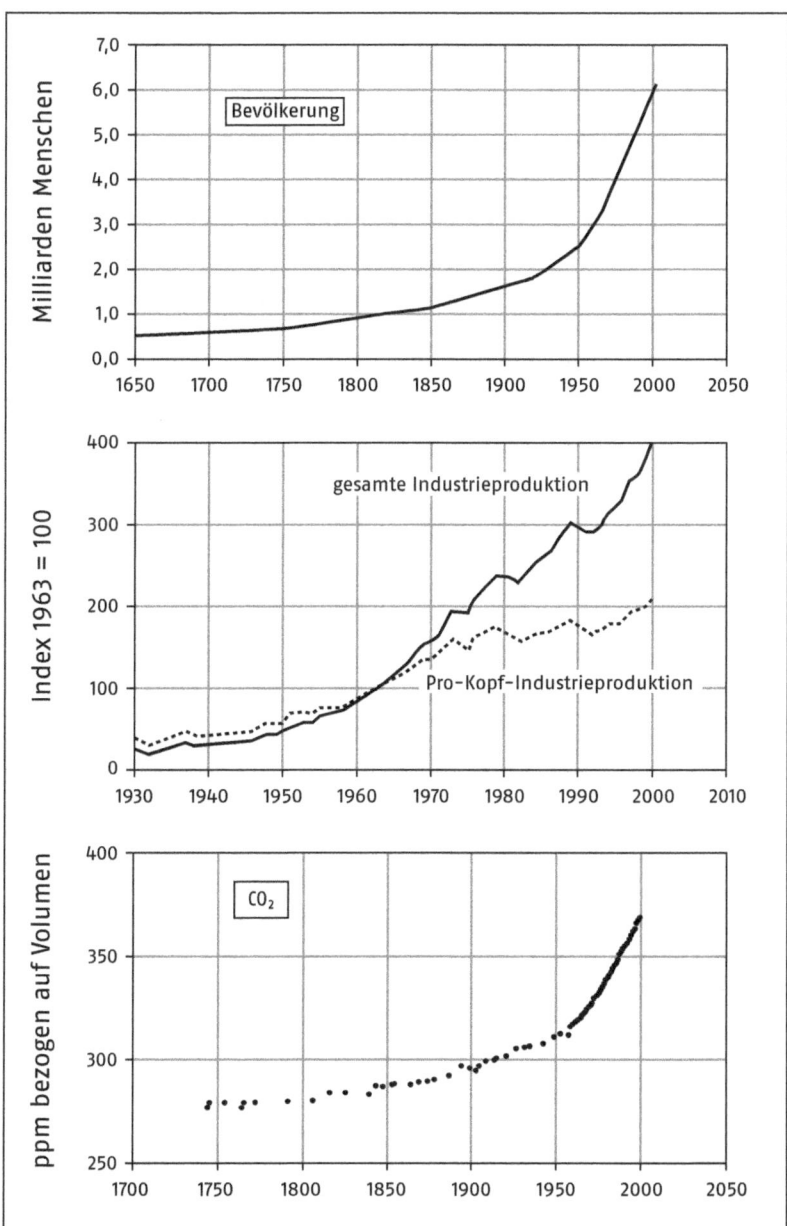

Drei Szenarien des Club of Rome von 1972 zur möglichen Entwicklung

immer größere Investitionen nötig. Doch diese fehlen dann in anderen Sektoren der Wirtschaft, was schließlich dazu führt, dass die Produktion von Industriegütern und Dienstleistungen stark zurückgeht – wodurch wiederum die Lebenserwartung sinken und die durchschnittliche Sterberate steigen könnte.

Gibt es doch keine Grenzen des Wachstums?

Wer das Unmögliche nicht denken kann, schafft wahrscheinlich auch das Mögliche nicht. »Ein Wissen, das nicht in die Zukunft reicht, ist kein hilfreiches Wissen.« (Hans-Peter Dürr) Ohne Frieden mit der Natur haben wir keine Zukunft. Und nur nachhaltiges Wirtschaften ist gelebter Generationenvertrag. Wenn wir lernen, nach dem Vorbild der Natur zu leben, zu wirtschaften und zu arbeiten, wenn wir lernen, geeignete Materialien einzusetzen und alles in endlosen Kreisläufen zu führen, dann werden wir vom Schädling zum Nützling. Denn 2022, also 50 Jahre später, sind die Grenzen des Wachstums tatsächlich weitgehend erreicht.

Es war eine der wesentlichen Erkenntnisse von »Die Grenzen des Wachstums« in all seinen Auflagen, dass letztlich alles mit allem zusammenhängt. Neue Erkenntnisse führten 1992 zum Bericht »Die neuen Grenzen des Wachstums«. Hierin wurden beispielsweise die in der Zwischenzeit bekannt gewordenen größeren Öl- und Gasvorkommen berücksichtigt. Ferner wurde festgestellt, dass sich durch Geburtenbeschränkung, Produktionsbeschränkung, Technologien zur Erosionsverhütung und Emissionsbekämpfung und Ressourcenschonung sehr wohl noch ein Gleichgewichtszustand erreichen ließe. Diese Lernfähigkeit, Lernwilligkeit und grundsätzliche Offenheit für neue Erkenntnisse zeichnet die Arbeit des Clubs über Jahrzehnte aus.

Die Autoren resümierten die letzten 20 Jahre so: »Schon zu Beginn der 1990er-Jahre mehrten sich die Hinweise, dass die Menschheit sich immer weiter auf einen Pfad nicht nachhaltiger Entwicklung begibt. So wurde berichtet, die Regenwälder würden unwiederbringlich zerstört; es wurde vermutet, dass die Getreideproduktion nicht mehr mit dem Bevölkerungswachstum Schritt halten könne; nicht wenige glaubten, das Klima könne sich erwärmen; und man war besorgt über das Entstehen des Ozonlochs in der Stratosphäre. Für die meisten Menschen reichte dies zusammengenommen jedoch nicht als Nachweis dafür, dass die Menschheit die ökologische Tragfähigkeit unseres Planeten bereits überstrapaziert hat. Wir waren da anderer Meinung. Unserer Ansicht nach war es zu Beginn der 1990er-Jahre nicht mehr möglich, eine Grenzüberschreitung durch eine vorausschauende Politik zu vermeiden – sie war bereits Realität.«

2004 wurde das 30-Jahre-Update publiziert, und es wurden mögliche Szenarien bis 2100 prognostiziert. Das Ergebnis: Bei »business as usual« wie in den letzten 30 Jahren ergibt sich ein Kollaps bis 2030, ein Kollaps zum Ende des 21. Jahrhunderts ergibt sich, wenn die meisten Wachstumsgrenzen überschritten würden.

2016 schließlich erschien der Bericht »Ein Prozent ist genug« mit dem programmatischen Untertitel: »Mit wenig Wachstum soziale Ungleichheit, Arbeitslosigkeit und Klimawandel bekämpfen.« Darin gibt es 13 Vorschläge zur Verminderung von Arbeitslosigkeit, Ungleichheit und Erderwärmung. Sie lauten:

— Verkürzung der Jahresarbeitszeit,
— höheres Renteneintrittsalter,
— eine Neudefinition des Begriffs »bezahlte Arbeit«, der auch die häusliche Pflege von Angehörigen umfasst,
— Erhöhung des Arbeitslosengeldes, um während des Übergangs die Nachfrage zu stärken,
— Erhöhung der Unternehmens- und Reichensteuer,
— verstärkter Einsatz grüner Konjunkturpakete (wie von vielen Regierungen während der Corona-Krise beschlossen),
— Besteuerung fossiler Brennstoffe (was inzwischen von China über die USA bis zur EU und England auch beschlossen ist),
— Verlagerung der Einkommenssteuer auf Emissionssteuern und Steuern auf den Rohstoffverbrauch,
— Erhöhung der Erbschaftssteuer,
— Förderung von Gewerkschaften, um die Einkommen zu steigern und Ausbeutung zu verhindern,

- Beschränkung des Außenhandels, um Jobs zu erhalten und die Umwelt zu schützen,
- Förderung von Geburtenkontrolle,
- Einführung eines existenzsichernden Grundeinkommens, damit alle ohne Zukunftsangst leben können.

Einige dieser Forderungen sind natürlich politisch umstritten. Aber sie werden inzwischen auf der ganzen Welt diskutiert wie auch Steuern auf Zucker, Fleisch, Milch, Joghurt und Käse sowie eine Abkehr vom totalen Freihandel. »Totaler Freihandel ist nicht zukunftsfähig«, sagt auch der frühere deutsche Entwicklungsminister Gerd Müller von der CSU, »wir leben in einer Welt. Globalisierung gerecht gestalten – das ist die soziale und ökologische Frage des 21. Jahrhunderts ... Den Frauen auf der Teeplantage in Assam und den Kindern auf den Kakaoplantagen in Westafrika habe ich versprochen: Ich werde für euch kämpfen.«

In der sechsten Auflage von »Die Grenzen des Wachstums« erklärten die Autoren Ende 2020 vorsichtig: »Wir schreiben dieses Buch nicht als Vorhersage, was tatsächlich im 21. Jahrhundert passieren wird. Wir prognostizieren keine bestimmte Entwicklung für die Zukunft. Wir präsentieren ganz einfach einige alternative Szenarien: genauer gesagt, zehn unterschiedliche Bilder, wie die Entwicklung im 21. Jahrhundert ablaufen könnte. Wir möchten Sie damit zum Lernen, zum Nachdenken und zu persönlichen Entscheidungen anregen.«

Die darin vorgestellten ersten acht Szenarien enden alle in Grenzüberschreitung (overshoot) und Zusammenbruch (collapse). Erst im neunten Szenario kommt der globale Wandel allmählich trotz der acht Milliarden Bewohner in ein stabiles Gleichgewicht. Szenario zehn zeigt dann, was möglich gewesen wäre, hätte die Welt schon vor 20 Jahren auf dieses Leitbild hingearbeitet: niedrigere Weltbevölkerung, nachhaltige Umweltpolitik, mehr erneuerbare Energien, kleinerer ökologischer Fußabdruck und höheres Wohlbefinden der Erdenbürger. Hinzu kommt allerdings weiterhin die erneute gefährliche Militarisierung der gesamten Welt. Das alles sind Hinweise auf das, was uns in den nächsten

Jahren bevorstehen kann. Es sei denn, wir beherzigen, was wir ändern müssen, wenn wir bleiben wollen.

»Die Grenzen des Wachstums« waren 1972 ein erster Warnruf: Retten kann uns nur eine nachhaltige Wirtschaft. Weltweit erschienen in der Folge weitere wachstumskritische Berichte: In den USA ist dabei »Global 2000 – Der Bericht an den Präsidenten« der wohl bedeutendste. Oder in Deutschland der Bericht an den Club of Rome: »Faktor Vier – Doppelter Wohlstand – halbierter Naturverbrauch« von Ernst Ulrich von Weizsäcker, Amory B. Lovins und Hunter Lovins – und dann »Faktor Fünf« und »Faktor Zehn« von Friedrich Schmidt-Bleek.

Und nur am Rande: Schon 1970, noch vor dem Club of Rome, hatte die katholische Kirche in Deutschland in der Würzburger Synode ein »Hoffnungspapier« verabschiedet, in dem es hieß: »Mit zunehmender Deutlichkeit erfahren wir heute, dass die Grenzen der wirtschaftlichen Expansion, die Grenzen des Rohstoff- und Energieverbrauchs, die Grenzen des Lebensraums, die Grenzen der Umwelt- und Naturausbeutung eine wirtschaftliche Entwicklung aller Länder auf jenes Wohlstandsniveau, das wir gegenwärtig haben und genießen, nicht zulassen.« Die Katholiken forderten »eine einschneidende Veränderung unserer Lebensmuster, eine drastische Wandlung unserer wirtschaftlichen und sozialen Lebensprioritäten«. Notwendig seien »neue Formen der Selbstbescheidung« und eine »Rückkehr zum menschlichen Maß«. Das sind Ansätze einer »Ökotheologie der Befreiung«.

Es bleibt spannend und wichtig, was uns Menschen über eine mögliche Zukunft zu sagen haben, die diese Zukunft als kritische Wissenschaftler schon seit 50 Jahren beobachten. Natürlich sind diese neuen »Grenzen des Wachstums« noch lange nicht hinreichend für eine nachhaltige Wirtschaft, aber doch eine Richtungsänderung. Und es gibt immer Alternativen. Diese werde ich noch ausführlich beschreiben.

Vom Einzelnen und den vielen: Wir schaffen das!

In den Grenzen des materiellen Wachstums verborgen liegt die Grenzenlosigkeit des Geistes. Geist ist das Schlüsselwort für eine gute Zukunft. Vor 30 Jahren, 1992, stellte sich die Weltgemeinschaft bei der

UN-Konferenz über Umwelt- und Entwicklung in Rio de Janeiro dieser Herausforderung und verfügt seither über die wichtigsten Lösungsbausteine. 2015 haben sich auf der Weltklimakonferenz in Paris alle Regierungen der Welt auch zum Handeln verpflichtet, zumindest auf dem Papier. Doch damit beginnt jede große Entwicklung.

Das in Paris vereinbarte 1,5-Grad-Ziel ist nicht verhandelbar. Wir müssen es schaffen, wenn wir vor unseren Kindern und Enkeln bestehen wollen. Oft wird vergessen, was der Philosoph und Psychologe Erich Fromm in den 70er-Jahren des letzten Jahrhunderts schrieb: Die Technik allein wird uns nicht retten, wohl aber hängt »zum ersten Mal in der Geschichte das physische Überleben der Menschheit von einer radikalen seelischen Veränderung des Menschen ab«. Er wusste auch: Seelische Veränderung ist nur in dem Maße möglich, in dem drastische ökonomische und soziale Veränderungen eintreten, die dem Einzelnen die Chance geben, sich zu wandeln, und den Mut und die Vorstellungskraft, die er braucht, um diese Veränderung zu erreichen.

Die wohl größte Herausforderung heißt industrielle und militärische Abrüstung. Zur Disposition steht dabei nicht nur der wachstumsgetriebene Kapitalismus, der seine Kinder frisst, wohl aber die Industriegesellschaften, wie wir sie kennen. Für mich geht es hier nicht nur um eine sozial-ethische, sondern immer auch um eine theologische Frage: Wir müssen unsere Endlichkeit akzeptieren, um uns von den unendlichen Wachstumsfantasien zu befreien. Dabei steht Gott selbst auf dem Spiel. Ewiges Wachstum ist eine quasireligiöse Anmaßung des Kapitalismus, sein grenzenloser Wachstumszwang ein Motiv der Unersättlichkeit.

Zurück ins Hier und Jetzt: Wie soll in der aktuellen Situation, die umwelt- und klimagefährdender denn je ist, eine positive Transformation stattfinden? Was es dazu braucht, ist eine Tugend, die ebenfalls ökologisch ist: Geduld. Erinnert sei hier an Oktober 2010. Millionen deutsche Atomgegner waren damals enttäuscht darüber, dass die schwarz-gelbe Bundesregierung den rot-grünen Atomausstieg revidierte und die Laufzeiten der Atomkraftwerke wieder verlängerte. Nur wenige Monate später explodierte das Kernkraftwerk in Fukushima in Japan – und eine konservative Kanzlerin wagte den zweiten und end-

Franz Alt, Angela Merkel, Hermann Scheer bei der Buchvorstellung von »Zukunft Erde«

gültigen Atomausstieg. Nur wenig später sagte mir Angela Merkel in einem persönlichen Gespräch: »Die Verlängerung der AKW-Laufzeiten Ende 2010 war mein größter politischer Fehler.« Ich mag Politiker und Politikerinnen, die Fehler eingestehen und dann umdenken und »umhandeln«.

Auch hier gilt: In der Ruhe liegt die Kraft. Die Reaktorkatastrophe in Japan führte in Deutschland zu einem abrupten Politikwechsel. Warum soll so etwas nicht noch einmal möglich sein? Zum Beispiel nach der Bundestagswahl 2021 mit der neuen rot-grün-gelben Bundesregierung? Dieses Experiment kann gut gehen, wenn die Grünen verstehen, dass man die Innovationskraft der Wirtschaft braucht, um das Klima zu retten, und die Gelben begreifen, dass dies die Marktkräfte allein nicht können, sondern es staatlicher Ordnungspolitik bedarf.

Nach der letzten Bundestagswahl forderten 69 deutsche Großkonzerne von der neuen Bundesregierung einen »klaren, verlässlichen und planbaren Pfad zur Klimaneutralität«. Diese Forderung kommt von Großkonzernen, die Millionen Menschen beschäftigen in der Grundstoff- und Chemieindustrie, im Maschinen- und Fahrzeugbau, im Handels- und im Gebäudesektor. Die Konzerne fordern »klare Perspektiven statt wolkiger Visionen, und zwar jetzt«. Das wichtigste Ziel sei der rasche Aufbau und Ausbau von Solar- und Windtechnologien.

Das Bundesverfassungsgericht hat in seiner Urteilsbegründung 2021 klargemacht, dass es beim Klimaschutz nicht um Gleichheitsillusionen geht, sondern um die Freiheitschancen der künftigen Generationen. Auch das müsste selbst hartgesottensten Liberalen gefallen, also: Fakten statt Ideologie! Nur so wird der Kampf für eine transformatorische Reformpolitik zu gewinnen sein, zuallererst der Kampf gegen den Klimawandel und für Abrüstung.

Grüne Technologien wie Sonnen- und Windenergie, Brennstoffzellen und Kreislaufwirtschaft, grüner Wasserstoff und E-Autos sind eine große Chance für die deutsche Wirtschaft. Dies alles bietet die Möglichkeit für ein neues, dieses Mal ökologisches Wirtschaftswunder.

Die Welt braucht jetzt sehr schnell sehr viel Klimaschutz und konkrete Abrüstungsmaßnahmen, wie sie Michail Gorbatschow und Ronald Reagan vor 30 Jahren praktiziert haben. Dafür sollten in der EU rasch 100 Solarfabriken gebaut werden. Ende 2021 sind circa 50 in Planung. Bis jetzt sind uns asiatische Solarzellenhersteller noch weit voraus. Das gilt auch für die Batterieproduktion für E-Autos. Batterien sind das Herz der künftigen Autos.

Alle drei Parteien der neuen Koalition in Deutschland fordern mehr wissenschaftsbasierte Politik. Exakt hierin liegt ihre große Chance, eine zeitgemäße Klimaregierung zu werden. Also, dann regiert mal schön nach eurem Motto »Mehr Fortschritt wagen«.

Die obige Aufzählung der Veränderungskünstler und Transformationsmacherinnen zeigt ganz klar: Kein Einzelner kann und muss die Welt retten, der Fortschritt wird bewirkt durch ein kraftvolles, innovatives und mutiges Netzwerk von Menschen, welche die Energie zu neuem Denken und Handeln haben und Lust auf Zukunft. Der eine engagiert sich für biologisch angebaute Nahrungsmittel, die andere eher für Solarenergie, Energiesparen und Energieeffizienz, der Dritte für mehr Radwege, die Vierte für den Erhalt eines Waldes oder für einen früheren Kohleausstieg mit Hilfe von Windparks, oder ein Unternehmer macht seine Firma klimaneutral. Jede und jeder steht für das, was ihn oder sie am meisten anspricht und ihm oder ihr auf der Seele brennt. Auch hier gilt: Das Wir ist stärker und erfolgreicher als das Ich. Der Erfolg braucht eine neue Erzählung: »Wir schaffen das« und »Wir können das«. Das gibt auch der Suche nach Sinn im Leben eine tiefere Bedeutung. Der Rest ist dann nur noch der Tropfen, der das Fass zum Überlaufen bringt.

Auch die bisherigen Klimawandelleugner haben eine neue Taktik. Sie leugnen kaum noch, was nicht mehr zu leugnen ist, aber sie verzögern, so lange es irgend geht. Auch das ist schädlich und schändlich.

Es darf auch gelacht werden – vielleicht müssen wir über die Vertreter des Alten viel mehr und noch lauter lachen als bisher. Lachen ist umweltfreundlich. Wir brauchen mehr Vertrauen in die Geistkraft und in die biblische Erkenntnis, dass der Geist weht, wo er will. Geist ist geil, und Geist ist Gott. Im Herbst 1989 führte er in ganz Osteuropa zum Triumph einer moralischen Revolution. Den Grenzen des materiellen Wachstums können wir immer die Grenzenlosigkeit des geistigen Wachstums gegenüberstellen.

Im Johannesevangelium heißt es: »Gott ist Liebe.« Liebe ist der Weg nach Hause, in unsere wahre Heimat. In den Zeiten geistiger Heimatlosigkeit eine fundamental wichtige Erkenntnis. Wenn wir erkennen, was ewiges Glück ist, haben wir Gott erkannt.

Die große Transformation bleibt ein politisches, ökonomisches, ökologisches und vor allem ein spirituelles Mega-Abenteuer. Liebe ist die Basis aller Dinge und allen Seins. Das Wesen des Menschen ist grundsätzlich liebe-voll. Der Mensch ist nicht von Natur aus des Menschen Wolf, »homo homini lupus est«, wie einige »Aufklärer« behaupteten.

Alle Transformationen der Weltgeschichte werden getragen von der Veränderungsenergie von Millionen Menschen – ein anderes Wort für Liebe. Das gilt für die Abschaffung der Sklaverei, die Einführung der Demokratie und des Frauenwahlrechts, die Abschaffung der Kinderarbeit, den Ausstieg aus der Atomenergie, für die solare Energiewende, die ökologische Verkehrswende, die biologische Landwirtschaft, nachhaltiges Bauen, die Kreislaufwirtschaft oder auch das Rauchverbot. Es gilt allerdings auch: Von nichts kommt nichts.

Schon in »Die Grenzen des Wachstums« wurde vorsichtig und differenziert so argumentiert: »Unsere gegenwärtige Situation ist so verwickelt und so sehr Ergebnis vielfältiger menschlicher Bestrebungen, dass keine Kombination rein technischer, wirtschaftlicher oder gesetzlicher Maßnahmen eine wesentliche Besserung bewirken kann. Ganz neue Vorgehensweisen sind erforderlich, um die Menschheit auf Ziele auszurichten, ein außergewöhnliches Maß an Verständnis, Vorstellungskraft sowie politischem und moralischem Mut. Wir glauben aber, dass diese Anstrengungen geleistet werden können, und hoffen, dass diese Veröffentlichung dazu beiträgt, die hierfür notwendigen Kräfte zu mobilisieren.«

Viele Menschen spüren heute, dass wir eine Bewusstseinstransformation brauchen, um die Selbstzerstörung zu beenden. Große weise Menschen und Vorbilder wie Buddha, Plato, Sokrates oder Jesus haben uns das schon vor Jahrtausenden gelehrt. Doch ein neues kollektives Bewusstsein wird sich nur entwickeln, wenn zuerst weit mehr Menschen als heute ihr egozentriertes Bewusstsein überwinden und wandeln. Dafür brauchen wir mehr Herzensbildung. Nur ein neues Bewusstsein durch mehr Herzensbildung kann uns noch vor der Zerstörung bewahren. Eine verfrühte Hoffnung – wie wir heute wissen. Seit 1972 haben wir die CO_2-Emissionen mehr als verdoppelt, und die globalen Temperaturen sind um mehr als ein halbes Grad gestiegen.

Wir werden nun lernen müssen, Wissenschaft und Weisheit zu verbinden und nach der Goldenen Regel zu wirtschaften, die nicht zufällig von allen Religionen und Weisheitslehren propagiert wird. Dann werden künftige und zukunftsfähige Gesellschaften stärker kleinteilig und regional organisiert sowie dezentral und basisdemokratisch strukturiert. Es wird eine bessere Balance zwischen männlich und weiblich auf allen Ebenen geben. 6000 Jahre Patriarchat haben die Welt aus dem Gleichgewicht gebracht. Dafür stehen allein in meiner Lebenszeit die Herren Hitler und Stalin, Mao Tse-tung und Ceausescu, Mussolini und Franco, Trump, Putin, Erdoğan, Xi Jinping, Kim Jong-un oder Bolsonaro.

Um patriarchale Strukturen zu ändern, müssen wir unser gesamtes Denken, Fühlen und Handeln ändern. Das bringt in unseren alten Gesellschaften vieles zu Fall, was in den sozialen, ökonomischen und weltanschaulichen Bereichen bisher gegolten hat. Das aber gefährdet das herrschende Weltbild. Es gibt in Afrika, im Nahen Osten, in Asien und Amerika Völker, die völlig andere Wertvorstellungen haben als wir.

Nur deshalb konnte es in Vietnam, im Irak oder in Afghanistan zu den bekannten politisch-militärischen Katastrophen für den »Westen« kommen. Unsere eurozentristische Brille hat uns die klare Sicht versperrt. Lebendige matriarchalische Kulturen sind uns deshalb nicht nur fremd, sondern auch unvorstellbar – bis und gerade in die Religionen hinein. Unser westlicher Gott ist immer noch ein Herr-Gott. Dabei könnten wir vieles von Matriarchatsforscherinnen wie Heide Göttner-Abendroth oder Christa Mulack oder von feministischen Theologinnen wie Dorothee Sölle lernen. Sie zeigen Wege zu einer egalitären, friedlichen und naturnahen Gesellschaft auf. Der litauisch-amerikanischen Archäologin Marija Gimbutas zum Beispiel gelang der Beweis, dass es im »Alten Europa« matriarchale Strukturen gab, in denen die Göttin verehrt wurde. Ihre Arbeit wurde von der UNESCO als »Bereicherung der Kulturen« ausgezeichnet.

Politik, Religion und Wirtschaft sind eine viel zu ernste Sache, um sie allein den Männern zu überlassen oder gar nur den weißen Männern. Der Dalai-Lama, der sich eine Frau als seine Nachfolgerin vorstellen kann: »Ich bin ein Feminist.«

Ein grüner Konservativer? Ein konservativer Grüner?

Für Christen ist die Zerstörung der Schöpfung die Sünde aller Sünden. Doch »die Hirne derjenigen, die Verantwortung tragen und zu Entscheidungen befugt sind, scheinen vernebelt, andernfalls müsste man sie für Betrüger halten«, schrieb Herbert Gruhl 1975, drei Jahre nach dem Erscheinen von »Die Grenzen des Wachstums«. Gruhl war nicht irgendein CDU-Politiker, sondern der damalige Sprecher für Umwelt seiner Fraktion im Deutschen Bundestag. Weil seine Partei und Fraktion nicht auf ihn hören wollten, wurde er zum Gründungsvater der

Partei Die Grünen im Jahr 1980. Im Prinzip war er, ausgetreten aus der CDU und parteilos, der erste grüne Abgeordnete im Bundestag, noch bevor es die Grünen überhaupt gab.

Auch Gruhl erklärte die Umweltfrage zur Überlebensfrage der Menschheit und allen Lebens auf unserem Planeten. Doch die Politik, so seine Ansicht, nähere sich diesem Thema nach dem Motto der drei Affen: nichts sehen, nichts hören, nichts sagen. Realistischerweise müsste sein Buch heute, 45 Jahre später, den Titel tragen: »Ein Planet ist geplündert.«

Gruhl meinte, es habe noch nie einen größeren Wahnsinn gegeben als den, die Wegwerfgesellschaft zu propagieren: die Wegwerfflasche, die Wegwerfpackung, die Wegwerftragetasche, das Wegwerfhemd bis hin zum Wegwerfauto und Wegwerfhaus.

In seinem Buch stellt Gruhl folgende Thesen auf: Ein Rausch ist über die Menschheit gekommen, dem Goldgräberfieber gleich. Alle reichen Gesellschaften – ob kapitalistisch oder kommunistisch – sind dem Evangelium des wirtschaftlichen Wachstums verfallen: mehr produzieren, mehr kaufen, mehr verbrauchen, noch mehr produzieren, noch mehr kaufen, noch mehr verbrauchen, immer schneller, immer höher, immer weiter. Noch nie gab es einen größeren wirtschaftlichen Wahnsinn als die Wegwerfgesellschaft. Wir leben, so Gruhl, im Zeitalter der geistlosen Intelligenz in beinahe absoluter Verstandeseinseitigkeit, oft ohne Fühlen und Bewusstsein. Intellektuell mögen wir vielleicht Weltmeister sein, aber geistig sind wir unterbelichtet – vielleicht gerade deshalb.

Die Folgen dieses Rauschs, so Gruhl, sind dramatisch: Der Weltverbrauch der Bodenschätze ist von 1900 bis 1970 um den Faktor zwanzig gestiegen, und dann wagte Gruhl eine Vorhersage über die Reichweite wichtiger Bodenschätze: Erdgas – 22 Jahre, Erdöl – 20 Jahre, Zink – 18 Jahre, Zinn – 15 Jahre, Quecksilber – 13 Jahre, Silber – 13 Jahre, Gold – 9 Jahre.

Diese Zahlen waren zwar falsch und viel zu pessimistisch gerechnet. Aber in der Intention hatte er doch recht mit seiner Feststellung: Der reiche Teil der Weltgesellschaft führt seit Beginn des Industriezeitalters ein Parasitenleben: »Was die Menschen heute vernichten, das ist zum größten Teil nicht ihre eigene Lebensgrundlage, sondern die ihrer Kinder und Enkel … Es kommt der Tag, an dem es nichts mehr zu ernten gibt.«

Gruhl war der Ansicht, dass sich die größten Gefahren für die Menschheit nicht aus ihren Misserfolgen, sondern aus ihren Erfolgen ergeben. Der anbaufähige Boden auf unserem Planeten, rund 3,2 Milliarden Hektar, ist begrenzt und nicht vermehrbar. Er wird immer kleiner, weil immer mehr Menschen immer mehr Straßen, Schulen, Universitäten, Häuser und Fabriken brauchen, was »die Äcker auffrisst«, und noch vor dem Jahr 2000 werde es zu riesigen Hungersnöten kommen. Die Nahrungsmittelproduktion ist zwar in den Jahren 1951 bis 1966 um 34 Prozent gestiegen, doch dafür musste die Produktion von Traktoren um 63 Prozent, von Phosphaten um 75 Prozent, von Nitraten um 146 Prozent und die von Pestiziden um 300 Prozent erhöht werden. Solche Entwicklungen kämen an ihre ganz natürlichen Grenzen. Das eigentliche Problem sah Gruhl in den Steigerungsraten, die nicht linear, sondern exponentiell verlaufen. Alles steigt in diesen Kurven: Preise, Energie-, Rohstoff- und Nahrungsmittelverbrauch, Arbeitsplätze, die Bevölkerungszahl.

1970 kamen in Ostbengalen, heute Bangladesch, bei einem verheerenden Wirbelsturm 350 000 Menschen ums Leben. Gruhl fragt:»Was verursachte dieses Elend? In den Zeitungen werde der Wirbelsturm dafür verantwortlich gemacht. Aber man kann mit besserem Recht sagen: Das Delta des Ganges liegt praktisch auf Meeresniveau, wenn das Land nicht übervölkert wäre, würde kein vernünftiger Mensch seine Familie hierherbringen. Der Mensch hat dort nichts zu suchen. Die Überbevölkerung tötete sie.« Ostbengalen hatte übrigens innerhalb von wenigen Monaten die riesigen Menschenverluste wieder »wettgemacht«. Gruhls Fazit:»Noch zu keiner Zeit der Weltgeschichte wussten die Regierungen der Völker so wenig, wie es weitergehen soll, wie heute.«

Die Taktik der CDU gegenüber Gruhls radikalen Thesen hieß: totschweigen. Nach 24-jähriger Mitgliedschaft hat Herbert Gruhl in meiner Sendung »Report Baden-Baden« seinen Parteiaustritt erklärt und mit »fehlender ökologischer Sensibilität« begründet. Er könne und wolle nicht länger das »Ökofeigenblatt« seiner Partei sein. Die Folge war die Gründung der Grünen – mit denen die CDU heute mancherorts regiert. Gruhls Einfluss in der Gesellschaft wurde in der zweiten Hälfte der 1970er-Jahre immer größer, sein Einfluss in seiner Partei und Fraktion aber immer geringer. Sein Buch hatte Stärken und Schwächen, wie wir im Nachhinein wissen. Bald nach der Gründung der Grünen trat Herbert Gruhl auch aus dieser Partei wieder aus – sie war ihm zu links. Er gründete die ÖDP, die Ökologisch-Demokratische Partei, mit einem eher konservativ-grünen Programm. Auch aus der ÖDP trat er bald wieder aus, er war seiner neuen Partei mit seinen teils deutschnationalen Parolen zu rechts.

Es bedarf eines Menschenbebens

Herbert Gruhl war eher ein theoretischer Schreibtischtäter als ein praktischer Politiker, der ganz konkret eine Gesellschaft verändern könnte. Doch was wurde aus seinen Theorien und Schreckensszenarien?

Klar ist, dass es keinen Sinn macht, einen aktuellen Verbrauch von Ressourcen und Rohstoffen einfach über Jahrzehnte oder gar ein Jahrhundert hochzurechnen. Die bedeutendste Fehlkalkulation von Gruhl wie auch des Club of Rome war die zum Ölverbrauch und zu den Ölvorräten. Nicht die Knappheit der Ölreserven ist unser großes Problem, sondern die Fülle der zwischenzeitlich entdeckten Ölvorräte, von denen weder der Club of Rome noch Gruhl etwas ahnen konnten. Dasselbe gilt für die noch immer global reichlich vorhandenen Erdgas- und Kohlereserven. Gruhls Grundaussage, dass ein endliches System wie unser Planet Erde kein unendliches Wachstum verkraften könne, ist in der Tendenz richtig, nur an vielen Stellen zu dogmatisch und deshalb dramatisch falsch.

Sicher – die frühen Ökoautoren konnten die Probleme, die uns heute bewegen und massiv bedrängen, gar nicht auf dem Schirm haben. Trotz des höheren Ölverbrauchs konnte die Umweltverschmutzung zwar in einigen reichen Ländern eingedämmt werden. Nur: Auch wenn wir inzwischen viel über die Umweltkrise wissen, tun wir zu wenig dagegen. Uns läuft die Zeit davon. Ganz offensichtlich kommen wir Menschen allein mit dem Verstand kaum zur Vernunft, wie schon der große Tiefenpsychologe Carl Gustav Jung vor über 100 Jahren erkannte.

Der Klimaschock, der mittlerweile auch Deutschland erwischte, ist der hohe Preis für allzu langes Zögern, Zaudern und Verdrängen. Bereits 1993 habe ich in der ARD Fernsehsendungen dazu gemacht. Damals mussten wir die Katastrophenbilder noch mit dem Computer sehr aufwendig simulieren. Sie waren für Szenarien des Jahres 2035 gedacht. Viele meiner Kollegen meinten damals: »Mit solchen Horrorbildern hast du aber stark übertrieben.« Doch solche Schreckensbilder haben wir alle 2021 in Nachrichtensendungen gesehen – ganz ohne Computersimulationen, und 14 Jahre früher als in den 1990er-Jahren von Klimawissenschaftlern prognostiziert.

Die traurige Realität ist: Diese Katastrophe war nicht nur absehbar, sie war auch vermeidbar. Und noch trauriger: Die Reaktionen mancher Politiker zeigen, dass der Ernst der Lage immer noch nicht begriffen wird. Der bis 2021 amtierende Ministerpräsident von Nordrhein-Westfalen, Armin Laschet, antwortete auf die Journalistenfrage, welche Konsequenzen er denn aus der Flutkatastrophe im Ahrtal ziehen werde: »Man kann doch wegen eines solchen Tages nicht die Politik ändern.« Ja, um Himmels willen, was denn sonst?

Lernfähig zeigten sich dagegen die Bewohner des Ahrtals, der 2021 am meisten vom Hochwasser betroffenen Region. Sie beschlossen: Aus Ahrtal wird »SolAHRtal«. Die Entscheidung des Kreistages – bei nur einer Gegenstimme – lautet: »Angestrebt wird eine komplette Energieversorgung (Strom, Wärme, Verkehr, Industrie) mit 100 Prozent erneuerbaren Energien, eine Land- und Forstwirtschaft, die keine Emissionen mehr befördert, ergänzt durch eine emissions- und abfallfreie Kreislaufwirtschaft. Das bedeutet, dass Heizungen nicht mehr auf Basis von Erdöl und Erdgas betrieben werden. Nahwärmenetze, Solaranlagen mit Speichermöglichkeiten, Stromversorgung mit Ökostrom und neue Antriebe bei der Verkehrsinfrastruktur sind das Ziel.«

Im Rückblick ist die deutsche Klimapolitik eine Summe peinlicher unterlassener Hilfeleistungen. Alle Technologien für eine rasche umweltfreundliche Energiewende stehen uns schon lange zur Verfügung.

Doch Deutschland ist ein Lobbyland, in dem sich die Konzerne Politik kaufen können, wie der frühere SPD-Bundestagsabgeordnete Marco Bülow zu Recht schreibt. Darüber wird oft geschimpft, aber zugleich wird genauso oft übersehen, dass es in unserer Hand liegt, wen wir, also Sie und ich, wählen.

Die Gretchenfrage heißt: Wie bauen wir eine solidarische Gesellschaft der Zukunft auf einer wesentlich schmaleren Basis als bisher? Was meinen Sie, liebe Leserin und lieber Leser: Sind gewählte Politiker und Politikerinnen nicht genau zur Lösung dieser Fragen verpflichtet? Wozu sonst haben wir sie gewählt, wenn nicht zur Daseinsvorsorge für ihre Wähler? Demokratie heißt doch, dass die Mehrheit bestimmt und nicht eine kleine, aber finanzstarke Minderheit.

Aber in Deutschland kann schon ein Vorschlag zur kleinsten Veränderung wie ein Tempolimit oder ein Verbot inländischer Flüge zum Widerstand führen, weil es an Verantwortung für künftige Generationen fehlt und weil es kein Gefühl für die notwendige Balance zwischen der heutigen und den künftigen Generationen gibt. Ohne Herzensintelligenz wird der Widerstand gegen die bald notwendigen großen Veränderungen nicht zu überwinden sein. Je länger wir kleine Veränderungen aus Ignoranz verweigern, desto schmerzlicher werden die großen Veränderungen in der Zukunft sein müssen.

Zwei Beispiele. Als Erstes – unsere Autobahnen sind weltweit einmalig für Raser, aber gefährlich für alle: 2019 gab es auf deutschen Autobahnen mehr als 140 Tote und 1700 Schwerverletzte. Und das, obwohl selbst die Mehrheit der ADAC-Mitglieder inzwischen für ein Tempolimit ist. Unter den deutschen Parteien sind Grüne, Linke und die SPD für ein Tempolimit, CDU/CSU, FDP und AfD sind dagegen. Doch außer in Deutschland gilt in der ganzen Welt: Wer Menschenleben retten, die Verkehrssicherheit verbessern und den Ausstoß von Kohlendioxid merklich reduzieren will, der muss ein Tempolimit einführen. Beide C-Parteien interessiert das jedoch nicht. Haben sie in der Bibel nie den Satz gelesen: »Du sollst nicht töten«? Aber zu Autos haben viele Deutsche immer noch ein ähnlich irrationales Verhältnis wie viele US-Amerikaner zu Waffen.

Das zweite Beispiel: Nach Corona werden wir endlich lernen müssen, dass die Gesundheit von Mensch, Tier und Umwelt zusammenhängt. Es geht um einen neuen One-Health-Ansatz. Schließlich stammen die meisten Krankheitserreger der letzten Jahrzehnte aus dem Tierreich. Der Veterinärmediziner und Präsident des Robert Koch-Instituts, Lothar Wieler, sagt:»Um stärker zu verhindern, dass Erreger vom Tier auf den Menschen überspringen, müssen wir unseren Umgang mit Tieren überdenken, den illegalen Tierhandel reduzieren, weniger Fleisch essen und die Biodiversität erhalten.« Die Grenzen des Wachstums zu beachten heißt hier: der Pandemievorsorge und damit der Gesundheitsvorsorge mehr Beachtung schenken.

Eine englische Lebensweisheit sagt:»Expect the unexpected«, erwarte das Unerwartete. Darin sind freilich wir Deutsche nicht besonders gut. Viel lieber schreiben wir negative Trends geradewegs in die Zukunft fort.

Alles hängt mit allem zusammen

Korallenriffe gehören zu den schönsten und erstaunlichsten Naturwundern auf unserem Planeten, die Evolution hat diesen einzigartigen Schatz in den Ozeanen in Jahrmillionen aufgebaut. Wir zerstören in Jahrzehnten die»Regenwälder unter Wasser« und»Baumeister am Meeresgrund« (Helmut Schumacher) in unvorstellbarer Geschwindigkeit, indem wir die Meere aufheizen.

Im April 2021 schlugen die Vereinten Nationen in ihrem zweiten »World Ocean Assessment« Alarm: Immer mehr Unterwassergebiete in den Weltmeeren sind Todeszonen. Durch Sauerstoffmangel ist in vielen Meeresregionen Leben nicht mehr möglich. Die Zahl dieser Todeszonen sind zwischen 2008 und 2019 von 400 auf 700 gestiegen. Besonders betroffen sind der Golf von Mexiko, das Südchinesische Meer sowie die Nord- und die Ostsee.

1996 drehte ich mit dem Tauchpionier Hans Hass auf den Malediven für meine»Querdenker«-Sendung mit Unterwasserkameras einen Film über das Korallensterben. Innerhalb weniger Wochen hatte sich die fantastische Wunderwelt der Korallen, diese Farben- und formenreiche Pracht der Riffe, in einen gespenstischen grauen Meeresfriedhof verwandelt. Meine Frau, unsere Töchter und ich hatten schon zuvor den Tauchschein erworben, um diese Anderswelt kennenlernen und bewundern zu können. Als unsere Töchter vom ersten Tauchgang zu den abgestorbenen Korallen kamen, weinten sie.

Vielleicht denken Sie jetzt: »Wer braucht denn schon Korallen?« Das zeigt, dass wir die Interdependenz allen Lebens immer noch nicht verstanden haben. Ohne Korallen gibt es viel weniger Fische. Und damit viel weniger Nahrung für die Millionen Menschen, die sich seit Jahrtausenden von den Meeresbewohnern ernähren.

Überhaupt die Malediven: So viel Paradies ist selten. Noch. Und der erste frei und demokratisch gewählte Präsident der Malediven, Mohamed Nasheed, erlangte im Jahr 2000 Weltruhm durch die erste Unterwasser-Kabinettsitzung der Welt im Indischen Ozean. Greta Thunberg war noch lange unbekannt, da hockt ein Frontmann im Kampf gegen die Klimaerhitzung mit seinen Ministern auf dem Meeresgrund im Neoprenanzug, versehen mit Sauerstoffflaschen, verständigt sich, umgeben von Fischschwärmen und Korallen, durch Taucherzeichen mit seinen Kollegen und unterzeichnet einen Appell für den Klimaschutz. Boah! – welch ein Symbol! Er hat mit dieser spektakulären Aktion mehr Herzen erreicht als manche Weltklimakonferenz.

Nur eine rasche Energiewende kann den weltweiten Kollaps der Korallenriffe noch aufhalten. Wenn einige Riffe gerettet werden, können sie sich erholen. Die mit Hilfe der Strömung verteilten Korallenlarven könnten auch anderswo beschädigte Riffe wieder nachwachsen lassen.

Wir diskutieren in diesem Buch über die Grenzen des Wachstums. Doch die Kreativität der Natur ist grenzenlos. Die Quantenphysik lehrt uns, dass alles mit allem verbunden ist. In der Tiefe ist alles eins. Die Weltmeere sind der größte Kontinent dieses Planeten. In ihren Tiefen erwartet uns eine Springflut an Inspirationen und Anregungen zur Lösung unserer heutigen Probleme. Die Erforschung der Weltmeere scheint mir eine näherliegende, größere und wichtigere Aufgabe der Wissenschaft als die Erforschung des Weltalls.

Die Corona-Pandemie als Warnschuss der Natur

Vielen gilt die Corona-Pandemie als Warnschuss der Natur. Deshalb ist die Krise ein wichtiger Lernhelfer: Innerhalb weniger Wochen waren während der Corona-Pandemie Entscheidungen möglich, die zuvor als undenkbar galten. Es reicht jedoch nicht, die Welt nur neu zu denken. Entscheidend ist, dass wir lernen, neu und rascher zu handeln: Nicht die CO_2-Konzentration von 1880, sondern die von 1750 muss erreicht werden, die berühmten 280 ppm (parts per million). Aktuell sind es 420 CO_2-Moleküle in einer Million Gasteilchen. Nur die einstmals niedrige CO_2-Konzentration der vorindustriellen Zeit hatte das Klima über Millionen Jahre stabil gehalten.

Kirchenvertreter betonen immer wieder, dass die Corona-Pandemie keine Strafe Gottes sei, aber sehr wahrscheinlich die logische Folge unseres Tuns in den letzten 50 Jahren. Wenn zu viele Menschen ihren Mitgeschöpfen, den Tieren und Pflanzen, zu wenig Raum lassen, dann erinnert uns die Natur an die natürlichen Grenzen des Wachstums.

Ich verstehe die Corona-Krise als Weckruf. Wenn sich die EU jetzt einen Green New Deal verordnet, wenn die deutsche Bundesregierung Klimaneutralität bis 2045 und die US-Regierung bis 2050 und die chinesische Regierung bis 2060 dasselbe Ziel erreichen wollen, dann zeigt das zunächst einmal, dass Grenzen generell und endlich anerkannt werden – immerhin der Anfang eines Abschieds von der alten Grenzenlosigkeit, zumindest theoretisch. Doch langfristig müssen wir nicht nur klimaneutral, sondern klimapositiv werden. Denn wir haben global bereits 1,2 Grad mehr Wärme als in der vorindustriellen Zeit. Die Erde hat Fieber, und das muss runter, wenn unsere Kinder und Enkel ein angenehmes Leben haben sollen. Um dieses Langfristziel zu erreichen, müssen wir zum Beispiel trockengelegte Moore wieder bewässern und Milliarden Bäume pflanzen, die beim Wachsen viel CO_2 aufnehmen.

Dazu müssen Politik, Wissenschaft und Journalismus den Menschen die Wahrheit und die Wirklichkeit zumuten, also sagen, was ist und was sein kann, auch über die Grenzen des Wachstums hinweg. Sämtliche wirkliche Wissenschaft strebt nach Wahrheit und Schönheit – doch was ist Wahrheit? Diese uralte Frage ist schwer zu beantworten. Ich beantworte sie so: Wahrheit ist, was mir mein Gewissen sagt. Dabei weiß ich wohl, dass auch andere Menschen ein Gewissen haben.

Natur ist zwar immer auch Kampf – fressen und gefressen werden –, aber Natur ist auch Kooperation. Wenn es ernst wird, zählt Solidarität. Die Corona-Krise hat ebenfalls gezeigt, dass sich Menschen, aber auch Politik und Wirtschaft ändern können und dass nicht alles zusammenbricht, wenn sich vieles ändert. Wir haben vielmehr gelernt, dass vieles auch anders geht. Diese Erfahrung kann uns einen hoffnungsvollen Blick auf die Zukunft eröffnen. Wir können lernen, mit der Natur zu leben, zu arbeiten und zu wirtschaften und nicht mehr gegen sie. Das gut gemeinte Motto für eine bessere Zukunft kann darum nicht länger heißen:»Der Mensch im Mittelpunkt«, sondern:»Das Leben im Mittelpunkt«. Und das bedeutet eine neue Interdependenz zwischen Mensch und Natur: mehr reifen statt ständig wachsen. Oder auch: Endlich reifen statt unendlich wachsen. Also: Entwicklung statt Wachstum. Aufwachsen und aufwachen sollten Hand in Hand gehen. Solange wir offen sind für die Zukunft, wird es sie geben.

Es ist ein großer Unterschied, ob ein Kind mit 13 Jahren äußerlich noch wächst oder ob eine Jugendliche oder ein Jugendlicher mit 18 beginnt, innerlich zu reifen. So wie es ein Unterschied ist, ob eine Frau oder ein Mann als Einzelne wachsen oder als Paar innerlich reifen. Wenn ein reifendes Paar gut kooperiert, dann sind eins und eins immer mehr als zwei. In den letzten Jahrzehnten habe ich diese beglückende Erfahrung bei emanzipierten Paaren in der Umwelt- und Solarszene immer wieder beobachten dürfen. In diesem Kontext habe ich viele Gründe, meiner Frau Bigi zu danken. Wir heirateten fünf Jahre, bevor die»Grenzen des Wachstums« erschienen. Zusammen mit meiner Frau musste und durfte ich viel lernen.

Vor 50 Jahren waren die»Grenzen des Wachstums« ein erster weltweiter Warnruf für eine andere Wirtschaftspolitik. Schritte, Persönlichkeiten und Ereignisse zu dieser Erkenntnis nach 1972 waren: die Folgeberichte des Club of Rome, Erhard Eppler, Herbert Gruhl, Eduard Pestel, Robert Jungk, die Grünen und die ÖDP, der Club of Budapest, Tschernobyl, Gorbatschows Erdcharta, Global 2000, der Brundtland-Bericht, der globale ökologische Marshallplan, Rio 1992 (Klaus Töpfer) und der Agenda-21-Prozess, das Erneuerbare-Energien-Gesetz, die Nachhaltigen Entwicklungsziele der Vereinten Nationen (Sustainable Development Goals), Fukushima, Deutscher Atomausstieg 1 und 2, Hitzerekorde, Laudato si' von Papst Franziskus, Klimanotstand, E-Autos, Bauen mit Holz, das Baumhaus als Haus der Zukunft (Friedensreich Hundertwasser) mit Gemüsebeet auf dem Dach und Bäumen am Balkon, Greta Thunberg, das bahnbrechende Urteil des deutschen Bundesverfassungsgerichts Ende April 2021 zu mehr Klimaschutz und ähnliche Urteile in Holland und Australien.

Das höchste deutsche Gericht sieht in einer Klimakatastrophe schon für die nächste Generation die größte Gefahr für deren Sicherheit und Freiheit. Was jetzt an Gesetzen, Vorschriften und Verboten notwendig ist, um diese Gefahr noch zu bändigen, würde Christian Lindner wahrscheinlich »Sozialismus« nennen. Ich nenne es sozial-ökologische Marktwirtschaft und bin damit näher bei Ludwig Erhard als die Neoliberalen von heute.

Die Entscheidung aus Karlsruhe besagt, dass Klimaschutz ein Menschenrecht ist. Damit ist dieses Grundsatzurteil »das universellste und weitreichendste Urteil im Klimaschutz, das es je gab«, sagt die Hamburger Verfassungsrichterin Roda Verheyen, die dieses Urteil mit erstritten hat. Jetzt muss jedes Gesetz einem Klimacheck unterzogen werden. Dabei geht es nicht primär um Verbote, es geht primär um Freiheit und um seelische Reife.

Das 1,5-Grad-Ziel ist nicht verhandelbar. Wir müssen es schaffen, wenn wir vor unseren Kindern und Enkeln bestehen wollen. Das Verfassungsgericht meint: Meine ältere Generation darf sich nicht alle Freiheiten zulasten kommender Generationen herausnehmen. Das müsste eigentlich für wirklich Liberale selbstverständlich sein.

Um noch ein Mal Erich Fromm zu zitieren: Die »seelische Veränderung« ist jedoch nur in dem Maße möglich, in dem drastische ökonomische und soziale Veränderungen eintreten, die dem Einzelnen die Chance geben, sich zu wandeln, und den Mut und die Vorstellungskraft, die er braucht, um diese Veränderung zu erreichen.

Oder wird aus dem Kapitalismus doch noch eine naturnahe Verheißung? Die Klima-Allianz, ein Zusammenschluss von 140 Organisationen mit 25 Millionen Mitgliedern, wollte in Deutschland im Superwahljahr 2021 dafür sorgen, dass die Klimafrage wahlentscheidend wird. Dabei heißt die Gretchenfrage: Wie bauen wir eine solidarische Gesellschaft der Zukunft auf einer wesentlich stärkeren Basis als bisher? Diese Forderung erhob schon das Neue Testament. Die Botschaft der Bibel, vor allem der Bergpredigt, ist politisch, sonst würde es keinen Sinn machen, dass sich in Deutschland zwei Parteien das »C« in den Namen geschrieben haben. Viele soziale und grüne Forderungen heutiger Theologen sind in der Bergpredigt begründet, woran sich seltsamerweise manche strukturkonservative Christen stören. Der engagierte Christ und frühere Präsident eines evangelischen Kirchentags, Carl Friedrich von Weizsäcker, hat das Wertefundament unserer Demokratie einen »Garten des Menschlichen« genannt. Ein lebendiger und vielfältiger Garten muss gehegt und gepflegt werden, wenn er nicht verwildern soll – wie die Demokratie am Ende der Weimarer Republik – ein immerwährendes Warnsignal. In Deutschland wissen wir besonders gut: Wer in der Demokratie schläft, kann in einer Diktatur aufwachen.

Es ist gut für die Demokratie, dass 2021 ein per Los ausgewählter »Bürgerrat Klima« von 160 Menschen in Deutschland mehrheitlich gefordert hat: Dass sich alle Beschlüsse des Bundestags und der Bundesregierung künftig am 1,5-Grad-Ziel von Paris orientieren sollen. Die Hauptforderungen der Bürgerinnen und Bürger: rascher Ausbau von erneuerbaren Energien; ein Tempolimit von 120 km/h; Verbot von Verbrennungsmotoren, Gas- und Ölheizungen; rascher Kohleausstieg; Solardächer sollen bei Neubauten Pflicht werden, und Deutschland muss bis 2035 komplett auf Ökostrom umsteigen. Der diesen Diskussionsprozess begleitende frühere Bundespräsident Horst Köhler sagte dazu: Eine entschlossene Klimapolitik ist in der deutschen Öffentlichkeit weitaus populärer als angenommen. Und: Dieses Ergebnis sei »ein Zeichen gegen Resignation«.

Für mich geht es hier nicht nur um eine sozial-ethische, sondern immer auch um eine theologische Frage: Wir müssen unsere Endlichkeit akzeptieren, um uns von den unendlichen Wachstumsfantasien zu befreien. Dabei steht Gott selbst auf dem Spiel. Ewiges Wachstum ist eine quasireligiöse Anmaßung des Kapitalismus. Sein grenzenloser Wachstumszwang ist ein Motiv der Unersättlichkeit. Doch es ist nicht alles Gott, was glänzt.

Der Stern, um den sich alles dreht
Leben mit und von der Sonne

Die Sonne ist einer von 200 Milliarden Sternen in unserer Milchstraße. Ohne ihre Energie gäbe es kein Leben auf der Erde, sie ist der große Dynamo allen Lebens. Die Fusion von Wasserstoff zu Helium in der Sonne ist die primäre Energiequelle sämtlicher Lebensprozesse, jede Sekunde wandelt sie fünf Millionen Tonnen Materie in Kernenergie um. Diese Zahl ist so unfassbar wie die Bedeutung, die die Sonne schon immer für das Leben auf der Erde hat. Mit den Worten Joseph Scheppachs: »Wir Erdenbürger sind in Wahrheit Sonnenkinder und baden im Energiefeld dieses kosmischen Lebensspenders.«

Sie ist der »Stern, um den sich alles dreht ... Sie ist Quell und Garant allen Lebens. Sie ist das Maß aller Dinge« (Richard Cohen). »Die Sonne ist die Leuchte der Welt«, schrieb Nikolaus Kopernikus. Heute weiß es die moderne Astrophysik noch präziser: Wenn diese »Leuchte« nur fünf Tage nicht schiene, dann wäre alles Leben auf unserem Planeten tot, weil wir dann eine Temperatur von minus 273 Grad Celsius hätten. Das hat auch Albert Einstein einmal sechs Schülern einer sechsten Klasse klargemacht, die ihm einen Brief geschrieben hatten: »In unserer Klasse gibt es einen Streit. Die Klasse spaltete sich in zwei Parteien. Wir sechs befinden uns auf der einen Seite und 21 auf der anderen. ... Thema der Diskussion ist, ob Leben auf der Erde möglich wäre, wenn die Sonne erlöschen würde. Wir bleiben dabei, das zu glauben. Sagen Sie uns, was Sie denken.« Einstein antwortete: »Liebe Kinder, die Minorität hat manchmal recht. Aber nicht in Eurem Fall: Ohne Sonneneinstrahlung kein Weizen, kein Brot, kein Gras, kein Vieh, kein Fleisch, keine Milch. Und alles eingefroren. Kein Leben. A. Einstein.«

Der Biophotonenforscher Albert Popp hat in einer meiner Sendungen zum Thema »Auraheilung« vor 30 Jahren erklärt: Ob Mensch oder Maus oder Kopfsalat oder Zimmerpalme, alles Leben ist durchwirkt von Licht – in allen Lebewesen glimmt eine sogenannte ultraschwache Zellstrahlung. Albert Popp wörtlich: »Biophotonen stellen wohl einen bisher unbekannten, aber dennoch sehr wesentlichen und grundsätzlichen Informationskanal in Lebewesen dar … In Fortsetzung der Aufgaben des Sonnenlichts, nämlich Energie und Information auf Lebewesen zu übertragen, steuern sie (die Biophotonen, F. A.) alle biochemischen Reaktionen – das sind immerhin etwa 100 000 pro Sekunde in jeder Zelle.« Nach Popps Berechnungen sterben pro Sekunde im menschlichen Körper etwa zehn Millionen Zellen ab, und dennoch funktioniert der korrekte Nachschub zu unserem Körper. Aus welchem Potenzial schöpft sich wohl diese unglaubliche und erstaunliche Ordnung? Das Licht, von dem Popp sprach, haben wir mit einer speziell dafür entwickelten Fernsehkamera, die über zweihundert Mal lichtintensiver war als eine normale Fernsehkamera, weltweit erstmals sichtbar machen können. In der Zwischenzeit ist dieser Strahlungseffekt von Biophotonen Hunderte Male wissenschaftlich nachgewiesen und bestätigt.

In diesem Kapitel lade ich Sie ein auf eine Erkundungstour zur Sonne und ihren Geschenken für uns: Unsere gesamte Nahrung gewinnen wir aus den feinen Energien der Luft und des Sonnenlichts und aus kosmischen Kräften. Es sind Sonnenstrahlen, die den elektrischen Stromkreislauf unseres Körpers in Schwung halten und die für das Nervensystem notwendigen elektrischen Ströme freisetzen. Diese zahllosen, in Atomen gespeicherten Energieströme nehmen wir über unsere Nahrung auf. Wir leben von Sonnenenergie, die in pflanzlicher Nahrung gespeichert ist oder im Fleisch pflanzenfressender Tiere.

Solare Zukunft gegen fossile Vergangenheit

Alles Leben verdankt sich der Sonne – auch die Energie, die wir aus Kohle, Gas oder Erdöl gewinnen, ist in Jahrmillionen gespeicherte Sonnenenergie. Trotzdem ist sie, gemessen an ihrem nachhaltigen Energiereichtum, die bisher am wenigsten genutzte Energiequelle.

Eigentlich ist die gesamte Geschichte der Evolution ein einziges Solarzeitalter, einteilbar in drei Phasen: Die erste Phase waren die Hunderttausende Jahre, in der die Sonne die einzige Energiequelle für Wärme, Wind- und Wasserkraft sowie Nahrung war. In der zweiten Phase entdeckte die Menschheit in der Erde brennbare fossile Energiequellen wie Kohle, Erdgas und Erdöl. Diese uralten Energiequellen ermöglichten uns für eine kurze Zeit ab etwa 1850 einen steilen Erfolgspfad an Technik und Wohlstand. Doch diese Energiequellen bewirkten und bewirken den menschengemachten Treibhauseffekt und den dadurch ausgelösten Klimawandel. Darum müssen wir jetzt die dritte Phase des Solarzeitalters aufbauen: zurück zur Sonne als unserer einzigen wirklichen Energiequelle, ergänzt um weitere fünf riesige erneuerbare Energiequellen, indirekte Sonnenenergien – Wind, Wasser, Bioenergie, Geothermie sowie Strömungs- und Wellenenergie der Ozeane. Dabei werden wir Technologien nutzen, die es ohne die fossile Zwischenphase nicht geben würde.

Das fossile Zeitalter wird so wenig aus Mangel an Brennstoffen zu Ende gehen, wie die Steinzeit aus Mangel an Steinen zu Ende ging. Aber die erneuerbaren Energien sind sowohl ökologisch als auch ökonomisch so sehr überlegen, dass sie durch exponentielles Wachstum die alten Geschäftsmodelle mit Kohle, Gas, Öl und Uran schon in wenigen Jahren besiegen. Davon ist auch der Silicon-Valley-Unternehmer und Stanford-Dozent Tony Seba in seinem Buch »Saubere Revolution 2030« überzeugt.

Der Grund für seinen Optimismus: Die Erfindung des Autos, aber auch das Erneuerbare-Energien-Gesetz begannen in Deutschland ihren Siegeszug. Und beide Revolutionen haben sich wie ein Lauffeuer über die ganze Welt verbreitet. Autos gab es schon wenige Jahre nach ihrer Erfindung auf der ganzen Welt. Und genau so wird es mit den erneuerbaren Energien sein. Der erste grüne Ministerpräsident in Deutschland, Winfried Kretschmann, sagte im Wahlkampf 2021 auf die Frage, was jetzt am wichtigsten sei: »Drei Dinge: Erstens Klimaschutz, zweitens Klimaschutz, drittens Klimaschutz.«

Eigentlich ist es mit ein bisschen Ökonomie ganz einfach: Im Jahr 1970, als es in Deutschland gerade so richtig losging mit der Solarforschung, kostete die Produktion einer Kilowattstunde Solarstrom etwa zwei Euro. Als im Jahr 2000 der Bundestag das Erneuerbare-Energien-Gesetz verabschiedete, waren es noch 70 Cent, heute haben wir hierzulande noch etwa drei Cent Produktionskosten. Bald werden wir bei vielleicht zwei Cent sein. Das ist letztlich den großartigen Fortschritten der Solarforscher und -forscherinnen in einer Reihe mit wissenschaftlichen Instituten zu verdanken und den Politikern und Beamten, die ihnen das Geld für die Forschung besorgt haben.

Mutige Vordenkerinnen und Vordenker haben diese wichtigste Forschungswende in Deutschland eingeleitet und vorangetrieben. Der begnadete Solararchitekt Rolf Disch konnte deshalb in Freiburg schon in den 1980er-Jahren die ersten Solarplushäuser bauen und in den 1990ern eine ganze Solarsiedlung mit Solarplushäusern, die mehr Energie produzieren, als in dieser Siedlung verbraucht wird. Solarplushäuser können und müssen Standard werden.

Rolf Disch sucht Holz aus mittelalterlichen Fachwerkhäusern, um heute damit seine Solarholzhäuser zu bauen – das moderne Baumaterial ist also 500 und mehr Jahre alt und kann auch in einigen Hundert Jahren wieder verwendet werden.

Ebenfalls in Freiburg hat der Solarpionier Georg Salvamoser (sein Motto: »Man kann uns zwar bremsen, aber nicht aufhalten«) schon vor 25 Jahren die erste CO_2-neutrale Solarfabrik gebaut, die Stadt Freiburg später das erste Rathaus, das mehr Energie produziert, als es verbraucht, und nun das erste große Nullenergie-Fußballstadion. Neubauten werden in Freiburg nur noch genehmigt, wenn sie sich selbst mit erneuerbarer Energie versorgen.

Es geht jetzt also um eine solare Energiewende, die hauptsächlich aus ökonomischen Gründen kommen wird: Bisher stiegen die Energiekos-

Solarsiedlung mit Solarschiff von Rolf Disch in Freiburg

ten permanent. Wer diese reduzieren will, muss auf die erneuerbaren Energieträger setzen. Sonne und Wind schicken keine Rechnung, sie sind – in krassem Gegensatz zu den alten Energieträgern – Geschenke des Himmels, Energie von ganz, ganz oben! Bereits heute wird von Grönland bis Neuseeland Solarstrom gewonnen und genutzt – kostengünstig, dauerhaft und klimafreundlich.

Das unerreichte biologische Vorbild der Sonne ist die Photosynthese der grünen Pflanzen und Blätter. Die Sonnenenergie wird schon in den nächsten 10 bis 15 Jahren die wichtigste Bedeutung beim Umstieg auf nachhaltiges Wirtschaften haben. Spätestens 2035 können und müssen wir den hundertprozentigen Umstieg auf erneuerbare Energien organisiert haben – und zwar nicht nur bei der Stromproduktion, sondern auch bei der Wärmegewinnung, bei der Mobilität, in der Bauwirtschaft, bei der industriellen Prozesswärme einschließlich bei der energieaufwendigen Stahl- und Zementindustrie sowie in der Landwirtschaft.

Auch die neuen Informationstechnologien spielen bei der raschen Verbreitung der Ökoenergien eine wichtige Rolle: Ohne Digitalisierung wird es keine Energiewende bis 2030/2035 geben. Wissen und neue

Technologien sind die entscheidende Basis der künftigen Energie- und Mobilitätswende:

Durch die Digitalisierung können saubere Energien kostengünstig und rasch umgewandelt, gespeichert, transportiert und verteilt werden. Nach Corona heißt die Frage nicht mehr: Ist unsere Zukunft digital, sondern nur noch: wie digital ist unsere Zukunft?

Das neue Energiesystem wird dezentral, bürgernah, intelligent, preiswert und sicher sein. Dafür braucht es keine großen Banken, um große Kraftwerke zu finanzieren.

Das Energierecht der EU sieht vor, dass in der Zukunft Energiegenossenschaften eine wichtige Rolle spielen.

Saubere Bürgerenergie wird in Zukunft im Überfluss und partizipativ vorhanden sein, so wie schon heute in der IT-technologischen Revolution Informationen im Überfluss, partizipativ und nahezu kostenlos vorhanden sind.

Alle diese Vorteile machen den Charme der Erneuerbaren und ihre Attraktivität aus. Sie sind umweltfreundlich, nicht klimaschädlich, unschlagbar preiswert und ohne jeden Abfall oder Abgase. Und sie stehen allen Menschen in allen Ländern für alle Zeit zur Verfügung. Um Öl wurden Kriege geführt. Um Sonne oder Wind werden niemals Kriege geführt. Terroristen hatten schon 2001 Pläne, um am 11. September Atomkraftwerke in den USA anzugreifen. Wenn sie ein Solarkraftwerk oder einen Windpark angreifen würden, würden sie sich nur lächerlich machen. Weil so gut wie nichts dabei passieren würde.

Der Autor des Vorworts zum Buch von Tony Seba, Daniel Bannasch, beschreibt die exponentiellen Entwicklungen, die vor uns liegen, als »eine unvermeidliche technisch-wirtschaftliche Revolution, die – sozusagen nebenbei – auch eine gesellschaftliche und ökologische Revolution ist«.

Auf Sebas Spuren bewegt sich das drittgrößte deutsche Fernwärmeunternehmen, die MVV in Mannheim. Sie will die Rhein-Neckar-Region noch vor 2040 klimaneutral machen und ab 2040 sogar klimapositiv, indem der Atmosphäre Treibhausgase entzogen werden. Schwerpunkt ist dabei die Wärmewende noch vor 2030 mit dieser Strategie: Nutzung der Abwärme aus Abfallbehandlung und Biomasse, Klärschlammverwertung, Nutzung regenerativer Energien wie Biomethan, von Flusswärmepumpen und von neuen Möglichkeiten im Bereich der Geothermie und industrieller Abwärme.

Klimaneutrale oder klimapositive Wirtschaft?

Alle Welt redet von Klimaneutralität – auch die Fridays-for-Future-Bewegung. Die EU will bis 2050 klimaneutral werden, China bis 2060, Deutschland bis 2045, Bayern und Hamburg bereits bis 2040, einige deutsche Kommunen wie Konstanz oder Wuppertal bereits bis 2035. Doch reicht Klimaneutralität für eine lebenswerte Welt? Klimaneutral meint, den Planeten nicht weiter aufzuheizen. Trotzdem tun wir das aber immer noch, denn Jahr für Jahr werden immer mehr Treibhausgase in die Atmosphäre geblasen. Und diese Treibhausgase heizen noch Jahrzehnte den Planeten auf. Robert Habeck sagt für die Grünen zum neuen Koalitionsvertrag: »Wir sind auf dem Pfad zum 1,5-Grad-Ziel.« »Die Klimaschutzziele von Paris zu erreichen, ist für uns oberste Priorität«, steht im Koalitionsvertrag. Doch die Frage ist: Reicht das?

Immerhin soll der Ausbau der erneuerbaren Energien zentrales Anliegen der neuen Bundesregierung sein. 80 Prozent Ökostrom soll Deutschland bis 2030 haben. Eine klimaneutrale Wirtschaft, von der alle reden, sei jedoch ungenügend, sagt Professor Peter Droege, Präsident von Eurosolar. Droege hat unser Jahrzehnt zur »regenerativen Dekade« erklärt. Ziel sind eine klimapositive Wirtschaft und eine regenerative Gesellschaft. Warum klimapositiv und was heißt das?

Klimapositiv ist weit mehr als klimaneutral. Bis etwa 1750 hatten wir um die 280 Millionstel Teile (ppm) an CO_2 in der Atmosphäre, 1990 schon um die 350 und heute etwa 420. Das ist der Klimawandel. Bis 2050 könnten es schon 500 sein. In dieser Situation sei es »unlogisch und unverantwortlich«, lediglich Klimaneutralität zu fordern, argumentiert Professor Droege. Die 280 ppm der vorindustriellen Zeit müssten unser Ziel sein, denn nur sie garantierten über Jahrmillionen ein lebensfreundliches Klima. Bei den heutigen 420 ppm sagten wir ja bereits, dass der Planet Fieber habe. In diesem Zustand »Klimaneutralität« anzustreben, sei lediglich ein »Beruhigungsheilmittel« für die Gesellschaft. Dadurch wird aber das Fieber nicht beseitigt, damit solle die Öffentlichkeit beruhigt werden. Um das Klima also wieder auf das vorindustrielle Niveau von 1750 abzukühlen, brauchen wir wesentlich schlagkräftigere Mittel als bisher angekündigt. Ziel muss eine klimapositive, emissionsnegative und regenerative Welt sein. Nur mit Hilfe von Wiederaufforstung von dürreresistenten Wäldern, renaturierten Mooren, einer Kreislaufwirtschaft und 100 Prozent erneuerbaren Energien kann dieses Ziel erreicht werden.

Solarenergie ist Sozialenergie – das ist ihr unschlagbarer Vorteil. Solarenergie ist die Energie des Volkes – die Sonne scheint auf jedes Dach. Die von Hermann Scheer prognostizierte sensationelle Preisentwicklung des Solar- und Windstroms verläuft in sonnenreichen Ländern noch weit günstiger als in Europa: In Afrika können wir schon heute Solarstrom für unter zwei Cent pro Kilowattstunde gewinnen. Das heißt: Heute kostet Solarstrom noch etwa einen Bruchteil dessen, was er vor 60 Jahren gekostet hat, und bald noch weit weniger. Weltweit hat keine andere Technologie in so kurzer Zeit eine ähnlich positive Preisentwicklung vorzuweisen. Damit ist ein Grund geschaffen, aus der Kohle auszusteigen, Kosten zu sparen, den wachsenden Energiebedarf erneuerbar zu decken und Arbeitsplätze zu schaffen. Die Stilllegung teurer Kohlekraftwerke würde rund drei Gigatonnen Kohlendioxid jährlich einsparen. Das sind 20 Prozent der Emissionen, die bis 2030 eingespart werden müssen, um eine Klimakatastrophe abzuwenden.

Den Umstieg hätten wir im Prinzip schon längst gestalten können: Albert Einstein erhielt im Jahr 1915 den Nobelpreis nicht für seine berühmte Formel $E = m \times c^2$, sondern für die Erklärung des photovoltaischen Effekts. Dass der Umstieg nicht früher erfolgte, hatte nur einen Grund: Die Öllobby, die Kohlelobby, die Gaslobby und später die Atomlobby waren stärker.

Russisches Erdgas über die Ostseepipeline Nord Stream zwei ist für die deutsche Energieversorgung so überflüssig wie ein Kropf. Die erpresserische russische Gaspolitik ist ein Relikt von gestern, so wie es die deutsche Pendlerpauschale ist, die auf ein Gesetz der Nationalsozialisten aus dem Jahr 1933 zurückgeht, aber in den Zeiten des zunehmenden Homeoffice aus der Zeit gefallen ist.

Der wirksamste Impfstoff gegen die Klimaerhitzung heißt nun mal: erneuerbare Energien, erneuerbare Energien, erneuerbare Energien. Das Ende des fossil-atomaren Zeitalters wird zur Stunde der Wahrheit, eine Herausforderung und ein Wendepunkt in der gesamten Menschheitsgeschichte. Also: Solarier aller Länder – vereinigt euch! Oder: Bürger zur Sonne, zur Freiheit!

Solare Energiewende? Yes we can

In den Industrieländern erfreuen sich die meisten Menschen eines zivilisatorischen Lebensstandards wie noch nie in der Menschheitsgeschichte. Doch der materielle Stoffwechsel in der zweiten Hälfte des 20. Jahrhunderts, dem wir diesen Wohlstand verdanken, ist im 21. Jahrhundert nicht durchzuhalten. Das wäre für alle und alles zerstörerisch. Die Grenzen des Wachstums – dieser wissenschaftliche Weckruf hat wie kein anderer in den letzten 100 Jahren zugleich die Chance für ein Jahrhundert der Umwelt eröffnet. Wir sollten diese Chance nutzen, solange wir sie noch haben. Viel Zeit dafür haben wir freilich nicht mehr. Ende oder Wende? Diese Frage stellte der Club of Rome schon vor 50 Jahren. Damals schien sie nur dramatisch. Heute ist sie existenziell.

Die Lösung der Klimakrise muss im Zentrum eines Konjunkturprogramms zur Revitalisierung der Ökonomie nach Corona stehen. EU-Kommissar Frans Timmermans: »Wenn der Klimawandel nicht gestoppt wird, dann werden unsere Kinder und Enkel Krieg um Wasser und Nahrung führen.«

Krisen von historischer Dimension erfordern Mut und Veränderungswillen von historischer Dimension. Wir brauchen heute eine Nachhaltigkeitsrevolution wie einst die industrielle Revolution. Wobei das Wort »nachhaltig« gar nicht neu ist. Vor über 300 Jahren schrieb der sächsische Oberberghauptmann und Denker Carl von Carlowitz im Angesicht der Holzverknappung im 17. Jahrhundert: »... kontinuierliche, beständige und nachhaltige Nutzung der Wälder. Nur so viel Holz nutzen, wie wieder nachwächst.« Damit legte er den Grundstein für die

Forstwirtschaft und entdeckte zugleich das Prinzip des nachhaltigen Umgangs mit Rohstoffen. Weltkarriere machte das Wort allerdings erst Ende des 20. Jahrhunderts: In einer wirklich nachhaltigen Gesellschaft müssen nicht nur die Materialflüsse, sondern auch die Energieströme innerhalb von Grenzen bleiben, die unser Heimatplanet uns setzt.

In Krisenzeiten werden auch Transformationen möglich, die zuvor unmöglich schienen. Die Lösung der Klimakrise muss im Zentrum eines Konjunkturprogramms zur Revitalisierung der Ökonomie nach Corona stehen. Zunächst gilt es, alle bereits versiegelten Flächen wie Dächer, Fassaden, Straßen, Schienen und Parkplätze für die Solarenergiegewinnung zu nutzen. So finden wir einen Weg von der fossilen zur solaren Kultur. Der Abschied fällt auch aus ästhetischen Gründen leicht. Denn die fossile Kultur bedeutet rauchende Schornsteine, Dreck, Staub, Schwefelgestank, ölverschmierte Vögel, Ölfilme auf dem Wasser, verarmte und verbrauchte Landschaften, stinkende und laute Autos. Deshalb wird zum Beispiel der Übergang vom Verbrenner- zum Elektroauto weit schneller vollzogen werden, als sich das die meisten Menschen heute noch vorstellen.

Die energie- und industriepolitische Umrüstung unserer Gesellschaft (Amory Lovins) ist nicht mehr aufzuhalten. Mit der richtigen sanften Energiepolitik lösen sich andere politische und wirtschaftliche Aufgaben sozusagen von selbst. Denn, so Amory Lovins schon 1978: »Die sanfte Energiewende bietet Vorteile für alle. Arbeitsplätze für die Arbeitslosen, Kapital für Geschäftsleute, Umweltschutz für Umweltschützer, größere nationale Sicherheit für das Militär, Gelegenheiten zur Innovation für kleine Unternehmen und zum Recycling für Großunternehmen, faszinierende Technologien für die mehr weltlich Orientierten, eine Wiedergeburt spiritueller Werte für die Religiösen, traditionelle Tugenden für die Alten, radikale Reformen für die Jungen, Ordnung und Gleichheit für die Welt der Globalisten, Energieunabhängigkeit für die Isolationisten, Bürgerrechte für Liberale, Rechte der Einzelstaaten für Konservative.«

Wow! Welche Zukunftschancen! Das klingt zunächst nach Zauberei. Aber es geht tatsächlich, halleluja! Noch gibt es Wege aus der Klimakrise. Sie erfordern Mut, aber sie sind machbar und marktkonform.

Für mich als konservativen Menschen ist die heimische Versorgung mit erneuerbaren Energien und die damit verbundene Unabhängigkeit von Diktaturen und Diktatoren oder von Ölscheichs und Gaspatriarchen ein entscheidender Vorteil der sanften Energieversorgung. Jedes Land der Welt kann sich frei und selbstständig mit heimischer Sonne, heimischem Wind, heimischer Wasserkraft, heimischer Bioenergie, heimischer Geothermie versorgen. Etwas davon gibt es in jedem Land. Meist ist es ein Mix und überall weit mehr, als je gebraucht wird. Schluss also mit alten Abhängigkeiten von außen.

Wir haben die Wahl: Es gibt sanfte und harte Wege der Energieversorgung – Energieeffizienz und erneuerbare Energien oder klimazerstörende fossile Energien und gefährliche Atomenergie.

Die Sonne gewinnt – das Solarzeitalter beginnt

Ohne Energie läuft gar nichts. Wir brauchen sie, um Licht, Wärme oder Kälte zu erzeugen, um mobil zu sein oder um Produkte herzustellen. Wie viel Energie dafür gebraucht wird, hängt von der Intelligenz und Effizienz ab, mit der wir sie nutzen. Wissenschaftliche Studien zeigen schon lange, dass die Welt auch im Nachöl- und im Nachatomzeitalter über genügend Energie verfügen wird. Freilich aus anderen Quellen und anders über die Welt verteilt als bisher und in Mengen, die bisher unvorstellbar waren. Zu diesem Ergebnis kommt im Frühjahr 2021 die Studie »The sky's the limit« des britischen Thinktanks Carbon Tracker.

Die Kernaussage der Studie kurz zusammengefasst: Solar- und Windkraft können über 100-mal den weltweiten Energiebedarf decken, und zwar schon in absehbarer Zeit, bis 2035 im Strombereich und bis 2050 in der gesamten Energieversorgung. Afrika hat die Voraussetzung, die Supermacht für erneuerbare Energie zu werden, Deutschland hat zwar schlechtere Voraussetzungen, ist aber Technologieführer. Land für Solar- und Windkraftanlagen ist genügend vorhanden, schon 0,3 Prozent der globalen Landfläche würden ausreichen. Das ist weniger, als derzeit für die Gewinnung fossiler Brennstoffe gebraucht wird!

So wie die Informationstechnologien und ihre Betreiber Google, Facebook, Twitter und Co. rasch gewachsen sind und in relativ kurzer Zeit die ökonomisch wertvollsten Unternehmen wurden, so wird es auch mit den erneuerbaren Energien gehen. Warum? Weil die Zeit dafür reif ist. Wann, wenn nicht jetzt in den Zeiten der Klimaerhitzung? Die Hauptursache dafür sind die fossil-atomaren Energieträger. Deshalb brauchen wir ein neues Solarzeitalter.

Das solare Zeitalter wird ein Zeitalter des Lichts, vielleicht auch der Erleuchtung.

Sonne und Wind im Überfluss

Im Dezember 1992 begann meine Liebesaffäre mit der Sonne: In einem Hotel gegenüber dem Hauptbahnhof in Stuttgart bereitete ich mit Hermann Scheer meine erste »Zeitsprung«-Sendung vor, die Millionen Zuschauer einschalteten. Das Thema damals lautete: »Fluchtweg aus dem Treibhaus – neue Energie für das 21. Jahrhundert.« Scheer hatte drei Jahre zuvor die Organisation Eurosolar gegründet und galt schon damals als Solarpapst. Er erklärte mir die hoffnungsvolle Preisentwicklung des Solarstroms. In der Nacht danach hatte ich einen Traum: In ihm sah ich einige Sekunden den Schriftzug: »Die Sonne schickt uns keine Rechnung.«

Die moderne Traumforschung weiß, dass unsere Denkprozesse nachts konkreter ablaufen als am Tag. Jeder Traum ist eine Botschaft der Seele, eine Botschaft unseres Unterbewusstseins an unser Bewusstsein. Doch unsere heutige Zeit ist zu wenig Traumzeit. Wir geben unseren Träumen zu wenig Zeit und noch weniger Resonanz.

Wir achten zu wenig auf jene oft so rätselhaften Geschenke der Nacht. Victor Hugo: »Denken ist die Arbeit des Intellekts, Träumen sein Vergnügen.« Ich habe Träume auch als Heilkraft erlebt und dadurch erfahren, dass die Seele »von Natur aus religiös« ist – wie es C. G. Jung formulierte. Ein Abweichen von dieser Erkenntnis führt nach seiner Erfahrung zu zahlreichen Neurosen, besonders in der zweiten Lebenshälfte. Der Seelen- und Religionsverlust ist das Problem der modernen Zeit. Jung meinte dabei eine Religion, die weder kirchlich noch konfessionell gebunden ist. Jeder Traum ist ein Naturprodukt unserer Seele, das uns auf unsere Projektionen aufmerksam macht und uns unsere Schatten, unsere dunklen Seiten verdeutlichen will.

Einige Monate nach meinem Traum in Stuttgart erschien mein Buch – genau mit ebenjenem Traumtitel. Es wurde in viele Sprachen übersetzt, wurde ein Weltbestseller und brachte mir Tausende Einladungen zu Vorträgen in der ganzen Welt ein. »The sun doesn't send us an invoice« wurde mein Lebensthema und später so erweitert: »Sun and wind don't send us an invoice – Sonne und Wind schicken keine Rechnung.«

Die von Hermann Scheer prognostizierte sensationelle Preisentwicklung verläuft in sonnenreichen Ländern noch günstiger als in Europa: In Afrika kostet eine Kilowattstunde Solarstrom heute etwa einen Cent, in Europa etwa zwei Cent. Das ist nur noch ein Bruchteil dessen, was sie vor 50 Jahren gekostet hat. Weltweit kann keine andere Technologie in so kurzer Zeit eine so günstige Preisentwicklung vorweisen.

Welch klägliche Perspektivlosigkeit der fossilen und atomaren Energieträger: Sie werden immer teurer und richten immer mehr Schäden an. Noch heute müssen nach den Berechnungen der Internationalen Agentur für erneuerbare Energien jedes Jahr 500 Milliarden Dollar Steuergelder in die fossil-atomare Energiegewinnung gepumpt werden. Bis heute sind die Verwalter des Alten die Todfeinde des Neuen.

Die alte Atomlobby hat 1993 als Reaktion auf meine ARD-Sendung in allen großen deutschen Zeitungen ganzseitige Anzeigen mit der lächerlichen Behauptung geschaltet: »Regenerative Energien wie Sonne, Wasser und Wind können auch langfristig nicht mehr als vier Prozent unseres Strombedarfs decken.« Flankiert hat sie ihr publizistisches Zentralorgan, die »FAZ«, die alte Journalistentante aus Frankfurt. Die Zeitung, hinter der angeblich immer ein »kluger Kopf« steckt, schrieb in mehreren Artikeln und Leitartikeln: »Die Sonne schickt uns doch eine Rechnung.« Das war alles vergebliche Liebesmühe. Mein Traum war realistischer als alle alten Atomfantastereien. Die Lobbyisten des Alten können oft viel verhindern, aber eines können sie nicht: Zukunft gestalten. Sie betreiben bis heute Volksverdummung, das sollte man in den Zeiten der Klimaerhitzung wissen.

Noch 2021 lese ich in der »FAZ« einen Artikel mit der Überschrift: »Die Renaissance der Atomkraft«. Dabei wird natürlich unterschlagen, dass die rund 400 Kernkraftwerke, die heute noch weltweit in Betrieb sind, fast alle zwischen 30 und 40 Jahre alt sind und aus Sicherheitsgründen bald abgeschaltet werden müssen. Und die wenigen neuen Kraftwerke, die noch geplant werden, haben eine Planungs- und Bauzeit von bis zu 20 Jahren. Außerdem werden sie mehr als doppelt so teuer wie geplant. Es wird keine Renaissance der Atomkraft geben. Hauptsächlich deshalb, weil sie nahezu unbezahlbar ist, wenn wir endlich lernen, die Folgekosten marktwirtschaftlich miteinzubeziehen. Nach dem nächsten großen Atomunfall, der absehbar ist, wird eh Schluss sein mit dem Traum vom billigen Atomstrom.

Preisfrage: Welche Energie setzt sich langfristig durch? Meine Antwort: Selbstverständlich die preiswerteste, die umweltfreundlichste und die ewig vorhandene.

In der ARD-Talkshow »Maischberger« habe ich einmal die Frage gestellt: »Was kostet es eigentlich, einen Pförtner zu bezahlen, der für eine Million Jahre Atommüll bewachen muss?« Ein Mathematikprofessor fing sofort an zu rechnen, sein Ergebnis: Wenn der Mann im Monat über eine Million Jahre lang 3000 Euro verdient, dann kostet das mehr Geld, als die gesamte Menschheit heute hat. Alles klar? Als Marktwirtschaftler plädiere ich für die preiswerte und umweltfreundliche erneuerbare Energie und nicht für eine gefährliche Energie, die nur mit Hilfe von Milliarden Steuergeldern planwirtschaftlich betrieben werden kann. Wer lange geglaubt hat, dass Kernenergie billig ist, muss erkennen, dass die Zahlen heute das Gegenteil beweisen.

Vor beinahe 30 Jahren machte mir der Chef eines großen deutschen Verlags ein verlockendes Angebot: »Herr Alt, wenn Sie für uns ein Buch schreiben, in dem Sie als renommierter Atomkraftgegner und Verfechter der Solarenergie vorschlagen, für die Energiewende auch AKW einzusetzen, wird das ein Bestseller. Für Sie und für uns ein wirtschaftlich attraktives Geschäft.« Ich musste leider ablehnen und sagte: »Erstens will ich mein Gewissen nicht mit einem solchen Schmarren belasten und zweitens halte ich schon die Idee für lächerlich. Der Atomreaktor Sonne schickt uns 15 000-mal so viel Energie, wie alle Menschen verbrauchen – wofür also noch gefährliche und teure Atomkraft auf der Erde?«

Zu behaupten, wir bräuchten noch Atomenergie für eine sichere Energie-versorgung, ist heute also einfach lächerlich und nicht auf der Höhe der Zeit. Trotzdem haben viele Menschen heute noch mehr Angst vor Wind-rädern als vor der Atomkraft oder vor der Klimakatastrophe. Selbst unter jungen Fridays-for-Future-Aktivisten gibt es einige Atomenergie-freunde. Sie verweisen darauf, dass durch verschmutzte Luft weit mehr Menschen sterben als durch Atomenergie. Das mag richtig sein. Aber seit wann muss ich für die Pest sein, wenn ich gegen die Cholera kämpfe?

Sogar die Bosse der deutschen Energiekonzerne sagen inzwischen: »Das Kapitel Atomenergie ist für uns abgeschlossen. Wir brauchen sie nicht.« Einer sagte mir sogar auf eine entsprechende Frage: »Wir sind doch nicht blöd.« Und der ehemalige Chef eines Atomkraftwerksbetrei-bers sagte mir 20 Jahre nach meinem Traum in Stuttgart: »Herr Alt, wir hätten früher auf Sie hören sollen. Das hätte uns viel Umwege und noch mehr Milliarden erspart.« Da war er freilich nicht mehr im Amt. Die meisten Fachleute sind sich – zumindest in Deutschland – sicher, dass eine zukunftsfähige Stromversorgung bald ohne Atomkraft und ohne Kohle funktionieren wird. Möglicherweise brauchen andere Nationen erst noch weitere GAUs, bis auch sie aufwachen.

Manch ewig Gestrige meinen noch immer, dass ohne Kohle und Atom eine sichere Energieversorgung nicht möglich sei. Ein beliebtes Argument ist, dass ein AKW ja kein CO_2 emittiere. Also atomarer Kli-maschutz? Es ist einfach schlauer, allein aus ökonomischen Gründen, ausschließlich auf erneuerbare Energien zu setzen.

Der neue E.ON-Chef, Leonhard Birnbaum, sagt Ende 2021 in der »Süddeutschen Zeitung«: »Das Thema Kohleausstieg erledigt sich ge-rade von selbst.« Diese ehemalige Wunderwaffe des deutschen Wirt-schaftswunders sei preislich nicht mehr konkurrenzfähig gegenüber den erneuerbaren Energien.

Bill Gates – ein Klimaretter?

Wenn der zweitreichste Mann der Welt ein Buch über das größte Pro-blem der Welt schreibt, ist ihm ein riesiges Medienspektakel sicher. In seinem 2021 erschienenen Buch »Wie wir die Klimakatastrophe ver-

hindern – Welche Lösungen es gibt und welche Fortschritte nötig sind«
stellt Bill Gates fest: »Um die globale Erwärmung zu stoppen und die
schlimmsten Auswirkungen des Klimawandels zu verhindern, müssen
die Menschen aufhören, der Atmosphäre Treibhausgase zuzuführen ...
Es bedeutet, dass jedes Land seine Gewohnheiten wird ändern müssen,
denn bei so gut wie allen Aktivitäten des modernen Lebens – Landwirtschaft, Industrie, Transport und Verkehr – werden Treibhausgase
freigesetzt. Wenn sich nichts daran ändert, wird die Menschheit immer
weiter Treibhausgase produzieren, der Klimawandel wird sich immer
weiter verschärfen, und seine Folgen für die Menschheit werden aller
Wahrscheinlichkeit nach katastrophal sein. Aber die Dinge können sich
ändern. Wir verfügen schon jetzt über einige Werkzeuge, die wir dafür
benötigen.«

Sympathisch ist, dass der weltberühmte Mann und Vielflieger be-
kennt, selbst Teil des Problems zu sein, und auch zugibt, die Bedeutung
des Themas sehr spät erkannt zu haben. Hinzufügen zu seiner Feststellung möchte ich nur: Wir verfügen bereits über fast alle Werkzeuge, die
wir für die solare Energiewende benötigen. Wir müssen sie nur ent-
schlossener und rascher als bisher anwenden.

In der Sendung »Maischberger« hat er seine Vorstellungen weiter aus-
geführt: Wenn das Ziel null Treibhausgase ist, werde die Welt dreimal
so viel Strom brauchen wie heute. Er setze ja gar nicht auf die alte Atomenergie, erwidert Bill Gates beschwichtigend auf die Frage der Modera-
torin. Er habe vielmehr in den letzten Jahren Millionen Dollar in neue
Atomtechnologie – eben in »supersichere« kleine AKW – investiert. In
spätestens fünf Jahren seien die Versuche abgeschlossen. Er forderte
»open mind«, einen offenen Geist für neue technische Lösungen, wie er
es schon immer getan hat und damit zum Multimilliardär wurde. Also:
Die Technik wird es schon richten.

Was dabei aber komplett verdrängt wird, obwohl es offensichtlich
ist: Auch Uran geht bald zu Ende, es handelt sich um einen endlichen
Rohstoff, und die Gefahren dieser Technologie werden schlicht ausge-
blendet – als hätte es Sellafield (1957), Harrisburg (1979), Tschernobyl
(1986) und Fukushima (2011) und viele Beinahekatastrophen nie ge-

geben. Diese großen Atomkatastrophen bleiben eine ewige Mahnung, dass der technologische Fortschritt allein kein Maßstab für menschlichen Fortschritt sein darf.

An dieser Stelle werden das Bill-Gates-Buch und sein Projekt fragwürdig: Auch seine Minireaktoren erzeugen radioaktiven Abfall, für dessen Entsorgung es global noch immer keine Lösung gibt. Zehn kleine Atomkraftwerke produzieren genau so viel Müll wie ein zehnmal größeres. Der Autor gibt selbst zu, dass hier noch »ein Problem« besteht, glaubt jedoch, dass es lösbar sei. Aber selbst abgesehen vom Kostenaspekt sind Gates' Minireaktoren noch über Jahrzehnte nicht marktreif. Warum also dieser fragwürdige Umweg? Und warum noch einmal viele Jahre warten, wenn die Klimakrise die Überlebensfrage der Menschheit ist? Schließlich weiß auch Bill Gates, dass die Zeit drängt. Doch manchmal ist etwas vorbei, ohne dass es alle gemerkt haben. Mit Beginn des Solarzeitalters geht die Zeit der AKW und die Zeit der Kohlekraft zu Ende, wie auch die Zeit fürs Erdgas in wenigen Jahren zu Ende sein wird. In Deutschland geht Ende 2022 der letzte Atommeiler vom Netz, 2030 ist die Zeit der Kohle vorbei und um 2035 auch die Zeit von Erdgas.

Deshalb haben Investoren kein großes Vertrauen mehr in die Atomkraft, deren Anteil an der weltweiten Stromversorgung seit Jahren bei unter zehn Prozent stagniert, während der der erneuerbaren Energien kontinuierlich wächst. Die Atomkraftbranche »befindet sich seit Jahren im Jammertal«, schreibt der »Spiegel« und nennt auch die fehlenden Entsorgungsmöglichkeiten (denn in keinem Land der Welt gibt es ein Endlager für Atommüll), eine Kilowattstunde Solarstrom kostet zwischen 2,5 und 3,6 Cent und Windstrom an Land zwischen 2,2 und 4,6 Cent. Kohlestrom kostet zwischen 5,6 und 13,7 Cent je Kilowattstunde – selbst aus längst abgeschriebenen Kraftwerken.

Die »Climate medal for future« sagt es symbolhaft und einfach so: »Wind and solar at half the price – that is so nice!« Alles klar, wem die Zukunft gehört? Schon Albert Einstein wusste, dass neue Erkenntnisse sich nicht dadurch durchsetzen, dass man die Kritiker überzeugt, sondern dadurch, dass die Kritiker aussterben.

Sind in Zukunft Tausende Minireaktoren sicherer als die etwa 400 großen von heute? Schon im letzten Jahrhundert wurde diese Frage diskutiert. Die Antwort der Fachleute damals: Wir bauen lieber wenige große Kraftwerke, weil dies insgesamt sicherer ist. Und jetzt, weil Tschernobyl und Fukushima diese These widerlegt haben, wird die Diskussion wieder umgedreht – wenig überzeugend.

Europas erstes Miniatomkraftwerk soll in Estland entstehen und in 10 bis 15 Jahren startbereit sein. Das wird ein sehr teurer Spaß und kommt zur Rettung des Klimas ohnehin zu spät. Keine Energie ist nach Auskunft der Internationalen Energieagentur in Paris so teuer wie die Atomenergie. Wir wissen heute: Erneuerbare Energien, lieber Bill Gates, sind billiger, sicherer und weit schneller zu bauen als Ihre Minireaktoren.

Die Sonne funktioniert als Fusionsreaktor dort, wo die Evolution oder Gott oder die Natur – ganz wie Sie wollen, liebe Leserinnen und Leser – sie vor Milliarden Jahren hingestellt hat: in 150 Millionen Kilometern Entfernung zu unserem Planeten. Und exakt dort soll sie noch einige Milliarden Jahre weiter funktionieren. Lassen wir sie mit ihren 15 Millionen Grad Hitze an dem Ort, wo sie ist, und öffnen uns über Solaranlagen auf Dächern, Fassaden und Feldern für ihre Strahlenenergie. Einfacher, preiswerter und ungefährlicher geht es eigentlich nicht.

Auf die verrückte Idee, diesen Fusionsreaktor mit seinen Millionen Grad Hitze auf die Erde zu holen, können nur durchgeknallte Wissenschaftler kommen. Atomkraft oder Fusionstechnologie auf dieser Erde sind schöpfungswidrig, dumm und ein Anschlag auf unsere wunderbare Schöpfung. In den nächsten 15 bis 20 Jahren wird die Kernfusion sicher nicht einsatzfähig sein. Bis heute konnte sie nur einige Sekunden erprobt werden. Selbst wenn sie einmal in großem Stil genutzt würde, um Wasserdampf zu erzeugen und eine ziemlich konventionelle Turbine zur Stromerzeugung anzutreiben, »werden wir, wie schon bei der Kernspaltung, auch mit der Kernfusion das Dampfzeitalter nicht verlassen«, schreibt der Präsident der Leibnitz-Gemeinschaft Matthias Kleiner in der »Zeit«. Und bis ein Atomreaktor ans Netz gehe, dauere es bis

Franz Alt auf seinem Solardach in Baden-Baden

zu 20 Jahre, argumentiert Kleiner, doch die »gleiche gesicherte Leistung kann bei erneuerbaren Technologien – vor allem bei Wind und Solar – jetzt schon nach etwa zwei bis drei Jahren ans Netz gehen. Die Entwicklung der erneuerbaren Energietechnologien, die systematisch viel dichter an unseren Energiequellen Sonne und Erdwärme sind, ist so rasant, dass wir sehr wohl in der Lage sind, das gute alte Dampfzeitalter, ob auf Basis von Kohle, Gas, Kernspaltung oder Kernfusion, in absehbarer Zeit hinter uns zu lassen.«

Das wissen inzwischen auch Atomphysiker. Kein Wunder, dass viele ehemalige Fusionstechnologen zur Sparte der erneuerbaren Energien wechseln. Die Physikerin Angela Merkel, langjährige Anhängerin der Atomkraft, sagte im Juni 2011 vor dem Bundestag: »Fukushima hat meine Haltung zur Kernenergie verändert« – und stieg aus. Wir brauchen heute ein elftes Gebot: »Du sollst den Kern nicht spalten.«

Meine Familie und ich nutzen den Fusionsreaktor Sonne übrigens schon seit 30 Jahren über zwei Solaranlagen auf unserem Hausdach. Da kann so gut wie gar nichts passieren. Überlegen Sie doch einmal, wo Sie lieber wohnen bei einem technischen Unfall: neben einer Solaranlage, in der Nähe eines Windrads – oder neben einem Kohlekraftwerk oder Atomkraftwerk?

Und alle Menschen, die ich kenne, wünschen sich eine intakte Umwelt, saubere Energie, Sicherheit, Frieden, Liebe, die Überwindung der Armut, Gesundheit und Freiheit. Warum aber organisieren wir das dann nicht einfach? In den Zeiten von Verschwörungstheorien glaube ich weiter an die Kraft von Fakten, von Wissen und Gewissen. Wissenschaft ist Teil der Realität unseres Lebens. Unser Problem: Wir wissen seit Jahrzehnten über die Klimaerhitzung Bescheid. Wir wissen zwar, was wir tun, aber wir tun nicht, was wir wissen. Doch das lässt sich ändern. Es ist noch nicht zu spät. Wir können das.

Wir leben in einer Risikogesellschaft, doch wir können die heutigen Risiken minimieren. Der Soziologe Ulrich Beck in seinem Bestseller »Die Risikogesellschaft«: »Ein Risiko ist eine Zukunft, die nicht eintreten soll.«

Zum Abschluss dieses Abschnitts noch ein kleines Gedankenexperiment: Angenommen, es hätte schon seit der Römerzeit vor 2000 Jahren Atomkraftwerke gegeben – wo stünden wir dann heute? Wissenschaftler – unter ihnen auch Atomfreunde – haben errechnet, dass höchstens alle 25 Jahre ein Atomunfall passieren kann. In der Tat liegen zwischen der Tschernobyl-Katastrophe und Fukushima exakt 25 Jahre. Wenn 2000 Jahre lang alle 25 Jahre ein atomarer Super-GAU passiert wäre, dann hätten wir bislang 80 große Atomunfälle gehabt – und die Menschheit wäre an der atomaren Verstrahlung längst ausgestorben.

Erneuerbare Energien – was sonst!

Bill Gates unterschätzt – wie auch zuvor viele andere Technikfreaks und Ökonomen –, dass Sonne und Wind schon heute sicherer und preiswerter sind als die alten fossil-atomaren Energieträger und zudem noch unendlich vorhanden. Außerdem scheint die Sonne nach menschlichen Maßstäben unendlich und schickt uns circa 15 000-mal mehr Energie, als die heute lebenden 7,9 Milliarden Menschen auf der Welt verbrauchen. Es ist offensichtlich und für jeden Menschen leicht erkennbar: Die Lösung steht am Himmel. Solarenergie und die anderen erneuerbaren

Energien sind heute und für alle Zeit die preiswerteste Energiequelle überhaupt.

Aber nicht nur Gates verrechnet sich bei der Solarenergie, das hat bei alten Unternehmern Tradition: Der ehemalige RWE-Vorstandsvorsitzende Jürgen Großmann meinte 2010: In Alaska Ananas zu züchten wäre günstiger, als in Deutschland Solarstrom zu erzeugen. Der hoch bezahlte RWE-Manager weiter: Wer Solarpaneele auf dem Dach hat, wird damit kaum sein iPad laden können. Nun gut, jeder blamiert sich, so gut er kann.

Zu den Bedenkenträgern gehörten damals auch meine Kollegen vom »Spiegel«: Als 2010 das Bundesumweltministerium vorschlug, in Deutschland eine Gesamtleistung von 52 Gigawatt Photovoltaik zu installieren, konnte man lesen, damit würde »quasi halb Deutschland mit Solarzellen gepflastert«. Oder der ehemalige »Zukunftsminister« Jürgen Rüttgers (CDU): Photovoltaik ist »eine Kriegserklärung an die Vernunft«. Es war ein Kniefall vor der Ignoranz. Auch noch der gröbste Unfug galt bei erneuerbaren Energien lange Zeit als salonfähig und seriös. Heute wissen wir, dass etwa zwei Prozent der gesamten Fläche unseres Landes ausreichen würden, um uns komplett mit Sonnen- und Windstrom zu versorgen.

Überschüssiger Sonnen- und Windstrom kann per Elektrolyse in grünen Wasserstoff umgewandelt und in Gastanks gespeichert werden. Mit dieser Technik, so haben Fraunhofer-Wissenschaftler beim ISE Freiburg errechnet, könnte Deutschland bis zu drei Monate selbst energieintensive Winterzeiten überbrücken, und das komplett mit den bereits heute vorhandenen Gasleitungen. In wenigen Jahren ist diese Technologie in großem Stil einsetzbar, lange vor Bill Gates' Mini-AKW. Wir brauchen wirklich keine Atomkraft und schon gar keine »Wunder«. Das ist altes Denken.

Die erneuerbaren Energien sind unschlagbar günstig, arbeiten ohne nennenswerte Abfälle, hinterlassen keinen strahlenden Müll und sind rasch zu installieren, wenn die Bürokratie es nur wollte. Ein Problem sind jedoch die Ressourcen für die Techniken und dass nach Schätzungen von IRENA, der Internationalen Agentur für Erneuerbare Energien, 2016 weltweit 250 000 Tonnen Solarmodulabfälle anfielen, die bis 2050 auf 78 Millionen Tonnen wachsen könnten. Trotzdem gehört nach allem, was wir heute wissen, die Zukunft den erneuerbaren Energien.

Mit seinem Buch hilft Bill Gates allerdings dabei, die Klimafrage wieder in den Mittelpunkt des Interesses zu rücken. Da er zugleich »open mind« propagiert: Willkommen im Solarzeitalter, Mr. Gates! Ist der Wandel erst einmal eingeleitet, wird er in beispielloser Weise an Geschwindigkeit gewinnen. Warum ich mir vorstellen kann, dass auch Bill Gates noch die Kurve ins Solarzeitalter kriegen wird? Der Mann kann rechnen: Die Sonne schickt uns keine Rechnung.

Die beste Erfindung seit Langem: das EEG

Sonne und Wind sind bereits heute die dominanten Stromquellen in Deutschland und einigen anderen Ländern, erst recht werden sie es morgen sein. Ein Meilenstein dieser in Deutschland angeschobenen Entwicklung war das Erneuerbare-Energien-Gesetz (EEG) unter der rot-grünen Bundesregierung im Jahr 2000. Es ist allerdings kein Gesetz der Regierung, sondern des Parlaments. Vor allem vier Bundestagsabgeordneten verdanken wir es: Hermann Scheer (SPD), Michaele Hustedt (Grüne), Hans-Josef Fell (Grüne) und Dietmar Schütz (SPD).

Drei Elemente des EEG sind die Garantie für den Durchbruch der erneuerbaren Energien: privilegierter Zugang der erneuerbaren Energien ins Stromnetz; eine garantierte Einspeisevergütung in einer Höhe, die die Kosten ersetzt, und kein Einführungslimit, das gelten sollte, bis die erneuerbaren Energien den alten Energiemix hundertprozentig abgelöst haben.

Das Gesetz wurde von über 70 Ländern übernommen – der erfolgreichste Gesetzesexport in der deutschen Geschichte und die effektivste deutsche Entwicklungshilfe aller Zeiten. Ich habe in den letzten Jahrzehnten in 47 Ländern über 2500 Vorträge bei Umweltverbänden, in Hochschulen, Schulen, Kirchen, Parlamenten, Umweltministerien und Wirtschaftsministerien zu diesem Gesetz gehalten und wurde überall auf diesen besonderen deutschen Erfolgsweg angesprochen. Aufgrund dieses Gesetzes kann jetzt global preiswerte Sonnenenergie gewonnen werden, ein unschätzbarer Vorteil vor allem für die armen Länder des globalen Südens: die von Deutschland initiierte solare Weltrevolution. Und eine Voraussetzung für ein friedliches 21. Jahrhundert, denn wenn der globale Norden dem globalen Süden nicht bei einer gerechteren und humanen Entwicklung hilft, wird der Reichtum des Nordens auf tönernen Füßen stehen.

Schon kurz nach der Verabschiedung des Gesetzes war Deutschland Solar- und Windweltmeister. Doch die schwarz-gelbe Bundesregierung hat es zwischen 2009 und 2013 so verstümmelt, verkompliziert und verbürokratisiert, dass viele hiesige Solarfirmen pleitegingen, der Solarmarkt dramatisch einbrach und etwa 130 000 zukunftsfähige Jobs an China verloren gingen. Erst seit dem Jahr 2020 wächst der deutsche Solarmakt wieder, dafür mit großen Schritten.

Die vier genannten Politiker, aber natürlich auch die vielen deutschen und internationalen Pioniere der Solarforschung haben oder hatten seit etwa 50 Jahren den Mut, ihr wissenschaftliches oder politisches Ethos mit den damals missachteten erneuerbaren Energien zu verbinden. Wir verdanken ihnen sehr viel – auch ich. Denn bis zur Atomkatastrophe in Tschernobyl war ich ein Anhänger der Atomenergie. Erst über meine Freundschaft mit Hermann Scheer habe ich die alternativen, die himmlischen Energien kennen- und schätzen gelernt.

Nicht allein, aber vor allem diese mutige deutsche Solarstrategie hat in den letzten Jahrzehnten einen erstklassigen Beitrag zum globalen Klimaschutz geleistet. Und schon bisher haben nach Berechnungen der Internationalen Agentur für Erneuerbare Energien (IRENA) die grünen Energien global 13 Millionen neue zukunftsfähige Jobs gebracht, bis 2030 sollen es 25 Millionen sein. US-Präsident Joe Biden hat angekündigt, allein in seinem Land innerhalb eines Jahres Millionen neue Jobs durch Zukunftstechnologien zu schaffen, die sein Vorgänger noch verhindern wollte.

Und bis 2050 sieht es noch viel besser aus: Bis zur Mitte des Jahrhunderts könnten die Arbeitsplätze in der Branche der erneuerbaren Energien auf 42 Millionen wachsen. Die Anstrengungen bei der Energieeffizienz könnten 21 Millionen neue Arbeitsplätze schaffen, bei

Stromnetzen und Flexibilisierung der Energie könnten zusätzlich 15 Millionen Arbeitsplätze entstehen. Während die alte Energiewirtschaft fast ausschließlich von Männern geführt wurde, ergreifen Frauen in den Branchen der Erneuerbaren ihre Chancen immer häufiger und werden die Energiebranche weltweit nachhaltig und unwiderruflich verändern. Bei den erneuerbaren Energien gibt es beinahe doppelt so viele weibliche Führungskräfte wie im sonstigen Energiesektor.

Der Treibstoff für eine lebenswerte Zukunft

Elektrische Energie ist das »Öl der Zukunft«. Die Energiewende ist eine Sonnenwende. Die Sonne schickt uns nahezu unendlich viel Energie – und sie tut dies für alle Zeit. Wir müssen uns auf den Rückweg zur Sonne bewegen, wenn wir Zukunft haben wollen. Das ist der Weg in eine gute Zukunft. Es führt kein Weg am neuen Solarzeitalter vorbei. Denn nur dieses garantiert uns die Lebensmittel, die alle Menschen brauchen: gute Nahrung, sauberes Wasser, fruchtbare Böden, frische Luft, Bildung, Gesundheit und Frieden. Dabei müssen wir lernen, die planetaren Grenzen mit dem Ziel einer gerechten Welt zu verbinden. Dann – und nur dann – entsteht eine für alle lebenswerte Welt. Dazu bedarf es freilich eines kompletten Politikwandels. Ohne einen solchen werden wir den Klimawandel nicht stoppen können.

Auch wenn unser Planet mit nahezu unendlich viel Energie gesegnet ist: Wir haben ein fundamentales Ressourcenproblem. Zur Herstellung selbst der kleinsten Maschine und des sparsamsten Computers brauchen wir Ressourcen. Beim Ressourcenverbrauch setzt uns unser Ressourcenlieferant, die Natur, immer natürliche Grenzen.

Haben wir genug Ressourcen für den notwendigen Wandel, wenn 2035 die meisten Autos mit Batterien statt mit Benzin und Diesel fahren, wenn Plastikhersteller mehr recyceln statt Erdöl verarbeiten, wenn Stahlwerke grünen Wasserstoff statt Kokskohle verbrennen? Die Beratungsfirma Boston Consulting Group (BCG) zeigt sich alarmiert und warnt vor einem »Zeitalter der Nachhaltigkeitsknappheit«. Wenn große Modehersteller weltweit bald nur noch nachhaltig angebaute Baumwolle verarbeiten, werde das Angebot »voraussichtlich nicht schnell genug wachsen, um die Nachfrage zu befriedigen«. Und vor allem die Autoindustrie werde schon 2030 drei Mal so viel Kobalt, Lithium und Nickel brauchen wie heute, prognostiziert BCG. In den nächsten Jahrzehnten werde global 100- bis 200-mal mehr grüner Wasserstoff gebraucht als heute, der nur mit viel erneuerbarer Energie produziert werden könne. Die dafür notwendigen Elektrolyseanlagen müssen erst noch gebaut werden. Deshalb wird der Stromverbrauch weltweit nicht sinken, sondern enorm steigen.

Sicher: Wir werden auch die Materialströme, die wir durch unsere heutige Industriegesellschaft pumpen, auf einen Bruchteil reduzieren müssen. Dass das geht und wie das geht, zeigt Ernst Ulrich von Weizsäcker im letzten Teil dieses Buches. Es gilt zu erkennen: Weitsichtiges Handeln ist wichtiger als kurzsichtiges Profitstreben. Und das wiederum heißt: Abschied nehmen vom Gott Wachstum, Abschied vom Wachstum des Ressourcenverbrauchs, vom Wachstum der Weltbevölkerung, vom Wachstum der Müllberge und des Plastikwahns, vom permanenten Wachstum des Verkehrs.

Und was ist, wenn die Sonne nicht scheint und der Wind nicht weht? Droht dann die oft beschworene Dunkelflaute? Nein, denn wir haben ja eine ganze Palette der erneuerbaren Energien, ein großes Orchester, um sozusagen eine ganze Symphonie der Erneuerbaren zu spielen. Claudia Kemfert, Leiterin Energie, Verkehr und Umwelt im Deutschen Institut für Wirtschaftsforschung (DIW), drückt es so aus: »Erneuerbare Energien sind extrem verlässliche Teamplayer, wenn wir sie wie im Fußball gut aufeinander abstimmen. Das Tor hütet Biogas, eine stets verfügbare Energie. Auf ihr basierende Kraft-Wärme-Kopplungsanlagen sichern zusammen mit Wasserkraftanlagen den eigenen Strafraum. Wind- und Solarenergie sind die flexiblen Feldspieler, immer in Bewegung und gelegentlich schnelle Stürmer. Ihre Schwankungen lassen sich durch effektives Energie- und Lastmanagement auffangen. Als intelligenter ›Sechser‹ im Mittelfeld kommen digitale Technologien ins Spiel und erhöhen die Versorgungssicherheit gleich mehrfach: Sie liefern zuverlässige Prognosen zum Aufkommen von Wind und Sonne, zugleich verknüpfen sie alle Komponenten zu einem ›virtuellen Kraftwerk‹. Zudem liefern sie Preisinformationen in Echtzeit, sodass wir Angebot und Nachfrage ideal aufeinander abstimmen können. Ein E-Auto etwa wird genau dann vollgetankt, wenn der Strom gerade günstig ist. Das wiederum hilft bei der dezentralen Energiespeicherung: Hier kommen neben Pumpspeicherkraftwerken, Wasserstofftanks und Power-to-Gas auch große und kleine Batterien samt Elektrofahrzeugen vernetzt zum Einsatz. Wenn wir obendrein die großen Potenziale Europas ausschöpfen, steht fest: Das junge, dynamische Team aus erneuerbaren Energien ist versorgungssicher, emissionsfrei und deutlich billiger als die Altherrenmannschaft aus Kohle, Öl und Atom.«

Aber hallo! Die Frau hat völlig recht: Der Klimanotstand ist der moderne Verteidigungsfall. Zur Restrukturierung der fossilen Brennstoffindustrie benötigen wir Klimaverteidigungsbudgets und eine globale Klimafriedensdiplomatie.

Es gibt viele wichtige Fragen für eine bessere Zukunft. Aber die Generalfrage lautet: geistig reifen oder immer nur materiell wachsen? Ein entscheidender Vorteil gegenüber früheren Epochen kann der heutige Homo technicus globalis sein. Vor 300 Jahren haben Deutsche und Chinesen, Japaner und Indianer, Afrikaner und Tibeter wenig voneinander gewusst. Beim Essen und beim Arbeiten, beim Lieben und beim Sterben, in Religion und Kultur waren die nationalen Differenzen riesig. Doch heute haben wir weltweit immer mehr Berufe, die sich überall gleichen: In Tokio und San Francisco, in Berlin und Timbuktu haben Ingenieure und Chemiker, Computerspezialisten und Ärzte dieselbe Ausbildung und arbeiten an gleichen Geräten – Homo technicus globalis eben.

Diese Entwicklung macht auch eine globale Verschwisterung möglicher als je zuvor in der gesamten bisherigen Geschichte der Menschheit. Deshalb ist die Generation der um das Jahr 2000 Geborenen – die Millennials – eine Generation der Kosmopoliten. Dadurch allein freilich ist die Welt noch kein friedlicher Ort, doch die Chance ist weit größer als früher, dass sie es werden kann. Jeder Mensch hat eine Bestimmung, denn jede und jeden gibt es nur einmal. Wir haben als Teil des Ganzen auch eine Bestimmung für das Ganze. Ein Einzelner oder eine Einzelne kann nichts ändern? Wenn jede und jeder vor seiner eigenen Haustür kehrt, wird die ganze Welt sauber. Eine bessere Welt beginnt immer beim einzelnen Menschen.

Wir wissen seit Jahrzehnten über die Klimaerhitzung Bescheid. Wir wissen zwar, was wir tun, aber wir tun nicht, was wir wissen. Doch das lässt sich ändern. Es ist noch nicht zu spät. Wir können das.

Die Hunsrücker zeigen, wie's geht

Eine neue Entwicklung braucht immer Vorbilder und Vorreiter. Zum Beispiel die Menschen im Rhein-Hunsrück-Kreis zwischen Mainz, Trier und Koblenz. Schon vor 25 Jahren habe ich hier Vorträge über die Energiewende gehalten und inzwischen folgende Entwicklung erlebt: In dem Landkreis mit etwas über 100 000 Menschen drehen sich heute knapp 300 Windräder. Hier wird bereits Ökostrom für weit mehr als 300 000 Menschen erzeugt. Dieser Strom wird bereits in umliegende Städte verteilt. So wie früher das Land die Städte mit Lebensmitteln versorgt hat, so werden künftig die ländlichen Räume die Großstädter mit Energie versorgen, was infrastrukturell in den Zeiten der Digitalisierung weit einfacher ist als mit Lebensmitteln. Diese Entwicklung des Hunsrücks war nicht nur über Windräder möglich, sondern auch über viele private Solaranlagen und mit einer modernen Biogasanlage.

Schon in den 90er-Jahren des letzten Jahrhunderts haben hier einige Pioniere vorgemacht, was jetzt ganz Deutschland, ganz Europa und die ganze Welt lernen müssen. Im Hunsrück gelang der Fortschritt parteiübergreifend, einige Pioniere haben das CDU-Parteibuch. Einer der Treiber war der frühere CDU-Landrat Bertram Fleck. Hier lernt man nicht nur grüne Grüne, sondern auch schwarze Grüne wie Klaus Töpfer und liberale Grüne kennen, die sich noch an die Freiburger Thesen der FDP erinnern, in denen schon 1971 stand: »Umweltschutz soll Vorrang haben vor Gewinnstreben und persönlichem Nutzen.« Es waren Liberale, die in Deutschland den Begriff »Umweltschutz« prägten.

Die Hunsrücker haben nicht auf Beschlüsse der Bundesregierung oder auf Weltklimakonferenzen gewartet. Sie haben ihre Heimat selbst klimafreundlich gemacht. »Geht doch«, höre ich im Hunsrück immer

Die neue energetische Symphonie auf dem Hunsrück: Sonne, Windkraft und
Bioabfallenergie

wieder. Hier habe ich erlebt, dass die Erneuerbaren nicht nur Energie
im physikalischen Sinn erzeugen, sondern auch den Stoff für sozialen
Zusammenhalt liefern. Solarstrom ist hier ganz selbstverständlich So-
zialstrom.

Hier habe ich auch gesehen, wie Energiewende wirklich geht. »Mit
Herzblut, parteiübergreifend und mit vielen guten Ideen«, sagte mir
Bertram Fleck schon vor vielen Jahren. Am Anfang wurden die Pioniere
auch im Hunsrück belächelt. Heute sind die Hunsrücker stolz auf ihre
vorbildliche Energiewende. Ihre Energie ist preiswerter als anderswo,
wo über steigende Energiepreise gejammert wird. Doch im Hunsrück
sind viele Bürgerinnen und Bürger finanziell an den Windrädern betei-
ligt, und die Kommunen bekommen ordentlich Gewerbesteuer, was den
Menschen wiederum zugutekommt. Bertram Fleck erinnert sich, dass
ein Liter Heizöl 1970 noch 19 Pfennig gekostet hat, heute 70 Cent. In
derselben Zeit wurde die Kilowattstunde Solar- oder Windstrom etwa
um das Vierzigfache billiger. Die Menschen im Hunsrück sprechen heute von einem »Energieeinkommen«.

Viele Hunsrücker produzieren nicht nur ihren Strom erneuerbar,
sondern auch einen Teil ihrer Wärme. Sie kommt aus Holzhackschnit-

zel- und aus Solarthermieanlagen. Das Holz für die Wärme stammt aus den Wäldern im Hunsrück. Der Feinstaub wird gefiltert. Freilich: Bioenergie steht uns – im Gegensatz zu Sonne und Wind – nur begrenzt zur Verfügung.

Ende 2021 wurde im Hunsrück eine moderne Biogasanlage eingeweiht. Deren Betrieb erfordert eine sorgfältige Trennung des Bioabfalls wie Essensreste oder Grünschnitt der Gärten und vom Wegesrand. Dieser Biorohstoff ist Abfall, der nicht eigens erzeugt oder entsorgt werden muss, sondern klimaschonend zu Strom oder Wärme verwertet wird oder auch flexibel ins Netz eingespeist werden kann, wenn die Sonne nicht scheint und der Wind nicht weht. So wird aus herkömmlichem Bioabfall speicherbare Bioenergie.

In einer künftigen Kreislaufwirtschaft gibt es keine Abfälle und keinen Müll mehr, sondern nur noch wertvolle Rohstoffe. Die Hunsrücker zeigen schon heute, dass es geht und wie es geht.

100 Prozent sind möglich

Die kostenlosen Geschenke des Himmels wie Sonnenkraft und Windenergie sind in Hülle und Fülle vorhanden. Sie lassen keinen Abfall zurück und keine gefährlichen Strahlen. Wind ist in allen alten Sprachen, zum Beispiel in den biblischen Sprachen, identisch mit Geist. Der Wind ist eine Geistkraft. Schon deshalb sind fast alle Bedenken gegen Windkraft ziemlich geistlos.

Ich habe in den letzten 30 Jahren über 300 Windräder und Windparks mit eingeweiht, in Japan und China, in Indien, Südafrika und Kuba. In Pakistan habe ich einen von China errichteten Windpark besucht. Ich sah überwiegend deutsche Technik. Meine chinesischen Freunde können nicht verstehen, dass deutsche Techniker die beste und effektivste Windtechnologie entwickelt haben, aber in Deutschland die Bedenkenträger immer wieder das Errichten von Windrädern verhindern. Wie gesagt: Dabei brauchen wir lediglich zwei Prozent der Fläche in der Bundesrepublik für Windparks und Solaranlagen.

Laut einer Studie des Landesverbandes Erneuerbare Energien NRW reichen 20 Prozent mehr Windenergieanlagen als heute in Deutschland aus, um 100 Prozent des deutschen Energieverbrauchs inklusive Wärme und Verkehr regenerativ zu erzeugen. Von wegen also das ganze Land mit Windrädern pflastern, wie immer wieder behauptet wird.

Wir brauchen für 100 Prozent erneuerbare Energie freilich den gesamten Mix aller Erneuerbaren. Sie ergänzen sich gegenseitig. Wenn der Wind nicht weht, scheint häufig die Sonne. Und wenn die Sonne nicht scheint, weht häufig der Wind. Wasserkraft, Geothermie und Bioenergie sowie Strömungs- und Wellenenergie der Ozeane haben wir immer. Mit Hilfe der Digitalisierung ist auch eine europaweite Vernetzung möglich. Irgendwo auf dem Globus scheint immer die Sonne oder es weht immer irgendwo Wind, wenn nicht an Land, dann auf See.

Wir machen Zukunft und wir sind Zukunft. Allerdings brauchen wir auch Lust auf Zukunft. Dass bei einer Pandemie mit viel Staatsgeld Firmen gerettet werden, ist richtig. Aber falsch ist, dass noch Firmen gerettet werden, die heute schon von gestern sind. Wir müssen den Fortschrittsmotor anwerfen, indem wir ökonomische Anreize für ökologische Innovationen schaffen.

»Der Kampf geht weiter«, hat mir Hermann Scheer wenige Tage vor seinem Tod 2010 als Widmung in sein letztes Buch geschrieben. Wir waren uns einig: ohne Kampf kein Fortschritt. Der komplette Umstieg auf erneuerbare Energie, auf eine nachhaltige Kreislaufwirtschaft und biologische Landwirtschaft fällt nicht vom Himmel, ist aber möglich. Dieser Kampf gilt allerdings nicht nur den Lobbyisten des Alten. Er gilt ebenso allen Vertretern der Hoffnungslosigkeit, der Gleichgültigkeit und den Weltuntergangspropheten. Miesepeter glauben zu wissen, dass alles immer schlecht ausgeht.

Doch dieser Kampf lohnt sich, weil wir wissen, dass wir gewinnen können. Diese Zukunft wird weder den Pessimisten noch den Optimisten gehören, sondern am ehesten den hoffnungsvollen Realisten. Zu diesem Realismus gehört auch die Erkenntnis, dass ich selbst ein Klimasünder bin mit meinen Tausenden Flugkilometern zu Klimavorträgen in der ganzen Welt. Aber Schwimmen nach Taiwan oder nach Brasilien geht halt auch nicht. Deshalb hat mich die »Stuttgarter Zeitung« einen »Teilzeitheiligen« genannt. Zu Recht, wenn überhaupt! Um das Klima zu retten, muss man kein Heiliger sein. Teilzeitheiligkeit genügt für den Anfang.

Mit Gott wird es gehen

Ich setze unverdrossen auf die Natur und vertraue auf Gott. Was ist Gott anderes als die Sonne hinter der Sonne, die Urenergie aller Energien, der wir alles verdanken? Nur weil unsere Erde den exakt richtigen Abstand zur Sonne hat, ist hier Leben möglich – ein unglaubliches und einmaliges Wunder. Noch kein Atheist hat mir je dieses Wunder rational erklären können. Aber: Jede Generation hat das Verhältnis zur Sonne, das sie sich wünscht und das sie verdient. Erst wenn wir uns auf ein besseres Verständnis zur Natur und auf eine bessere Beziehung zur Sonne besinnen, werden wir eine neue Auffassung über unser Dasein auf diesem Planeten entwickeln und wissen, warum wir existieren und wo genau unser Platz im Universum ist.

Die Sonnenstrategie ist tatsächlich alternativlos. Die zum Teil bis heute anhaltende Ignoranz gegenüber der Sonnenstrategie ist im Wesentlichen Gottvergessenheit sowie ein fundamentales Politikversagen, das gemeingefährliche Ausmaße annimmt. Nur eine konsequente Sonnenstrategie ermöglicht uns einen »dauerhaften Friedensvertrag mit der Natur« (Hermann Scheer).

Es ist kein Zufall, dass in allen Weltreligionen die Sonne immer ein göttliches Symbol ist: nicht nur für die Ägypter unter Sonnenkönig Echnaton, auch für die Kelten in Westeuropa, für die Aborigines in Australien, für die Maoris in Neuseeland, für die Schamanen in Sibirien und für alle indigenen Völker in beiden Amerikas. Schließlich haben es die vielen Umwandlungsprozesse von Sonnenlicht in andere Energieformen geschafft, dem Leben auf der Erde Zukunft zu sichern. So hat die lebende Natur bewirkt, sich auf Basis einer nachhaltigen Energieversorgung auf ein immer höheres Niveau zu entwickeln. Die solare Strategie ist uralt.

An dieser Stelle bitte ich meine atheistischen und agnostischen Schwestern und Brüder um Verständnis: Es ist die Summe meiner langen und reichen Lebenserfahrung als 83-Jähriger, dass Gottvertrauen und spirituelle Resilienz die Schlüssel für Krisenbewältigung sein können. Jedem Alter wohnt ein Zauber inne.

Die Konzepte der spirituellen Intelligenz sind heute ausgetrocknet wie ein Schwamm. Vor allem wegen der Krise der christlichen Kirchen und ihres weitgehenden Verrats an Jesu Wertvorstellungen. Religion heißt nicht, blind an Formeln und Dogmen glauben, sondern auf nachprüfbare und wissenschaftliche Erfahrungen vertrauen. Friedrich Schleiermacher schrieb vor 220 Jahren, beeinflusst von Immanuel Kant, eine Spiritualität für Skeptiker: »Über die Religion – Reden an die Gebildeten unter ihren Verächtern«. Er meint, Religion sei »der natürliche Sinn und Geschmack für das Unendliche«. Religion ist immer auch ein Gottesgerücht und die Hoffnung, dass Gewalt, Hass und Tod nicht das letzte Wort haben.

»Haben Sie Angst vor dem Tod?«, werde auch ich manchmal gefragt. Meine Antwort: »Nein, der Tod gehört doch zum Leben, so wie die Nacht zum Tag gehört. Ich habe auch keine Angst vor der Nacht.« Der Tod ist nicht der Gegensatz zum Leben, sondern ein wesentlicher Aspekt des Lebens. Und der Tod ist – vielleicht! – die Tür zu größerem Leben.

Für gläubige Buddhisten und Hindus ist der ganze Kosmos ein materialisierter Gedanke der Schöpferin oder des Schöpfers. Auch für Christen sind die Naturgesetze in der Schöpfung der überzeugendste Gottesbeweis. Jesus in seiner Bergpredigt: »Die Sonne des Vaters scheint für alle.« Gott hat alles aus seinem Bewusstsein heraus erschaffen. Die gesamte Schöpfung ist ein Traum Gottes. Unsere Göttin ist nährend und gebärend. Alle Menschen, ob gläubig oder nicht, können in ihrem Gemüt eine ganz eigene Seelenlandschaft entdecken, die nicht durch Gebote, Verbote oder Dogmen definiert ist. Solche Erfahrungen kennen auch Religionsgestörte oder religiös Unmusikalische.

Den ökologischen, den pazifistischen, den feministischen, den sozialen Jesus finden wir original in der Bergpredigt und den aramäischen Jesus in der aramäischen Welt der Bibel. Der Urtext des Neuen Testaments wurde in aramäischer Sprache geschrieben.

Der aramäisch sprechende Jesus ist viel moderner als die gelebte christliche Tradition und weit moderner als die meisten christlichen Theologen mit ihrem Dogmenglauben. Doch leider lernen christliche Theologiestudenten bis heute noch immer Fake News: dass es keine aramäischen Urtexte gibt.

Wenn uns ein Gedanke innerlich berührt, wenn er unsere emotionalen Bereiche im Gehirn aktiviert und zu einem Gefühl führt, das damit einhergeht, dann erlebe ich eine Veränderung. Dann lässt mich eine neue Erkenntnis nicht mehr kalt. Sie berührt mich so stark, dass sie einen Handlungsimpuls in mir auslöst. Ich werde aktiv, ich engagiere mich mit ganzer Kraft, es verwandelt mich: Leben ist Verwandlung.

Erst Selbsterkenntnis bewirkt die Gottesgeburt in der Seele. Jesus sagt es so: »Das Reich Gottes ist inwendig in dir.« Oder in den Sikh-Schriften: »Die köstlichen Wasser der Unsterblichkeit wogen im Innern der Seele.« Was uns im Wesen ausmacht, geht nie verloren. Oder Sokrates: »Wer die Welt bewegen will, sollte sich erst selbst bewegen.« Spirituelle Intelligenz eben oder auch spirituelle Ökologie. Sie bedeutet, die Natur mit den Augen der Seele betrachten. Ökologie ernst nehmen heißt, gute Verwalter unseres kleinen Planeten sein und die Diktatur des Materialismus beenden.

Jemand, der sich in seiner Heimat zu Hause fühlt, wird weder die Atmosphäre vergiften noch Tiere ausrotten wollen noch die Zukunft seiner Kinder verbrennen. Das wichtigste Gebot jeder Religion heißt: Zerstöre nicht! Der Zustand unserer Erde ist ein Spiegel unserer Denk- und Verhaltensweisen. Das zu verstehen, ist verantwortete Religion oder religiöse Verantwortung.

Egal, ob wir religiös sind oder nicht: Wir haben eine gemeinsame Verantwortung für diese Welt. Sie ist unser gemeinsames Haus. Und Menschen, die auf Wiedergeburt vertrauen, müssen sich schon aus rein egoistischen Gründen um die Bewahrung der Schöpfung bemühen, sagt der heutige Dalai-Lama, denn wir kommen ja wieder.

Es ist unsere Aufgabe, im 21. Jahrhundert das zu realisieren, was Jesus vor 2000 Jahren gegenüber seiner Gefährtin Maria Magdalena »Nous«,

»Balance«, genannt hat. Ein paar aktuelle Beispiele dafür sind: eine Balance zwischen Geist und Materie, zwischen männlich und weiblich, zwischen Innen und Außen, zwischen Ökologie und Ökonomie, zwischen Himmel und Erde, zwischen Herz und Verstand, zwischen Arbeitgebern und Arbeitnehmern, zwischen den Generationen, zwischen Eltern und Kindern.

Einiges gelingt uns bereits ganz gut, anderes aber noch kaum. Doch nur diese »Nous«, diese Balance scheinbarer Gegensätze, führt zu »schöpferischer Imagination« (C. G. Jung), die uns vielleicht noch retten kann. Konfuzius bezeichnete »Nous« als »Harmonie«, Buddha als Herzensintelligenz, der Dalai-Lama als »die Intelligenz der Liebe« oder »die Intelligenz des Mitgefühls«. »Wo Harmonie ist, da ist dein Schatz«, sagt Jesus im apokryphen, nicht kirchenoffiziellen Maria-Magdalena-Evangelium.

Den Schatz finden heißt, befreit werden von der Unwissenheit, die zum Leiden führt. Nur so entsteht eine aufgeklärte Religion. Maria Magdalena, so verrät das erst vor 125 Jahren aufgefundene Maria-Magdalena-Evangelium, verkörpert das wahre Wissen Jesu. Sie war die erste Päpstin. Papst Franziskus nennt sie deshalb auch die »Apostelin der Apostel«.Das heißt: Es müsste uns gelingen, in die naturwissenschaftlichen Interessen auch unsere philosophischen, theologischen, spirituellen und ethischen Interessen unserer Existenz zu integrieren. Die Haltung »Bloß keine Experimente« müssten wir dann freilich überwinden. Sind wir aber tatsächlich für eine Klimaschutzpolitik bereit, selbst wenn sie Einschränkungen verlangt? Viele Menschen sagen bei Umfragen, sie wollen das Klima retten, doch wehe, sie sollen auf sinnlosen Konsum verzichten oder einige Cent mehr fürs Benzin bezahlen.

Erst wenn unser Menschengeist zur Harmonie mit der Gottesliebe findet, werden wir Frieden erleben und erkennen, was bedingungslose Liebe ist. Dann beginnt unser inneres Licht zu leuchten bis zur Erleuchtung. Erleuchtung ist ein Wissen, das nicht erlangt, sondern nur von oben und von innen gegeben werden kann. Die eigentliche Frohe Botschaft ist das Wissen von Liebe, Frieden und Güte. Wahre sozial-ökologische Transformation geht nur über das Herz.

Das große Projekt des 21. Jahrhunderts

In seiner Bergpredigt (Matthäus, Kapitel 5 bis 7) lehrte uns Jesus wie auch Buddha in seinen Reden, dass Gewaltlosigkeit die Vorbotin des Weltfriedens ist. Es geht in der Bergpredigt nicht um Formeln, sondern um Inhalte, nicht um Theorie, sondern um Praxis, nicht um Friedensgerede, sondern um Friedenstaten, nicht um die Lehre, sondern um die Liebe. Mahatma Gandhi lebte und liebte die Bergpredigt und bewies ganz konkret und praktisch ihre politische Wirkmächtigkeit. Ich halte sie für das Überlebensprogramm unserer Zeit.

In seiner Bergpredigt fordert Jesus »Feindesliebe«. Das ist nicht naiv, wie viele meinen, sondern – spätestens heute im Atomzeitalter – unsere realistischste Überlebenschance. Jesus: »Selig sind, die Frieden stiften.« Sie sind aber auch klug, vorausschauend und zukunftsfähig. Die Bergpredigt ist kein Heimatroman.

Mein Geschichtsstudium hat mich gelehrt, dass die Kraft des Geistes die alles entscheidende Triebfeder für die Entwicklung der Menschheit war, ist und sein wird. Wir haben diese Triebfeder jedoch nie ernsthaft wissenschaftlich erforscht. Sonst würden wir uns spätestens jetzt im Atomzeitalter an die Lehren von Buddha, Jesus, Laotse oder Gandhi erinnern. Ohne die wissenschaftliche Erforschung der spirituellen Kräfte werden wir wahrscheinlich das Atomzeitalter nicht überleben.

Wie schon Laotse wusste: »Je mehr Waffen, umso größer das Elend der Menschen.« Der Triumph der Gewalt endet stets mit einer Trauerfeier. Gandhi erkannte: »Ich kämpfe um kein geringeres Ziel als um den Weltfrieden … Wenn die indische Satyagraha-Bewegung Erfolg hat, wird sie dem Patriotismus und – wenn ich in aller Bescheidenheit so sagen darf – dem Leben selbst einen neuen Sinn geben.«

Wer Gandhi für einen wirklichkeitsfremden Träumer hält, dem sei das Studium der unglaublich erfolgreichen und gewaltfreien Freiheitsgeschichte Indiens im 20. Jahrhundert empfohlen. Gandhis friedvolle und gewaltfreie Bewegung hat Hunderten Millionen Indern die Befreiung von der britischen Kolonialherrschaft gebracht, während die Gewaltgeschichte Europas im selben Jahrhundert etwa 70 Millionen Todesopfer in zwei Weltkriegen forderte.

Was also wollen wir jetzt wirklich im Atomzeitalter? Es geht um Leben oder Tod unserer Zivilisation. Gandhi bekannte: »In meinem eigenen Leben hat das unfehlbare Gesetz der Liebe Dinge bewirkt, die das Gesetz der Zerstörung nicht hat vollbringen können.« Die Hoffnung auf mehr Ethik in der Welt macht viel Sinn. Sie ist vielleicht das Sinnvollste, was es gibt.

Gewaltlosigkeit ist die logische Folge des Prinzips der Liebe und Vergebung (Paramhansa Yogananda). Als Realist sagte Gandhi allerdings auch: »Lieber würde ich, wenn es sein muss, jahrhundertelang warten, als die Freiheit meines Landes mit Blut zu erkaufen.« Gandhi verstand sich als Patriot, aber sein Patriotismus war so umfassend wie das Universum. Auch sein Hinduismus ist keine exklusive Religion. Er bietet Platz für alle wahren Religionen.

Kein anderer Führer der Welt hat mit solcher Sicherheit den Weg zum Herzen seines Volkes gefunden wie Mahatma Gandhi mit seiner Forderung nach Ahimsha (Gewaltfreiheit, Wahrheit und Geduld). Es waren die Millionen indischen Analphabeten, die ihm den Titel »Mahatma« verliehen, »große Seele«. Geduld ist eine pazifistische wie auch eine ökologische Tugend.

Oder wie sagte der Realist aus Nazareth: »Alle, die zum Schwert greifen, werden durch das Schwert umkommen.« Wir haben nach 1945 globale Institutionen geschaffen, die wir heute fortentwickeln müssen und mit denen wir die globalen Probleme lösen können. Das Hauptziel der Vereinten Nationen war die Abschaffung aller Kriege für alle Zeit: 51 Länder ratifizierten am 24. Oktober 1945 in San Francisco die UN-Charta.

Wir Menschen besitzen die wunderbare Fähigkeit zu hoffen. Aus der Plattitüde: »Die Hoffnung stirbt zuletzt« haben die Kollegen des »Spiegel« an Ostern 2021 diesen Titel getextet: »Die Hoffnung stimmt zuletzt – Kriege, Krisen, Krankheiten: Warum die Welt trotzdem immer besser wird«. 1989 waren 69 Länder der Welt Demokratien, heute sind es über 120. Auch ich, liebe Leserin und lieber Leser, habe diese Entwicklung noch kurz vor 1989 kaum für möglich gehalten, gemessen an der Evolution ein Wimpernschlag.

Im Gewühle der Gefühle keimt auch immer Hoffnung auf. Sie ist eine große Macht, sie verleiht uns die Kraft der Zuversicht, Seelenstärke. Und die menschliche Seele ist die einzige Supermacht auf diesem Planeten, die ich erkennen und anerkennen kann. Natur, Geist und Seele sind die wahren Beweger des Lebens. Evolution heißt Transformation. Wir haben Hunger und Seuchen, Hitler und Stalin überlebt. Es ist ein Wunder, dass wir noch hier sind. Hiersein heißt *hier sein*. Wir leben in einer besseren Welt als alle Generationen vor uns. Und Krisen sind dazu da, um an ihnen zu wachsen.

Die Wahrheit des Schmetterlings

Die eigentlichen großen Epidemien und Pandemien unserer Zeit heißen Seelenblindheit und Herzenstaubheit. Sie entfremden uns von den wahren Wurzeln des Lebens, von Liebe und Güte. Wenn wir weiter die Zukunft unserer Kinder und Enkel verbrennen und weiter an jedem Tag bis zu 200 Tier- und Pflanzenspezies ausrotten, dann zeigt das, wie wenig wir unserem Ehrennamen Homo sapiens gerecht werden. Das ist so, weil wir uns dem Sinn unseres Hierseins nicht mehr würdig erweisen. Das führt uns direkt zu den finsteren Seiten unserer Existenz: Gewalt, Hass, Neid, Größenwahnsinn, narzisstischen Störungen, Angst und Depression.

Die Frage aller Fragen heißt jetzt: Gottesnähe oder Gottesferne? Was Albert Schweitzer »Ehrfurcht vor allem Leben« nennt, bedarf eines sehenden und hörenden Herzens. Die fatale Trennung von Spiritualität und Wissenschaft hat zu einer brutalen Bewusstseinsspaltung des modernen Menschen geführt. Ich vertraue auf die Ökologie Gottes und auf eine neue Balance zwischen östlichem und westlichem Denken sowie zwischen Kurzfrist- und Langfristdenken und Handeln, also weg von der »Jetztbesoffenheit« (Ernst Ulrich von Weizsäcker). In einer Zeit voller Chancen und Möglichkeiten wie noch nie erzählen wir uns zu oft, was nicht geht. Wahrscheinlich ist das unsere größte Krise.

Es geht jetzt um die Rückkehr ins wahre Wissen. Dazu gehört die Erkenntnis der modernen Neurowissenschaften, dass unser Verstand weitgehend von unseren Gefühlen abhängig ist. Die Unwissenheit über unsere Quellen ist die Quelle allen Übels. Das sagen uns die heiligen Schriften aller Religionen, zumindest die mystischen Strömungen aller Religionen und Weisheitslehren: das Christentum, der Buddhismus, das Judentum, der Hinduismus, der Islam. Alle zusammen bilden – gereinigt von falschen Übersetzungen und Fälschungen – das Evangelium der Wahrheit.

Der gemeinsame Ursprung allen Lebens ist bedingungslose Liebe, liebende Güte und mitfühlende Verbundenheit. Liebe ist ein anderes Wort für Gottesenergie. Gott hat Samen der Liebe in unsere Herzen gepflanzt. Wir müssen diese allerdings hegen und pflegen. Durch kirchen-, religions- und machtpolitische Ungeheuerlichkeiten und Katastrophen dürfen wir uns nicht davon abhalten lassen. In Kirchen wird oft nicht nur Weihrauch verbrannt, sondern zugleich auch die Erkenntnis der Wahrheit.

Ohne geistige Erregung wird es keine materielle Bewegung geben. Auch das zeigen uns die letzten 50 Jahre seit der Erstpublikation von »Die Grenzen des Wachstums«: Niemand muss sein Leben einfach so hinnehmen, wie es gerade ist. Wir können immer etwas ändern – vor allem uns selbst. Einfach abwarten oder auf andere warten, hilft nichts. Vor allem aber: Meiden Sie Menschen, die immer wissen, was nicht geht.

Unsere Welt braucht Menschen, die von einer Kraft leben, die größer ist als ihre Neigung zum Fatalismus. Aktiv werden, selbst handeln ist besser und erfolgreicher. Den eigenen Weg suchen, finden und gehen ist wohl das, was unserem Leben Sinn und Ziel gibt. Unser Leben ist Teil eines göttlichen Plans. Für dieses wahre Leben ist es nie zu spät. Jedem Dasein wohnt ein Zauber inne.

»Des Lebens Ruf wird niemals enden«, dichtete Hermann Hesse. »Wir sind dran«, meint Ernst Ulrich von Weizsäcker. Wir können neu werden und die Welt mit uns. Heute wissen wir, dass es uns an den Kragen geht, wenn wir diese Erkenntnis nicht leben und uns wandeln. Wir tragen die volle Verantwortung dafür, dass sich wirklich etwas ändert. Das Symbol jeder Verwandlung ist der Schmetterling: Ei, Larve, Raupe, Schmetterling. Die Nahtodforscherin Elisabeth Kübler-Ross erzählte mir einmal, dass sie als junge Krankenschwester im Konzentrationslager Auschwitz an den Gasöfen viele Schmetterlinge gesehen hat, welche die Häftlinge kurz vor ihrem Tod als Symbol der Wandlung vom Leben in den Tod gekritzelt hatten. Sie erinnerte auch daran, dass das griechische Wort Schmetterling identisch ist mit dem Wort Seele.

Ob wir die notwendige Wandlung noch schaffen?

Grün gewinnt
It's the ecology, stupid!

45 Jahre nach der Erstpublikation von »Die Grenzen des Wachstums« schrieb Ernst Ulrich von Weizsäcker als Präsident des Club of Rome: »Heute, eigentlich erst seit Mitte des 20. Jahrhunderts, leben wir in einer vollen Welt. Die Grenzen sind greifbar, fühlbar in allem, was wir tun. Und doch ... verfolgt die Welt immer noch eine Wachstumspolitik, als ob wir in der leeren Welt lebten.« Das ganze Dilemma des 21. Jahrhunderts brachte UN-Generalsekretär António Guterres auf den Punkt: »Wir haben das Wissenschaftsexamen bestanden, aber in Ethik bekommen wir eine Sechs.«

Der alte Kapitalismus ist immer weniger tragfähig. Er bedroht die Grundlagen der Erde und unterwirft alles Leben einem platten Renditedenken. Das Jahrzehnt bis 2030 entscheidet über unsere Zukunft. Es ist die Gnadenfrist, die wir noch haben. Wir brauchen ein demokratisches System, in dem eine Balance zwischen Ökonomie, Gerechtigkeit und Ökologie gelingt.

Mit dem Verstand allein kommt die Menschheit freilich nicht zur Vernunft. Es bedarf einer Aufklärung der Aufklärung, einer zweiten, einer ökologischen Aufklärung. Wir benötigen eine Ethik des vorausschauenden Denkens und Fühlens, welche sich ausmalen kann, was noch nicht ist, aber sein wird, wenn wir so weitermachen wie bisher. Wenn immer mehr Menschen immer bewusster leben, ist Rettung möglich. Die Unternehmensberatung McKinsey hat errechnet, dass

Deutschland das Ziel der Klimaneutralität bis 2045 zu Nettonullkosten erreichen kann und die Einsparungen durch den Klimaschutz die Kosten der Dekarbonisierung ausgleichen. Das Tempo des Umstiegs auf grüne Technologien müsste allerdings in allen Wirtschaftssektoren und Lebensbereichen verdreifacht werden. Der Übergang zur baldigen Klimaneutralität ist für Deutschland und Europa insgesamt eine riesige Chance.

Apropos Übergänge: Solche hat die Menschheit in ihrer Geschichte schon oft erlebt und auch geschafft. Beispiele dafür sind die heutige Balance der Geschlechter, der Wechsel vom geozentrischen zum heliozentrischen Denken, vom vorindustriellen Zeitalter ins Industriezeitalter, die Ablösung des kollektiven Bewusstseins durch ein individuelles Bewusstsein, die Abwendung von Krieg hin zu Frieden und von Nationalismus hin zu Internationalismus. Zwar hat die Idealisierung von Gegensätzen häufig zu Intoleranz, Gewalt und Terror geführt. Doch bei vollem Bewusstsein können These und Antithese auch zur Synthese, zur Vereinigung und zum Ausgleich führen, verbunden mit einem integrierten Bewusstsein und neuem Handeln.

Diese neue Balance ist auch heute und jetzt unsere Chance beim Transformationsprozess des politisch-ökonomisch-ökologischen Wandels. Deshalb brauchen wir gerade jetzt eine ethische Aufklärung der Aufklärung, nach dem alten Motto: Sapere aude – wage es, weise zu sein.

Bill Clinton gewann in den 1990er-Jahren noch Wahlen mit dem Slogan: »It's the economy, stupid.« Künftige Wahlen werden gewonnen mit dem Motto: »It's the ecology, stupid.« Nicht nur in der Wirtschaft, auch in der Politik zeichnet sich ab: Wer künftig Gesellschaft und Umwelt nicht mitberücksichtigt, wird Wahlen verlieren und keine Zukunft haben. Das ist die entscheidende Vorgabe für alle kommenden Wahlen: Wer Kanzlerin oder Kanzler werden will, muss Klimaschutz können. Die CDU und die CSU hat diese Entwicklung bei den Bundestagswahlen 2021 voll erwischt.

Die »christlichen« Parteien haben den höchsten polit-ethischen Anspruch in ihrem Parteinamen. Mit 22 Jahren bin ich wegen des »C« der CDU beigetreten, aber wegen des Verrats am »C« zu meinem 50. Geburtstag ausgetreten. Wer hat mit dem Streben nach Atomwaffen, mit einer Waffenexportpolitik und mit fehlender ökologischer Sensibilität das »C« verraten? Christdemokraten.

Anthropozän oder Kapitalozän?

Die Welt wird heute von einigen Dutzend Milliardären beherrscht, der Finanzkapitalismus ist zu einer Monsterwirtschaft entartet. Das von Wissenschaftlern so genannte Anthropozän ist in Wahrheit ein Kapitalozän, aus Bürgern sind von Werbeagenten manipulierte Konsumenten geworden. Aber ich bin zuversichtlich: Das 21. Jahrhundert kann noch immer zu einem Jahrhundert der Genossenschaften, des Friedens, des Klimas und größerer Gerechtigkeit werden, bei dem das Gemeinwohl eine zentrale Rolle spielt. Stand heute sind bereits eine Milliarde Menschen in Genossenschaften organisiert, was auch beweist: Es gibt immer Alternativen! Und alle Probleme, die von Menschen geschaffen wurden, sind auch von Menschen lösbar. Voraussetzung dafür ist eine Versöhnung von Technik und Ethik. Genau das ist die neue Aufklärung: eine Aufklärung der klassischen Aufklärung.

Eine bessere Welt ist nicht nur möglich, sie ist bereits im Entstehen. Dazu haben sich die Vereinten Nationen im Jahr 2015 17 Ziele für eine nachhaltige Entwicklung gesteckt, die bis 2030 erreicht werden sollen. Ich will sie hier alle aufführen, weil sie so wichtig sind:

1. Armut in all ihren Formen und überall beenden;
2. Ernährungssicherheit und eine bessere Ernährung erreichen und eine nachhaltige Landwirtschaft fördern;
3. gesundes Leben für alle Menschen jeden Alters gewährleisten und ihr Wohlergehen fördern;
4. inklusive, gerechte und hochwertige Bildung gewährleisten und Möglichkeiten des lebenslangen Lernens für alle fördern;
5. Geschlechtergleichstellung erreichen und alle Frauen und Mädchen zur Selbstbestimmung befähigen;
6. Wasser und Sanitärversorgung für alle gewährleisten;
7. nachhaltige und moderne Energie für alle sichern;
8. dauerhaftes, breitenwirksames und nachhaltiges Wirtschaftswachs-

tum, produktive Vollbeschäftigung und menschenwürdige Arbeit für alle fördern;

9. eine widerstandsfähige Infrastruktur aufbauen, breitenwirksame und nachhaltige Industrialisierung fördern und Innovationen unterstützen;

10. Ungleichheit in und zwischen Ländern verringern;

11. Städte und Siedlungen inklusiv, sicher, widerstandsfähig und nachhaltig gestalten;

12. nachhaltige Konsum- und Produktionsmuster sicherstellen;

13. Sofortmaßnahmen ergreifen, um den Klimawandel und seine Auswirkungen zu bekämpfen;

14. Bewahrung und nachhaltige Nutzung der Ozeane, Meere und Meeresressourcen;

15. Landökosysteme schützen, wiederherstellen und ihre nachhaltige Nutzung fördern, Wälder nachhaltig bewirtschaften, Wüstenbildung bekämpfen, Bodendegradation beenden und umkehren und dem Verlust der biologischen Vielfalt ein Ende setzen;

16. friedliche und inklusive Gesellschaften für eine nachhaltige Entwicklung fördern, allen Menschen Zugang zum Recht ermöglichen und leistungsfähige, rechenschaftspflichtige und inklusive Institutionen auf allen Ebenen aufbauen;

17. Umsetzungsmittel stärken und die globale Partnerschaft für nachhaltige Entwicklung mit neuem Leben füllen.

Auf dem Weg zur immergrünen Revolution

Wenn wir lernen, das Leben und die Schöpfung wirklich zu lieben, dann werden wir weder das Leben noch die Schöpfung zerstören. Die ganze Botschaft Jesu lässt sich so zusammenfassen: Liebe das Leben und lebe die Liebe, dann erfährst du die Fülle des Lebens, so Jesus im Johannesevangelium.

Die Visitenkarte seiner Heimat Tibet, dem Dach der Welt, beschreibt der Dalai-Lama so: »Blauer Himmel, grünes Land, klares Wasser und frische Luft.« Und er fordert: Die heutige Welt braucht eine Revolution des Mitgefühls und mehr Herzensbildung statt einseitiger Verstandes-

orientierung. Nur so bekommen wir noch ein Jahrhundert der Umwelt.
Die moderne Neuropsychologie, mit der der Dalai-Lama in engem Austausch steht, gibt ihm recht: Unser Verstand ist weitgehend von unseren Gefühlen abhängig. Die Neurowissenschaften gehen heute davon aus, dass ein Großteil der verarbeiteten Daten dem Bewusstsein verschlossen bleibt. Buddha sagte einst: »Meine Anhänger sollten meine Lehren nicht aus Glauben annehmen, sondern durch eigene Nachforschungen.«

Eine neue Einstellung zur Natur fordert auch Papst Franziskus in der Umweltenzyklika Laudato si': »Die Natur wird gewöhnlich als ein System verstanden, das man analysiert, versteht und handhabt, doch die Schöpfung kann nur als ein Geschenk begriffen werden.« Das heißt: Die Menschheit muss eine Haltung der Bescheidenheit und des Respekts annehmen anstatt der Arroganz und Macht. Weiter fordert der Papst menschlichere Formen des Wirtschaftens und erinnert an das Menschenrecht auf sauberes Trinkwasser. Während Millionen Menschen kein Dach über dem Kopf haben, herrscht in anderen Erdteilen ein skandalöses Konsumniveau. Die Menschen müssten sich ändern, so der Papst, insbesondere jene, die im Überfluss leben. Sie können ihren Konsum reduzieren, weniger Plastik und Papier verbrauchen und sollten »nur das kochen, was sie wirklich essen«, mehr Bus fahren als allein im Auto, Bäume pflanzen und Lampen ausschalten, die sie nicht brauchen.

Für viele Umwelt- und Sozialkritiker ist solch ein Konzept nicht gerade revolutionär, aber – so Franziskus – mit der Aussicht verbunden, »mit weniger besser zu leben«. Was der Papst hier fordert, ist nicht weniger als eine neue weltweite Solidarität. Eigentlich erstaunlich, dass es für diese tiefe ökologische Erkenntnis in der katholischen Kirche erst eines Papstes bedurfte, der sich in der Tradition des Umweltheiligen Franziskus sieht und sich dessen Namen gab.

Wohlgemerkt: Bei den jetzt notwendigen Reformen geht es nicht um Verzicht – ganz im Gegenteil, es geht um Gewinn für alle. Verzicht auf täglichen Fleischkonsum etwa ist Verzicht auf Herzinfarkt und Schlaganfall. Und würde sich die Welt vegan ernähren, ließe sich auf diese Weise die landwirtschaftlich genutzte Fläche um 75 Prozent reduzieren, wie eine von der Zeitschrift »Science« 2018 publizierte Studie zeigt. Wir sollten endlich tun, was wir für richtig halten: Einfacher leben, damit andere überleben.

Wenn die Zukunft des Reisens »näher, sanfter und smarter« hieße, wie die Zeitschrift »Geo« meint, also entschleunigt, bewusster und nachhaltig, wäre auch das vielmehr ein Gewinn als ein Verlust. Ein Verzicht aufs Auto würde bedeuten: Ich muss es nicht mehr warten, nicht mehr putzen, nicht mehr bezahlen und keinen Parkplatz mehr suchen. Und vor allem: Mit der Bahn kommt man ungefähr 100-mal sicherer ans Ziel als mit dem Auto. Ist das Verzicht oder Gewinn? Ich bin ins Gewinnen verliebt.

Der Alternative Verkehrsclub VCD hat diese CO_2-Rechnung aufgestellt: Wenn zwei Geschäftsleute von Stuttgart nach Berlin und zurück fliegen, dann verursachen sie dabei 470 Kilogramm CO_2. Wenn sie für dieselbe Strecke das Auto benutzen, emittieren sie 380 Kilogramm CO_2. Nutzen sie die Bahn, entstehen 65 Kilogramm. Wenn sie aber ganz auf die Reise verzichten und stattdessen mit ihren Partnern in Berlin eine vierstündige Videokonferenz organisieren, verursachen sie lediglich ein Kilogramm Treibhausgase. Welch ein Unterschied!

Karl Marx glaubte noch, dass nur Arbeit Werte schaffe. Die heutigen Standardökonomen rechnen mit Arbeit und Kapital, Ökologen rechnen neben Arbeit und Kapital außerdem mit der Natur. Doch welchen Wert hat die Natur für die Wirtschaft? Der Wert natürlicher Ressourcen lässt sich messen, der Wert von Fischgründen beispielsweise ist der Preis, den die Fischer über Jahre hinweg für ihren Fang erlösen. Der Seele und dem Körper eines Menschen tut es gut, in einer grünen Umgebung zu leben. Wenn ein Wassereinzugsgebiet saniert wird, lässt sich der Wert aus dem Preis ableiten, den sonst eine Anlage zur Wasseraufbereitung kosten würde. Ernst Ulrich von Weizsäcker schrieb dazu, dass die Preise die ökologische, aber auch die ökonomische Wahrheit sagen müssen, dies sei die Grundvoraussetzung für eine sozial-ökologische Marktwirtschaft. Was also tun? Am besten fangen wir bei uns an. Wer einen Wald will, muss Bäume pflanzen.

Ein globales Energiesystem, das zu 100 Prozent mit sauberer, erneuerbarer Energie betrieben wird, ist nicht nur in den nächsten 10 bis

15 Jahren möglich. Es spart vor allem Geld, schafft Arbeitsplätze und Wohlstand, rettet Leben und ermöglicht der Menschheit einen Weg, einen außer Kontrolle geratenen Klimawandel zu verhindern. Das sind alles Gewinne. Was es aber auch braucht: Milliardensubventionen für klimaschädliche Stoffe müssten nach Jahrzehnten der Diskussion hierüber endlich gestrichen werden, eine Flugbenzinsteuer, eine Finanztransaktionssteuer und eine Tobin-Steuer müssen realisiert werden.

Sogar das große Kapital orientiert sich immer mehr am grünen Investment. Unternehmer und Manager lernen, mit grünen Ideen schwarze Zahlen zu schreiben. Nachhaltigkeit und Profit passen immer besser zusammen, und immer mehr Anleger fordern, dass ihr Geld Positives bewirkt. Die Chance wächst, dass Grün noch gewinnt, weil der Klimawandel und die Corona-Pandemie das Bewusstsein vieler doch geschärft haben. Vielleicht erleben wir gerade den ökologischen Victor-Hugo-Moment: »Nichts auf der Welt ist so mächtig wie eine Idee, deren Zeit gekommen ist.«

Eine bessere Welt wird auch eine weiblichere Welt sein, weil weibliche Energie ein Transformationsbeschleuniger ist. Um patriarchale Strukturen zu ändern, müssen wir unser gesamtes Denken, Fühlen und Handeln ändern. Oder wie der spirituelle Lehrer Eckhart Tolle meint: »Wenn das Gleichgewicht zwischen männlichen und weiblichen Energien auf unserer Erde nicht zerstört worden wäre, hätte das Ego nicht in dem Maße wachsen können. Dann hätten wir der Natur nicht den Krieg erklärt und uns nicht so sehr unserem Sein entfremdet.« Wir können vieles von Matriarchatsforscherinnen wie Heide Göttner-Abendroth oder Christa Mulack oder von feministischen Theologinnen wie Dorothee Sölle lernen: Sie alle zeigen Wege zu einer egalitären, friedlichen und naturnahen Gesellschaft auf. Auch die Fridays-for-Future-Bewegung ist von starken jungen Frauen geprägt. Politik und Wirtschaft sind eine viel zu ernste Sache, um sie allein den Männern zu überlassen – oder gar nur weißen Männern.

Das große Projekt des 21. Jahrhunderts heißt also: »Überleben des Lebens«.

Retten die Jugend, die Frauen und die Gerichte jetzt die Welt?

Unser Planet ist ein großes Wunder: Er hat nicht nur den exakt richtigen Abstand zur Sonne, was optimal ausgeglichene Temperaturen garantiert. Er ist in seinen Ozeanen voll mit Wasser, seine Atmosphäre enthält sauerstoffreiche Luft. Alles Leben von Tieren, Menschen und Pflanzen ist darauf angewiesen, dass diese Balance erhalten bleibt. Diese Balance dürfen wir nicht wegen der gewaltigen Gewinne einiger Konzerne zerbrechen lassen. Das wäre der unmoralischste und nicht zu akzeptierende Akt der Menschheitsgeschichte, ein Verbrechen gegenüber künftigen Generationen.

Ähnlich demagogisch wie einst die Tabakindustrie das Rauchen verharmloste, argumentieren heute Vertreter der fossil-atomaren Industrie. Ich habe als Fernsehjournalist Versuche solch bewusster Desinformationen über Jahrzehnte erlebt. Wenn ich gegensteuerte, musste ich kämpfen. Acht Arbeitsgerichtsprozesse habe ich gegen meinen Arbeitgeber, den Südwestfunk (heute Südwestrundfunk) geführt, um so berichten zu können, wie es mir mein Gewissen gebot. Die meisten Prozesse gingen in den 1980er-Jahren um die Angriffe der alten Energiewirtschaft gegen mich, nachdem ich als Konservativer Sendungen gegen die Atomenergie, aber auch gegen die atomare Nachrüstung produziert hatte. Aber schon 1972 hat mir ein Versicherungskonzern mit einer Klage über 50 Millionen Mark gedroht, nachdem ich ein skandalöses Verhalten dieser Firma gegenüber einem Behinderten aufgedeckt hatte. Daraufhin bekam die Versicherung Waschkörbe voll Austrittserklärungen. In den 1980ern erhielt ich Briefe, die »An die Kommunistensau im Südwestfunk« adressiert waren. Der Witz war, dass ich damals noch der CDU angehörte.

Als die US-Biologin Rachel Carson 1962 im ersten Umweltbestseller »Der stumme Frühling« aufgezeigt hatte (also zehn Jahre vor den »Grenzen des Wachstums«), dass DDT (Dichlordiphenyltrichlorethan) ganze Vogelpopulationen dezimierte, musste sie eine Rufmordkampagne der Chemieindustrie über sich ergehen lassen. Sie sei »radikal« (was im besten Sinne stimmte), »kommunistisch« und »hysterisch«. Zehn

Jahre später wurde DDT in den USA verboten – zum Teil mit den Argumenten aus Carsons Buch.

Bevor FCKW 1987 durch das Montrealer Protokoll verboten wurde, gab es ebenfalls eine Rufmordkampagne gegen Wissenschaftler und Journalisten, die zuvor vor dem »Ozonloch« gewarnt hatten. Ebenso erging es denen, die vor »saurem Regen« gewarnt hatten. In allen Fällen kamen Verbote erst durch heftigen und dauernden Druck der Zivilgesellschaft und Umweltverbände zustande. Das zeigt: Der Kampf für eine effiziente Umwelt- und Gesundheitspolitik lohnt sich. Ohne Kampf gibt es keinen Fortschritt. Wie notwendig dieser Kampf ist, zeigt die Tatsache, dass jedes Jahr in der EU über 400 000 Menschen an den Folgen schlechter Luftqualität sterben, weltweit sind es über sieben Millionen.

Gute politische Lösungen verlangen unerbittlichen Druck von unten. Nur mit Hilfe einer starken Antiatombewegung gelang im Jahr 2011 der endgültige Atomausstieg in Deutschland. Dabei gab es eine feste Koalition zwischen außerparlamentarischen Umweltbewegten und fortschrittlichen und unbestechlichen Politikern in den Parlamenten. Nur eine solche Koalition kann jetzt noch das Klima retten. Und genau so kann der militärisch-wirtschaftliche Komplex besiegt werden. Leider sind unter den erzkonservativen Hardlinern in den Parlamenten viele, die sich »Christen« nennen und auf Jesus berufen.

Aufgrund meiner 50-jährigen Erfahrung in politischem Journalismus habe ich die ganz große Hoffnung auf die politische Aufklärungsarbeit der Fridays-for-Future-Bewegung im Zusammenspiel mit Tausenden Klimawissenschaftlern. Diese jungen, engagierten Menschen sind die erfolgreichste soziale Bewegung, die die Welt in den letzten Jahrzehnten gesehen hat. Inzwischen haben sie nicht nur Parents for Future, Grandparents for Future und Scientists for Future inspiriert, sondern auch Christians 4 Future. Sie alle vermitteln Lust auf Zukunft. Doch auch sie haben viele und mächtige Gegenspieler, vor allem in den Altparteien und in Konzernspitzen.

Dennoch: Greta Thunberg und ihre Millionen Mitstreiter sind der Hauptgrund, weshalb ich heute bei der Rettung des Weltklimas optimistischer bin als noch vor einigen Jahren. Die junge Schwedin und

Franz Alt beim weltweiten Klimastreik der Fridays-for-Future-Bewegung in Berlin am 24. September 2021

ihre Hauptvertreter in vielen Ländern sprechen und argumentieren mit einer erstaunlichen moralischen Klarheit und Unbestechlichkeit. Natürlich wurde Greta Thunberg bei ihrem Auftritt vor den Vereinten Nationen von Donald Trump verspottet. Und die OPEC, die Organisation der erdölfördernden Staaten, bezeichnete im Juli 2019 Greta Thunberg als »die größte Bedrohung der fossilen Brennstoffindustrie«. Hoffentlich zu Recht!

Und wie reagieren die Kinder und Jugendlichen auf ihre Kritiker? Sehr souverän. Sie begrüßten diese Äußerungen als »Zeichen dafür, dass die Ölindustrie befürchtet, den Kampf um die öffentliche Meinung zu verlieren«. Bravo! Jetzt stehen die Kinder da, wo sie hingehören: im Mittelpunkt des öffentlichen Interesses. Sie werden angegriffen, weil sie für ihre Zukunft kämpfen – ein großes Kompliment an diese junge Generation. Bei Greta Thunberg wurde das Asperger-Syndrom festgestellt. Sie nennt es »eine Superkraft«. Ich nenne es »Haltung« und sehe es als eine moralische Pflicht, diese Generation in ihrem Kampf nicht alleinzulassen. Der Klimakrieg ist noch in vollem Gang.

Und ich frage jetzt meine Leserinnen und Leser: Was ist zu tun? Der beste Rat, den ich Ihnen geben kann: Ignorieren Sie die Klimawandelleugner, diese werden dann zu einer Randerscheinung werden. Allerdings hat in einer Demokratie jede und jeder auch das Recht, dummes Zeug zu glauben und zu erzählen. Beim Klima gilt wie bei der Pandemie: Jeder hat das Recht auf eigene Meinung, aber nicht das Recht auf eigene Fakten.

Ähnlich wie heute die Klimawandelleugner argumentiert auch die Waffenlobby. Ein frühes Lehrbuchbeispiel für gezielte Kampagne dieser Lobby: »Guns don't kill people – people kill people« (Waffen töten keine Menschen – Menschen töten Menschen). Diese raffinierte Kampagne wirbt seit Jahrzehnten für einen leichten Zugang zu Angriffswaffen. In Wahrheit geht es hierbei nie um Menschenleben, sondern um die Macht und um die Gewinne einer Interessensgruppe. Die deutsche Autoverrücktheit ist so krank wie die US-Waffenverrücktheit. Ähnlich verrückt läuft es zurzeit bei der deutschen Kohlelobby. Und so war es früher bei der deutschen Atomlobby und bei der Raucherlobby.

Doch langfristig setzen sich meist die wissenschaftlichen Fakten durch. Das zeigen allein einige Schlagzeilen vom Mai 2021: »Gericht verpflichtet Ölkonzern Shell zu Klimaschutz«, »Klimaaktivisten gewinnen zwei Sitze im Aufsichtsrat von Exxon«, »Chevron-Investoren unterstützen Plan für stärkere Emissionsminderungen«, »Deutsches Bundesverfassungsgericht verurteilt Bundesregierung zu mehr Klimaschutz«, »Australisches Gericht gibt acht Teenagern recht« (die ihre Regierung zu mehr Klimaschutz verklagt hatten), »Deutsches Bundesverwaltungsgericht verklagt Hamburg, Kiel und Ludwigsburg zu mehr Luftreinhaltung – Sechs Urteile wie sechs Paukenschläge«. Klagen wie gegen Shell in den Niederlanden kündigt auch der Umweltrechtler Remo Klinger in Deutschland an.

Plötzlich bewegen sich auch die großen Emittenten. Und Gerichte geben weltweit ihren Regierungen Nachhilfe beim Klimaschutz – und zwar verpflichtend. Was bisher utopisch schien, wurde in relativ kur-

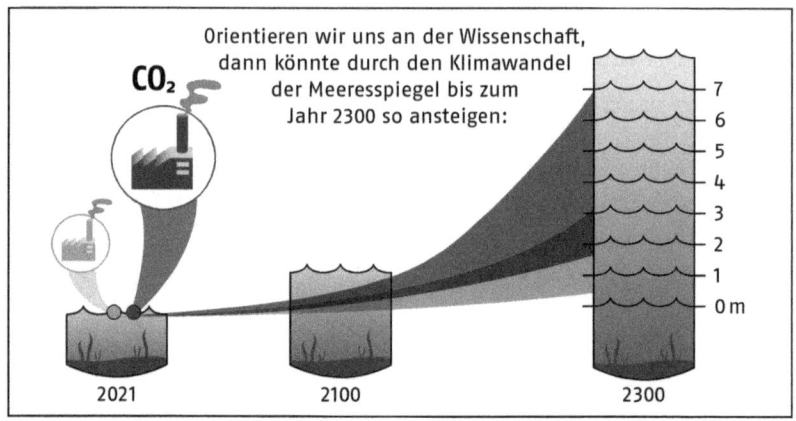

Der Anstieg des Meeresspiegels ist eine Folge des menschengemachten Klimawandels. Quelle: Deutsches Klimakonsortium

zer Zeit attraktiv und kann jetzt nach der Corona-Krise beschleunigt werden. Dafür stehen Billionen Dollar zur Verfügung. Das bedeutet konkret und praktisch: Die solare Energiewende, die ökologische Verkehrswende, die nachhaltige Bauwende, die biologische Landwirtschaftswende, die ökologische Waldwende, die Ressourcenwende sowie eine nachhaltige Wasserwende und eine neue Arbeitskultur sind möglich – damit die Welt wieder atmen kann.

Es gibt Sätze, welche den Zustand der Welt auf den Punkt bringen: »I can't breathe« wird die Menschheit nicht so schnell vergessen. Der schwarze George Floyd schrie ihn im Sommer 2020 auf dem Asphalt von Minneapolis fünf, sechs Mal flehend, bittend, um Hilfe krächzend, während ihn ein weißer Polizist mit dem Knie im Nacken erstickte, »I can't breathe«, ich bekomme keine Luft mehr. Die reichen Weißen nehmen den armen Schwarzen die Luft zum Atmen. Eine Welt, die nicht mehr atmen kann, stirbt. Und Klimaerhitzung heißt: Die Welt ist bald außer Atem!

Ein anderer Satz, der den Zustand der Welt kennzeichnet, diesmal von einem 16-jährigen Mädchen gesprochen vor den mächtigsten Männern und Frauen dieser Welt: »I want you to panic.« Der Wutschrei der jungen Greta Thunberg und ihrer Generation vor den Vereinten Nationen. Vielleicht hilft uns eine Erkenntnis, die 1963 Martin Luther King der Menschheit ins Gedächtnis einbrannte: »I have a dream.« Ob wir die Kurve noch kriegen? Es ist eigentlich gar nicht so schwer, wie die oben genannten Vorbildbeispiele zeigen. Die Utopien von heute waren schon oft die Realitäten von morgen.

Im ersten Deutschen Bundestag sagte die Unionsabgeordnete Helene Weber: »Der reine Männerstaat ist das Verderben der Völker.« Sie erntete lautes Gelächter der Männer – vor allem in ihrer eigenen Fraktion. Einiges hat sich geändert. Doch die große Transformation steht noch aus. Politische Macht gilt noch immer als unweiblich. Auch ich dachte bis in die 1960er-Jahre ähnlich beschränkt. Das Nachkriegsdeutschland war eine Männerrepublik, der Bundestag war das letzte Reservoir übersteigerter Männlichkeit. Es war mir damals nicht einmal aufgefallen, obwohl ich über diese Zeit meine Doktorarbeit schrieb.

Der alte Kapitalismus ist immer weniger tragfähig. Er bedroht die Grundlagen der Erde und unterwirft alles Leben einem platten Renditedenken. Der Kollege Wolfgang Kessler, als er den Walter-Dirks-Preis erhielt: »Wir brauchen neue kooperative Eigentumsformen; ein Wirtschaften ohne Renditedruck, Wohnformen, Gesundheits- und Pflegesysteme, die die Bedürfnisse der Mieter, der Kranken und der Pflegebedürftigen in den Mittelpunkt stellen. Und Alternativen zu einer Steuerpolitik, die die Reichen schont.«

Aus neuem Denken erwächst neues Handeln. Ohne neues Denken gibt es kein Überwinden des alten Handelns. Nachhaltigkeit ist heute mehr als Zeitgeist, sondern eine Notwendigkeit. Sie wird in allen Branchen für Veränderungen sorgen: in privaten Haushalten, in Unternehmen, in der Finanzbranche, bei Investitionen und beim Konsum.

Das Referendum »Rettet die Bienen« in Bayern Anfang 2019 hat diesen Moment bewiesen: Innerhalb weniger Wochen sind 1,8 Millionen Menschen in die Rathäuser gegangen, um diesen Aufruf zu unterstützen. Nicht nur eine Randgruppe, sondern die breite Masse fordert mehr Umwelt- und Klimaschutz. Nachhaltigkeit ist eine große gesellschaftliche Bewegung geworden. Die Grenzen des Wachstums werden nicht nur erkannt, sie werden eingefordert.

Der Dalai-Lama zu Franz Alt: »Auch ich bin ein Grüner.«

Nach Angaben der Ratingagentur Morningstar floss in Europa 2020 mit 233 Milliarden Euro schon doppelt so viel Geld in Nachhaltigkeitsfonds wie 2019 und fünfmal mehr als fünf Jahre zuvor. Das Vermögen von Ökoanlagen übersprang erstmals die Eine-Billion-Grenze. Das ist gegenüber 2010 eine Verzehnfachung. Das Narrativ, wonach Nachhaltigkeit und Rendite nicht zusammenkommen, ist vom Tisch. Bisher galt: Gutes Gewissen oder Geld anlegen – jetzt gilt: Geld mit gutem Gewissen anlegen. Dein Geld verändert die Welt. Hier zeichnet sich bereits ab, dass Grün gewinnt.

Die Generation der Millennials wird mit ihrem Kaufverhalten die Welt verändern. Bevor eine Zukunftsvision zur allgemeinen Tugend erblühen kann, muss sie in vielen einzelnen Herzen keimen. »Ein Mensch, der sich selbst verändert, wird Tausende verändern.« (Paramhansa Yogananda) Der Abschied vom alten ökonomischen Wachstumsgrößenwahn wird freilich nur gelingen, wenn Politik, Wirtschaft und Konsumentinnen eine ökologische Ethik lernen. Ich werde diese Ökoethik – inspiriert von meinem Freund, dem Dalai-Lama (»Buddha war ein Grüner – auch ich bin ein Grüner«) – in diesem Buch aufzeigen. Bisher wirtschaften wir nach dem alttestamentlichen Grundsatz: »Macht euch die Erde untertan«, doch künftig soll gelten: »Macht euch der Erde untertan«, so wie es auch der ökologische Jesus lehrt: »Die Sonne des Vaters scheint für alle.« Wir brauchen für eine bessere Welt weder fossile noch atomare Energieträger.

Die derzeitige Strategie der Klimawandelleugner ist simpel: Sie lügen, so wie ihr großes Vorbild Donald Trump in den USA. Doch Fakt ist, dass kein vernünftiger Mensch die Klimaerhitzung noch leugnen kann. Die Auswirkungen kann jede und jeder selbst überprüfen: Hochwasser, Überschwemmungen, Gletscherschmelze, Anstieg des Meeresspiegels, verstärkte Wirbelstürme, Dürren, Hitzewellen, Waldbrände. Selbst zu Trumps Zeiten warnte das US-Verteidigungsministerium, dass bis Mitte dieses Jahrhunderts die Strom-, Wasser- und Ernährungssysteme zusammenbrechen könnten. Bisher galten diese möglichen Zusammenbrüche als Umweltprobleme. Doch das Pentagon spricht jetzt von einer Bedrohung der Wirtschaft und der nationalen Sicherheit. Und selbst erzkonservative Republikaner warnen inzwischen vor der Klimakatastrophe.

Bionik: die Leitwissenschaft des 21. Jahrhunderts

Biologen und Bioniker – Bionik ist die Kombination von Biologie und Technik – versuchen, die unglaubliche Begabungsvielfalt der Natur für innovative Produkte zu nutzen. Der Wissenschaftsjournalist Kurt G. Blüchel schreibt in seinem Buch »Bionik – Wie wir die geheimen Baupläne der Natur nutzen können«: »Wenn die Natur in einem sich selbst organisierenden Prozess imstande war, so komplexe biologische Systeme wie Termiten, Delfine, Fledermäuse, Menschen, Orchideen, Elefanten, Bäume und Millionen andere Organismen hervorzubringen, dann liegt die Vermutung nahe, dass diese evolutionären Prinzipien auch erfolgreich zur Lösung technischer, sozialer, wirtschaftlicher und organisatorischer Probleme genutzt werden könnten.« Und weiter: »Trotz zahlreicher Rückschläge, existenzbedrohender Krisensituationen und

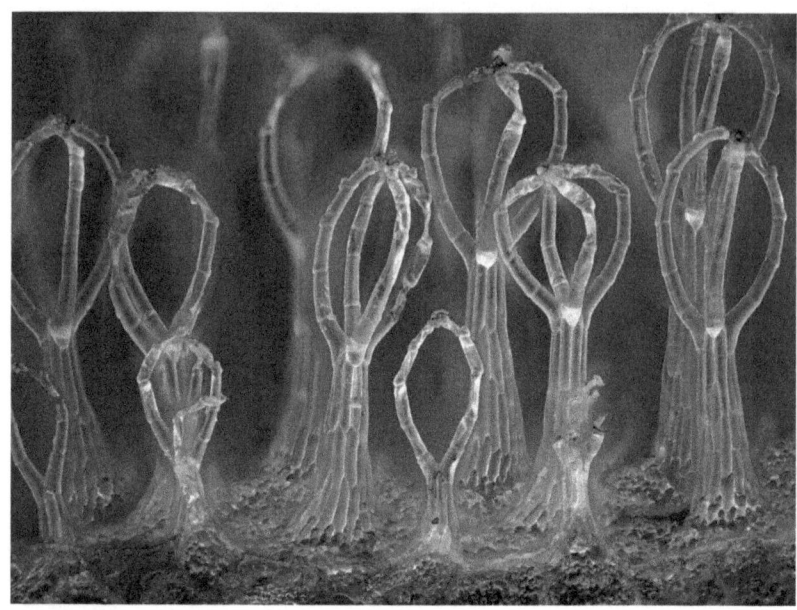

Der Salvinia-Effekt von Schwimmfarnen kann auf den gesamten Schiffbau übertragen werden, was zu Treibstoff-Einsparungen führt.

planetarischer Katastrophen hat der ›Global Player‹ Natur nie schlappgemacht oder sich in die Insolvenz geflüchtet. Als weltumspannender Megakonzern vermochte die Natur sich stattdessen immer wieder selbst zu stabilisieren und unter Anwendung nobelpreiswürdiger Ideen und Strategien sich auch noch ständig zu verfeinern, zu optimieren und höher zu entwickeln.« Keine menschliche Firma ist oder wird je so alt wie die Firma Natur. In seinem prächtigen Bildband »Faszination Bionik – Die Intelligenz der Schöpfung« ergänzt Blüchel: »Die globale Wettbewerbsfähigkeit Europas wird künftig entscheidend von ihrem ökotechnologischen Entwicklungsstand abhängen. Daher erscheint eine rasche und konsequente Anwendung naturverträglicher Technologien die Voraussetzung für globale Marktführerschaft. Zu den zukunftsträchtigsten Technologiefeldern zählt die Bionik.«

Der Bionikprofessor Bernd Hill stellt fest: »Der gegenwärtige Entwicklungsaufwand könnte in Zukunft entschieden reduziert werden, wenn mehr Unternehmer und Topmanager, Ingenieure, Architekten und Designer die lebende Natur systematisch als Ideenquelle anzapfen würden.«

Bioniker sind überzeugt, dass die größten Reichtümer der Erde nicht in der Golfregion unter der Erde liegen, sondern im tropischen Regenwald und in den unerforschten Tiefen der Ozeane. Dort existieren Millionen noch unentdeckte Tier- und Pflanzenarten, von denen wir viel lernen könnten und deren Schöpfungsreichtum alle Vorstellungskraft von uns Menschen übertrifft.

Auch Flugzeugingenieure wissen, dass Vögel unsere besten Lehrer sind für mehr Sicherheit beim Fliegen: Flugzeugflügel lernen vom Vogelflügel. Der Bioniker Wolfgang Heckel ist überzeugt: Unser sogenanntes Informationszeitalter ist in der Natur ein alter Hut. Innerhalb und zwischen Myriaden von Zellen findet Tag und Nacht ein Informationsaustausch statt, der das Internet wie eine Schneckenpost aussehen lässt. Heckel geht davon aus, dass die Nanobionik in den nächsten Jahrzehnten unsere heutigen Informationssysteme revolutionieren wird. Die Natur ist das erfolgreichste Ingenieurbüro aller Zeiten. Biologen und Ingenieure werden lernen, künftig noch enger zusammenzuarbeiten. Der Erfindungsreichtum der Natur und der Einfallsreichtum unserer Ingenieure werden uns Wege aus unseren heutigen Krisen zeigen. Sie werden die Intelligenz der Schöpfung für die Wirtschaft nutzbar machen. Wir leben am Beginn einer Zeit, in der wir den genialen Erfindungsreichtum der Natur für uns nutzbar machen können. Die Trickkiste der Natur bietet uns überraschende und unglaubliche Chancen. Das Abkupfern von der Natur ist sogar erlaubt – Industriespionage also ganz legal und ganz normal.

Manche sind ja skeptisch, ob wir die Schwarmintelligenz von Vögeln, Fischen, Bienen oder Ameisen je verstehen oder gar nachmachen können. Die tierischen Schwärme können innerhalb einer Siebzigstelsekunde ihre Richtung ändern, haben Wissenschaftler herausgefunden. Wenn es den Tieren gelingt, sich von Schwarmintelligenz leiten zu lassen, warum sollte das nicht auch uns Menschen gelingen, die wir ein viel größeres Gehirn haben als Bienen, Vögel oder Ameisen? Erste menschliche Schwarmintelligenz zeichnet sich ab, wenn wir heute per SMS, Blogs oder Chats Demonstrationen und Kundgebungen organisieren oder koordinieren. Zentral gelenkte Macht wird infrage gestellt, wenn Tausende Stromkunden ihre Rechnung nicht bezahlen, weil sie mit der Preiserhöhung nicht einverstanden sind. Ein einziger Blogger hat bei der letzten Wahl zum Europaparlament die CDU/CSU in größte Schwierigkeiten gebracht.

Es war auch Schwarmintelligenz von Millionen von DDR-Bürgerinnen und -Bürgern, die 1989 zum Ende des ostdeutschen Unrechtsstaats geführt hat. Sie war plötzlich da, als ihre Zeit gekommen war. Und es war Schwarmdummheit, die Anfang der 30er-Jahre im letzten Jahrhundert zum Aufstieg der Nationalsozialisten geführt hat. Wie kann es sein, dass wir Menschen uns verhalten können wie Jesus, aber auch wie Hitler? Wie Stalin, aber auch wie Buddha?

Bislang bilden wir Menschen, begabt mit einem freien Willen, die höchste Stufe der Evolution, ausgestattet mit Leib, Geist und Seele. Seit der Aufklärung vor rund 300 Jahren lassen wir uns eher von Verstandeseinseitigkeit treiben, doch die geistig-seelische Entwicklung ist jetzt im Zeitalter der möglich gewordenen Selbstvernichtung des Homo sapiens Voraussetzung für unser Überleben. Descartes' berühmtes Cogito ergo sum (ich denke, also bin ich) bedarf der Ergänzung: Sentio ergo sum (ich fühle, also bin ich).

Was heißt das alles für uns heute? Während ich diese Zeilen schreibe, erreicht mich diese Nachricht: »Rose inspiriert Photovoltaik – mit Rosen die Effizienz von Solarmodulen steigern«. In vielen Millionen Jahren Entwicklung haben sich Pflanzen optimal auf die Interaktion mit Licht eingestellt. Mit dem Rosenprinzip kann jetzt der Ertrag von Solarmodulen um weitere zehn Prozent gesteigert werden, teilt das Karlsruher Institut für Technologie (KIT) mit. Als wir unsere erste Photovoltaikanlage aufs Hausdach montieren ließen, lag der Wirkungsgrad bei etwa zwölf Prozent. Im Jahr 2000 waren es bereits 20 Prozent, weitere zehn Jahre später 25 Prozent. 2021 meldete das Fraunhofer-Institut ISE: Neue monolithische Dreifachsolarzellen wandeln 35,9 Prozent des Sonnenlichts in elektrische Energie um. Das wird noch lange nicht das Ende sein, sagen mir immer wieder Wissenschaftler der Solarforschung. Im Weltraum beträgt der Wirkungsgrad bei Solarzellen bereits über 60 Prozent.

Um Öl wurde und wird Krieg geführt. Eine der entscheidenden Überlebensfragen unserer Zeit heißt: Kriege um Öl oder Frieden durch die Sonne? Schluss also mit dem Weltkrieg *gegen* die Natur und: Frieden *mit* der Natur. Sie verursacht weder Energie- noch Rohstoffkrisen, weder Lärm noch Abgase, weder Müll noch tote Gewässer. Sie orientiert sich immer am ökologischen Gleichgewicht.

Schau in deine Mülltonne und du weißt, wer du bist

Kein Tier und keine Pflanze produziert Müll, das macht nur der Homo sapiens. Warum sollte uns denn nicht gelingen, was Tieren und Pflanzen schon immer und ganz natürlich gelingt? Das müsste doch gehen, allerdings müssten dann sofort alle Atomkraftwerke abgestellt werden, damit sie keinen ewig strahlenden Müll mehr produzieren.

Die Griechen schrieben von 2500 Jahren an den Tempel von Delphi: »Erkenne dich selbst, damit du Gott erkennst.« Erkenne dich selbst heißt heute: Schau in deine Mülltonne und du weißt, wer du bist. Schau auf den Müll eines Kernkraftwerks und du weißt sofort, was zu tun ist. Schau auf die Abgase eines Kohlekraftwerks und du erkennst sofort, was zu tun ist.

So wie die Physik die Leitwissenschaft des 20. Jahrhunderts war, so wird die Biologie, die Wissenschaft vom Leben und der Natur, wohl die Leitwissenschaft des 21. Jahrhunderts. Dann können wir meine Vision »Mehr Natur wagen« in die Tat umsetzen. Damit tun sich uns nicht nur ungeahnte Problemlösungen auf, denn der Erfindungsreichtum der Natur ist weit fantastischer, als wir uns das heute vorstellen können oder wollen. Erst allmählich dämmert uns: Drei oder vier Milliarden Jahre Evolution sind weit kreativer als alle unsere heutigen Computer und Algorithmen zusammen. Oder in den Worten von Albert Einstein: »Die Mathematik ist der Webstuhl, auf dem Gott den Stoff des Universums webt.«

Auch die Firma Vaude am Bodensee will als Textilhersteller weg von begrenzten fossilen Ressourcen, hin zu nachwachsenden oder recycelbaren Rohstoffen – so lautet das erklärte Ziel des Familienunternehmens mit 500 Mitarbeitern. Die Hälfte der Produkte besteht schon heute aus regenerativen oder wiederverwerteten Materialien. Ab 2024 sollen es 90 Prozent sein. Das Ziel sind 100 Prozent. Eingesetzt werden zum Beispiel Rizinuspflanzen, auch Wunderbaum genannt. Sie überstehen längere Dürreperioden und schützen sich selbst mit Giftstoffen vor Schädlingen.

Das hochwertige Öl der Pflanze schätzten schon die alten Ägypter wegen seiner medizinischen Wirkung – mancherorts nahmen sie die Samen sogar als Grabbeigabe. Hierzulande bewährt sich das zähflüssige Rizinusöl bis heute vor allem als Abführmittel und in der Hautpflege. Als Schmiermittel für Motoren hat es sich als Kastoröl einen Namen gemacht. Die behandelten Pressrückstände dienen als Dünger und Tierfutter. Doch der Wunderbaum kann noch viel mehr.

Vaude schreibt in einer Presseerklärung: »Rizinusöl eignet sich hervorragend zur Herstellung von Hightech-Kunststoff. Dieser erweist sich gegenüber konventionell produzierten Polyamiden aus Erdöl nicht nur als umwelt- und klimafreundlicher, sondern auch als leistungsstärker. Die daraus gefertigte Textilfaser ist leichter, elastischer, robuster und trocknet schneller.« Das Outdoor-Unternehmen Vaude hat nun erstmals dieses biobasierte Polyamid namens Vestamid Terra in einer Trekkinghose verarbeitet, der Skarvan Biobased Pants. Für den Winter plant Vaude auch eine Daunenjacke mit Vestamid Terra.

Die meisten Kleidungsstücke werden heute noch aus Erdöl produziert. »Weg vom Erdöl – hundert Prozent klimaneutral« ist das Motto von Vaude. Rucksäcke, Wanderschuhe, Zelte, Regenjacken, Outdoorkleidung: Alles soll schon in wenigen Jahren komplett aus biobasierten Materialien und Biokunststoffen hergestellt werden, sagt die Vaude-Chefin Antje von Dewitz. Sie will auch ihre 45 Zulieferfirmen in die Kreislaufwirtschaft miteinbeziehen.

Unsere Träume von einer besseren Welt, die heute viele Menschen träumen, sind die Vorboten der Zukunft. Unsere uralten Träume vom Fliegen sind bereits wahr geworden, unsere Träume vom Reisen auf den Mond ebenfalls. Doch das Rezeptbuch der Natur hat noch weit mehr und größere Möglichkeiten für uns vorgesehen. Wir lernen freilich nur – wie die Natur – durch Versuch und Irrtum. Und es beginnt so, wie wir es schon angefangen haben: die Kraft der Sonne einfangen und sie nutzen. Es wäre zynisch, die Corona-Krise als Chance zu feiern. Aber es wäre fahrlässig, sie nicht als Neustart für eine nachhaltige Ressourcenwirtschaft zu nutzen.

In einer Welt mit wachsender Bevölkerung von weniger Konsum zu reden, ist absurd. Wollen wir hungernden Menschen in Somalia predigen, dass sie »verzichten lernen« müssen? Wir brauchen intelligentere Formen des Konsums. Dafür stellt der Green New Deal der EU eine Billion Euro zur Verfügung, eine riesige Chance für eine Kreislaufwirtschaft! Wenn diese riesigen Investitionen nicht jenen Firmen und Konzernen zufließen, welche die Umwelt noch immer belasten, sondern für den Aufbau einer intelligenten und naturnahen Kreislaufwirtschaft genutzt werden, dann ist eine grüne Weltwirtschaft möglich. Es ist ähnlich wie in der Demokratie: Es geht nicht um weniger Streit, es geht um eine bessere Streitkultur.

Kreislaufwirtschaft heißt: Die heutigen Rückstände und der Müll des Wirtschaftens sind gleichzeitig die Rohstoffe des Wirtschaftens von morgen. Momentan produzieren wir weltweit noch jedes Jahr zwei Milliarden Tonnen Müll. Tendenz steigend: 1995 gab es in Deutschland 14 Millionen Tonnen Verpackungsabfall, 2018 waren es schon 18,9 Millionen Tonnen. Wo soll das hinführen?

Die Müllpraxis, von Entsorgern und Logistikern brutalerweise Vernichtungsleistungen genannt, sieht hierzulande weitgehend so aus: Rund 500 Millionen unverkaufte Modeartikel häufen sich aktuell in deutschen Läden und Lagern, schätzen die Handelsverbände. Vieles davon landet auf dem Müll. Dafür gibt es Maschinen, die alles kurz und klein schreddern, oder die wertvollen Stoffe werden der »thermischen Verwertung« zugeführt. »Masche zu Asche«, wie der »Spiegel« einmal spöttisch schrieb. Von sämtlichen Ressourcen, die weltweit in den Verkehr kommen, wurden 2020 lediglich 8,6 Prozent wiederverwertet.

In der herkömmlichen Müllwirtschaft trifft ökologischer Unsinn mit ökonomischem Wahnsinn zusammen. Wenn die Müllmenge so weiterwächst wie die Wirtschaft, werden wir bis etwa 2040 doppelt so viel Müll haben wie heute, aber kaum noch brauchbare Ressourcen, falls es bis dahin kein wirkliches Recycling und keine Kreislaufwirtschaft gibt, die diesen Namen verdient.

Werden aber künftig die ökonomischen Folgekosten eines Produkts mitberechnet, die Preise die ökologische und ökonomische Wahrheit sagen, werden die Käufer lieber zu recycelbaren Waren greifen, weil sie ökologisch durchdacht und ökonomisch unschlagbar günstig sind. Deutschland als rohstoffarmes, aber ideenreiches Land müsste an diesem Konzept besonders interessiert sein – es könnte die nächste industrielle Revolution werden. Der alten fossil-atomaren Energiewirtschaft, den alten Großkonzernen und der alten Ökonomie könnten wir dabei gleich »liebevolle Sterbebegleitung« (Ute Scheub) mit anbieten.

Unternehmen, die nicht mit der Zeit gehen, müssen eben mit der Zeit gehen. Das war schon immer so. Auch die Dinosaurier sind vor 65 Millionen Jahren ausgestorben. Statt ängstlich darüber zu streiten, wo wir verzichten können, sollten wir uns eher positive Ziele setzen: Die Zukunft so gestalten, dass wir Nützlinge der Mutter Erde werden, statt wie bisher Schädlinge zu bleiben. Wir haben Mutter Erde von unseren Kindern geliehen und dürfen unser aller Mutter nicht länger als Spekulationsobjekt begreifen.

Sicher ist: Was wir Abfall nennen, sind Abfallprodukte, in denen wertvolle Rohstoffe stecken, die wir wiederverwenden können. Eine abfallneutrale Wirtschaft ist längst keine Illusion mehr. Wenn wir lernen, alle Produkte in Kreisläufen zirkulieren zu lassen, so wie es die Natur vormacht, können alle Menschen ein gutes und gesundes Leben führen. Das ist auch die Voraussetzung für die Lösung des Bevölkerungswachstums. In Afrika habe ich Dörfer erlebt, in denen mit Schulungen in ökologischer Landwirtschaft, sparsamer Bewässerung und eigenem Saatgut, das auch Trockenheit aushält, sowie durch die Installation von Solaranlagen der Hunger und das Verhungern faktisch überwunden werden konnten.

Vorbild Natur

Wie hat die Natur es bloß geschafft, in Jahrmillionen nicht an ihrem eigenen Verpackungsabfall zu ersticken? Von der Natur hat jeder Baum, aber auch wir Menschen, jedes Tier und jede Pflanze die Verpackung verpasst bekommen, die der jeweiligen Art dienlich ist und die für das Überleben sorgt. Die Verpackungssysteme der Natur funktionieren einfach und sind genial, die Natur kennt Techniken, ihre Produkte kalt- und wasserdicht, atmungsaktiv und stoßunempfindlich zu verpacken. Bäume könnten kaum besser und effektiver eingepackt sein, als sie es sind. Gleiches gilt für Bananen, Zitronen, Orangen, Äpfel oder Kartoffeln sowie für Hühnereier oder Feigen. Die Kokosnuss hält dank ihrer bruchfesten Verpackung einen Fall aus zehn Metern Höhe schadlos aus und kann unbeschadet Tausende Kilometer durch salzhaltiges Meerwasser schwimmen, das Wunder der Kokosnuss ist das »Ergebnis scharfer Qualitätskontrolle« (Kurt G. Blüchel). Und am Schluss: Die Natur entsorgt ihre Rückstände selbst und preiswert.

Davon können menschliche Verpackungskünstler nur träumen. Jede und jeder Deutsche produziert pro Jahr laut Bundesumweltamt im Schnitt 228 Kilogramm Verpackungsabfall, und unsere Berge schöner Verpackungspapiere bringen uns allmählich in Existenznöte. Es geht also darum, Verpackungen zu reduzieren und zu recyceln. Das Zauberwort hierfür heißt Kreislauffähigkeit. Als Mitglied des magischen Zirkels von Deutschland weiß ich, dass Recyceln wenig mit Zauberei zu tun hat, sondern damit, bestehende Verpackungsmaterialien nach Gebrauch wiederzuverwerten. Das hat freilich wiederum viel damit zu tun, dass wir den Müll richtig trennen. Beim Mülltrennen entscheidet sich maßgeblich, wie erfolgreich das Recyceln sein kann.

Was die Natur wie von selbst macht, dient heute der verpackungstechnischen Wirtschaft als Vorbild. Eierschalen zum Beispiel gelten als Meisterwerke der Natur. Die Natur als Verpackungskünstlerin hat sich freilich Millionen Jahre Zeit gelassen mit ihren Entwicklungen. Diese Zeit haben wir heute nicht mehr. Wir werden auch lernen müssen, die genialen Problemlösungen der Schöpfung großtechnisch zu nutzen. Bei Sonne und Wind sind wir bereits dabei und sehen, dass es geht. Bei der

Wasserkraft wissen wir das schon seit Jahrhunderten in großem Maßstab.

Manchmal verpacken wir ja schon eine einzelne Praline in Glanzpapier oder Folie, die wir natürlich mitbezahlen müssen, aber nicht wirklich »entsorgen« können. Vermutlich und hoffentlich werden wir schon in absehbarer Zeit Verpackungsfortschritte erleben, die wir uns heute noch kaum vorstellen können. Noch steckt die Verpackungsbionik in ihren Anfängen. Doch das Wissen über die Verpackungskünste der Natur wächst ständig und bietet uns grandiose Überlebensmöglichkeiten. »Lernen von der Natur«, gepaart mit »Ehrfurcht vor allem Leben« (Albert Schweitzer) ist wohl unser am ehesten gesichertes Überlebenskonzept. Leben ist Problemlösung.

Was uns hoffen lässt: »Ein Blick in die Trickkiste der Natur macht es uns immer wieder deutlich: Unmögliches kann möglich und Unwirkliches wirklich werden.« (Kurt G. Blüchel) Das grüne Patentamt hält ein Rettungsangebot für uns bereit. Die Natur weiß es immer besser. Warum? Weil die Natur der überzeugendste Gottesbeweis ist. Gott spiegelt sich in seiner Schöpfung. Hier und im Kosmos offenbart sich die Schöpferin oder der Schöpfer der Schöpfung. Die Entwicklung des Lebens bedurfte und bedarf höchster Intelligenz. Doch wie anders als Gott oder Geist wollen wir diese Urintelligenz nennen und preisen?

Naturgesetze sind Strategien, die sich in Jahrmillionen bewährt und etabliert haben. Die Entwicklung des Lebens konnte nicht ohne planende göttliche Intelligenz geschehen. Denn Gesetze, die wir bis heute kaum verstehen, bedürfen eines Gesetzgebers – auch und gerade die Naturgesetze. Und diesem geistigen Naturgesetzgeber haben alle Generationen aller Kulturen den Namen Gott oder großer Geist gegeben, was dasselbe meint.

Bionikanhänger halten Bionikskeptikern gern diese Geschichte entgegen: Beim US-amerikanischen Flugzeugbauer hat man nach geeigneten Vorbildern in der Natur gesucht und war dabei auf die Hummel gestoßen. Doch eine Zeit lang hatten Skeptiker in der Eingangshalle dieses Schild angebracht: »Berechnungen unserer Ingenieure haben ergeben, dass Hummeln nicht fliegen können.« Da die Hummeln aber von dieser bemerkenswerten Einschätzung von Menschen nie etwas erfahren haben, fliegen sie einfach weiter und stürzen gerade deshalb auch nicht ab.

Noch nie hat eine Maus eine Mausefalle gebaut, aber Homo sapiens baut Atomkraftwerke und weiß seit 70 Jahren nicht, wohin mit dem Müll. Noch mal: Wie sapiens ist das denn?

Lernen vom Kirschbaum: Cradle to Cradle

Das Prinzip des Alten Testaments »Macht euch die Erde untertan« muss heute richtigerweise so übersetzt werden: »Macht euch der Erde untertan.« Künftig darf es also kein Wegwerfhemd, keine Wegwerfflasche, keine Wegwerftragetasche, keine Wegwerfpackung, kein Wegwerfauto und kein Wegwerfhaus mehr geben, wie es Herbert Gruhl noch beklagte, sondern nur noch ein Cradle to Cradle, ein Von-der-Wiege-bis-zur-Wiege. Eine grüne Kreislaufwirtschaft und 100 Prozent Natur also. Ziel ist, Materialien und Produkte möglichst lange zu nutzen, wiederzuverwenden, zu reparieren oder zu recyceln, so dass die Umweltbelastung gering ist. Idealerweise fällt in einem solchen System überhaupt kein Abfall mehr an. Geht das überhaupt, fragen Sie sich jetzt sicher? Und wie geht Kreislauf- statt Wegwerfgesellschaft konkret und praktisch? Ist Cradle to Cradle wirklich das Wunderrezept ökologischen Wirtschaftens?

Recyceln heißt ganz einfach: nicht mehr verbrauchen, sondern immer wieder gebrauchen. Das Konzept hat Professor Michael Braungart bereits vor Jahrzehnten entwickelt. Er erklärt es gern an einem simplen Beispiel: Als er in China bei Bauern auf dem Land zum Essen eingeladen war, erwarteten seine Gastgeber, dass er nach dem Essen so lange blieb, bis er auf die Toilette musste. Schließlich soll der Gast nicht nur essen, sondern auch die Nährstoffe dalassen, damit sie vor Ort über die Toilette wieder dem natürlichen Kreislauf zugeführt werden. Braungart weiter: »Es gibt nicht zu viele Menschen auf der Welt, wir sind bisher nur zu blöd, um mit der Natur zu wirtschaften. Die Natur kennt keinen Abfall, sie kennt nur Nährstoffe – auch giftige Chemikalien wie in Elektronikgeräten sind wiederverwertbar.«

Und Monika Griefahn, Ex-Umweltministerin in Niedersachsen, erzählt oft die Geschichte vom Verschwenden statt vom Verzichten: »Die

Natur macht es uns vor: Der Kirschbaum hat verschwenderisch viele schöne Blüten, da gibt es kein Verzichten und kein Sparen. Doch wenn diese zu Boden fallen, werden sie zu Humus und zu Lebensraum für andere Lebewesen. Alles geht wieder in den Naturkreislauf ein. Wir Menschen produzieren als einzige Lebewesen auf dieser Erde Müll, der nicht nur niemandem nützt, sondern sogar für viele Jahrtausende lebensgefährlich bleibt.« Griefahn setzt auf einen gesellschaftlichen und kulturellen Bewusstseinswandel: »Der Mensch wäre dann nicht mehr Parasit auf dieser Erde, sondern als spirituell und kulturell kreatives Wesen intelligenter Teil der Natur. Wir würden unsere natürlichen Ressourcen dann vielleicht eher als unsere Verwandten ansehen, so wie die Ureinwohner vieler Kulturen.«

Die bisherige Umweltkommunikation muss noch einmal von vorne beginnen. Es geht nicht um Verzicht, sondern um ein gutes Leben für alle, um bessere Lebensmittel, um nachhaltiges Bauen, um das solare Industriezeitalter. Und schließlich darum, dass kein Kind mehr verhungern muss. Ja! Ja! Ja!

Ressourcenwende

Wie das geht? Eigentlich ganz einfach: Willy Brandt hat den Slogan »Mehr Demokratie wagen« geprägt, Angel Merkel den Slogan: »Mehr Freiheit wagen«. Die neue Bundesregierung will »mehr Fortschritt wagen«. Ich füge in diesem Buch als Zukunftsslogan hinzu: »Mehr Natur wagen«. Mehr Vertrauen in die Natur ist freilich die Voraussetzung zum Erreichen dieses wichtigen Ziels. Der Natur vertrauen heißt auch, sich selbst und in die Weisheit der Natur und in die eigene Bestimmung vertrauen. Dann werden auch plötzliche Veränderungen zum Positiven möglich. Wenn die liberale Demokratie Zukunft haben soll, braucht sie eine neue Balance zwischen Ökologie, Ökonomie und sozialer Gerechtigkeit.

Wir können künftig immer mehr Produkte so designen, dass ihre Bestandteile biologisch wieder abbaubar und bei gleicher Qualität wiederverwendet werden können. Bisher haben wir lediglich versucht, das falsch Produzierte zu minimieren, künftig sollten wir nur noch das Richtige produzieren, so Braungarts Devise. Das oberste Cradle-to-Cradle-Prinzip heißt dabei: Lokal ist die beste Wahl, je kürzer die Transportwege, desto besser für die Umwelt.

Michael Braungarts Tochter Nora Sophie Griefahn und ihr Partner Tim Janßen haben die Cradle-to-Cradle-Idee mit Erfolg weiterentwickelt. Der Kreislaufgedanke ist inzwischen bei Tausenden Produkten von vielen Firmen in verschiedenen Ländern Realität. Ein paar Beispiele für Produkte aus gesunden und kreislauffähigen Materialien: Teppiche, die die Raumluft reinigen, Zahnbürsten mit einem Griff aus nachwachsendem Bambus (nur nebenbei: in Deutschland werden pro Jahr 348 Millionen Zahnbürsten verbraucht), Jeans aus nachwachsenden Rohstoffen, Seife oder Dünger aus Kaffeesatz (im Schnitt trinkt jeder Deutsche pro Jahr 162 Liter Kaffee, da kommt eine Menge Kaffeesatz zusammen), Möbel aus recyceltem Plastik, etwa Stühle aus Joghurtbechern, Verpackungen aus Popcorn, die eine umweltfreundliche Alternative zu Kunststoffprodukten sind, Mehrweggeschirr und Gummistiefel aus weggeworfenen Plastikflaschen, biologisch abbaubare Eiscremeverpackungen aus den Samen seltener Pflanzen, Windräder aus Holz, das immer wieder verwendet werden kann, Schuhe, deren Einzelteile nach Gebrauch wieder verarbeitet werden können, T-Shirts, die komplett abbaubar und wiederverwertbar sind, Fahrräder aus Bambus, Lederartikel aus Ananasblättern und Verbundplatten aus Muschelresten der Fischindustrie usw.

Es gibt in der Kreislaufwirtschaft bereits 11 000 Produkte, die komplett recycelbar sind, täglich kommen neue hinzu. »Es ist also denkbar, dass wir schon vor dem Jahr 2050 eine komplette Cradle-to-Cradle-Wirtschaft haben«, gibt sich Michael Braungart optimistisch. Mit dem Europäischen Green New Deal, dem darin enthaltenden Circular-Action-Plan und dem Programm »Fit for 55« hat die EU ihre 27 Mitglieder verpflichtet, eine echte Kreislaufwirtschaft zu entwickeln. Natürlich ist das zum großen Teil noch Zukunftsmusik – also Musik für eine gute Zukunft.

Trotz allem sind die Widerstände und das alte Denken des Nutzens, Verbrauchens und Wegwerfens enorm. Untersuchungen in Braungarts

Hamburger Umweltinstitut haben ergeben, dass selbst Corona-Masken ein Müll- und Entsorgungsproblem, aber auch ein Gesundheitsproblem darstellen. Herkömmliche Masken enthalten erhebliche Mengen an Schadstoffen wie Formaldehyd, Kohlenwasserstoffe oder Silberchlorid, welche der Gesichtshaut schaden können. Braungarts Mitarbeiter entwickelten eine Maske ohne Schadstoffe, die auch biologisch abbaubar ist. Gerade im Gesundheitsbereich sollte doch auf die Gesundheit geachtet werden. Abbaubare Masken sind auch ein Beitrag zur Lösung des Müllproblems. Nach Schätzung der Umweltorganisation Oceans Asia in Singapur wurden 2020 52 Milliarden Masken hergestellt, von denen 1,5 Milliarden als Müll in den Ozeanen landeten.

Trigema-Chef Wolfgang Grupp, einer der wenigen verbliebenen Textilhersteller im einstigen Textilien-Herstellerland Deutschland in der schwäbischen Provinz mit 1200 Mitarbeitern, zum Cradle-to-Cradle-Prinzip: »Durch die Entwicklung und Anwendung neuer Produktionsverfahren ermöglicht uns dieses Prinzip, Textilien komplett schadstofffrei zu produzieren, damit sie am Ende des Produktionszyklus wieder in den natürlichen Kreislauf zurückgeführt werden können. Sie als Kunde können diese Entwicklung mit uns zusammen beschleunigen. Achten Sie beim Kauf von Sport- und Freizeitbekleidung auf ökologische Qualität. Informieren Sie sich über die Produktionsbedingungen. Investieren Sie ein paar Euro mehr für faire und umweltfreundliche Produkte und damit in Innovation und Zukunft. Nur gemeinsam können Produzenten und Konsumenten einen Wandel unserer Wirtschaftsweise einleiten. Seien Sie ein Teil davon, machen Sie mit!«

In Sizilien ist das Start-up Orange Fiber mit Abfällen von Zitrusfrüchten kreativ. 700 000 Tonnen säurereiche Schalen von ausgepressten Zitrusfrüchten müssen jedes Jahr als Sondermüll entsorgt werden. Daraus machte Adriana Santanocito 2011 ein Geschäftsmodell. Die Sizilianerin wollte etwas für die Umwelt tun, die Saftindustrie entlasten und Geld verdienen. Ihr Einfall: edle Stoffe aus Obstschalen. Heute produziert die Orange Fiber Collection daraus Blusen, Hosen und Tücher – bedruckt mit vielfarbigen blumigen Motiven. Inzwischen beliefert die umweltfreundliche und geschäftstüchtige Adriana Santanocito sogar den Bekleidungskonzern H&M. Die Stoffe lassen sich komplett biologisch abbauen. Abfallstoffe aus Orangen, Zitronen und Mandarinen werden wieder zu Humus und bleiben im Kreislauf der Natur. Sie werden wiedergeboren.

Wohin mit dem Plastikmüll?

Global produziert die Welt Jahr für Jahr etwa 100 Milliarden Tonnen Abfall, dabei macht Plastikmüll 350 Millionen Tonnen aus. Kein EU-Staat exportiert so viel Müll wie Deutschland, darunter besonders viel gefährliches Plastik. Bis 2017, als es seine Grenzen für deutschen Plastikmüll dichtmachte, wurde das Plastik nach China gebracht, nun nach Malaysia. Aus dem Auge, aus dem Sinn? Einige Firmen wollen jetzt gegensteuern, was immerhin ein Anfang ist.

Der Reinigungs- und Pflegemittelhersteller Werner und Mertz in Mainz produziert die ersten Flaschen, die zu 50 Prozent aus Plastik aus dem gelben Sack bestehen. Das hat der Firma den Deutschen Umweltpreis 2019 eingebracht. Unternehmenschef Reinhard Schneider sagt: »Wir wollen zeigen, dass Kreislaufwirtschaft auch da möglich ist, wo noch am meisten verbrannt wird, nämlich beim gelben Sack.«

Auch andere Firmen der Branche wie Henkel oder Procter & Gamble haben versprochen, ihren bisherigen Plastikanteil bis 2030 stark zu reduzieren. Mittel- und langfristig muss Deutschland seinen Plastikmüllexport ganz einstellen und Abfälle regional verwerten, und zwar möglichst nah am Entstehungsort. Man sieht: Es geht, aber es wird noch dauern, bis wir bei dem vielen Verpackungsmaterial in Deutschland und Europa von Kreislaufwirtschaft sprechen können. Denn Recycling wird erst dann wirklich wirtschaftlich, wenn viele Firmen mitmachen, wozu es freilich auch staatlicher Anreize bedarf. Vorläufig gilt für bewusste Verbraucher: Eine Nachfüllpackung ist immer besser als ein neues Originalprodukt.

Städte und Länder für Cradle to Cradle

Etwas besonders Zukunftsfähiges entsteht ausgerechnet in der alten Industriestadt Wuppertal. Dort gibt es seit vielen Jahren eine starke Umweltbewegung, die sich bisher erfolgreich vor allem für alternative Verkehrswege engagiert hat, jetzt aber weitere Ziele verfolgt. 2006 gründeten 21 Bürgerinnen und Bürger die Wuppertal-Bewegung, heute hat sie 1300 Mitglieder – ihre realisierten Leuchtturmprojekte sind 24 Kilometer fast kreuzungsfreie innerstädtische Fuß- und Radwege. Hier wurde 1991 auch das Wuppertal-Institut für Klima, Umwelt, Energie gegründet, dessen erster Präsident Ernst Ulrich von Weizsäcker war. Hier hat er seine Ideen über »Faktor Vier« entwickelt und sein Stellvertreter Friedrich Schmitt-Bleek seine ersten Ideen zu »Faktor Zehn«. Uwe Schneidewind ist einer der wenigen Umweltforscher, die den Sprung in die Lokalpolitik wagten. Er will jetzt dafür sorgen, dass aus der Kreislaufwirtschaft ein lukratives Geschäftsmodell entsteht. Wuppertal soll dann überall werden.

Als Kandidat der Grünen, deren Mitglied er ist, und der CDU zog Schneidewind, bis dahin Präsident des Wuppertal-Instituts, 2020 in den Oberbürgermeisterwahlkampf der Stadt. Er präsentierte den Wählern dieses Programm: »Ich möchte in den kommenden fünf Jahren für ein Wuppertal arbeiten, das auch wieder überregional Impulse setzt, durch ein klares Wirtschaftsprofil, das Wirtschaft und Umwelt verbindet, durch mehr Lebensqualität in der Stadt mit lebendigen Quartieren, attraktiven Innenstädten, die Stärkung von Sport und Kultur und eine vielfältige Stadtgesellschaft, durch bessere Bildung und Teilhabe und durch moderne Mobilität.«

Der 54-Jährige löste damit tatsächlich den bisherigen SPD-Oberbürgermeister ab. Um seine Stadt zur Welthauptstadt der Kreislaufwirtschaft zu machen, zur Stadt ohne Müll, will die Verwaltung bei der Auftragsvergabe Abfallvermeidung zum Auswahlkriterium machen und bei Neubauprojekten darauf achten, dass künftige Investoren wiederverwertbare Materialien benutzen.

Im »Circular Valley Wuppertal« soll – analog zum Silicon Valley in Kalifornien – eine Denk-, Forschungs- und Ideenwerkstatt entstehen, die sich der Frage widmet: Wie gelingt es, produzierte Stoffe im Kreislauf zu lassen, sie nicht wegzuwerfen oder zu verbrennen, damit es künftig keine riesigen Müllhalden mehr gibt und keine Plastikberge im Meer? Und auf dem historischen Areal, wo vor 250 Jahren mit den Textilbetrieben die Massenproduktion erfunden wurde – und damit auch der Massenabfall –, ist jetzt der Gegenentwurf geplant: die Massenwiederverwertung. Carsten Gerhard, Vorsitzender der Wuppertal-Bewegung, träumt davon, dass sich in den nächsten Jahren 40 Start-ups um den alten Gaskessel ansiedeln und hier mit der Ideenfabrik zur Spitze einer großen Bewegung werden.

Sehr vorbildlich geht auch München voran – Oberbürgermeister Dieter Reiter hat einen entsprechenden Handlungsplan entwerfen lassen, nach dem seine Stadt die erste deutsche Zero-Waste-City werden soll, also die erste generell abfallfreie Stadt.

Und geht auch Bauen ohne Abfall? In Hamburg soll bis 2024 das erste 13-geschossige Hochhaus entstehen, das recycelt werden kann – das erste Cradle-to-Cradle-Haus sozusagen. Dabei kommt es nicht allein auf das Baumaterial an, sondern auch darauf, wie es verbaut wird. Beim Holzbau werden einzelne Teile nicht verleimt, sondern nur mit Holzdübeln zusammengehalten, um Sortenreinheit zu gewährleisten. Auf diese Weise lassen sich die Materialien sauber trennen und wiederverwenden. Auch das übrige Haus soll möglichst grün werden – mit bepflanzten Fassaden und einer Wiese und Bäumen auf dem Dach. Horizontal und vertikal entsteht insgesamt mehr Grünfläche, als verbaut wird. Solche Pilotprojekte sind noch deutlich teurer als konventionelle. 190 Wohnungen wird dieses Projekt bieten, noch öffentlich gefördert. Im Innenhof können Obst und Gemüse angebaut werden, geplant sind 400 Fahrradabstellplätze und 40 Parkplätze für Autos, aber auch eine Kita mit Außenbereich.

Dass weit mehr geht, als viele vermuten, zeigen ebenfalls die Niederlande: Unsere Nachbarn recyceln bereits dreimal so viel wie wir. Sie haben auch als erste Nation beschlossen, zum Cradle-to-Cradle-Land zu werden. Sollte dies Realität werden, dann werden Müllverbrennungsanlagen geschlossen.

Wenn es einen Nobelpreis für die aussichtsreichste Zukunftsforschung gäbe: Die Vordenker der Bionik und der Cradle-to-Cradle-Forschung müssten ihn bekommen.

Rettet uns Solarbeton?

Leere Welt – volle Welt? Als meine Großeltern geboren wurden, waren wir eine Milliarde Menschen. Als meine Eltern geboren wurden, waren wir zwei Milliarden. Als ich 1938 geboren wurde, waren wir drei Milliarden. Als unsere Kinder geboren wurden, waren wir global bereits vier Milliarden, und heute sind wir knapp acht Milliarden. Und bald werden wir zehn Milliarden sein. Was heißt diese Entwicklung allein für die Baupolitik?

Eine zukunftsfähige Baupolitik nutzt ökologische Baumaterialien, hat Mut zu cleveren Verkehrskonzepten und setzt auf nachhaltige Kreislaufwirtschaft. Nur wenn nicht noch mehr Boden versiegelt wird, ist Bauen nicht mehr der Klimasünder Nummer eins.

Der »verkörperte« Kohlenstoff in unseren Gebäuden ist ein lange verdrängtes Problem, ein schmutziges Geheimnis der sogenannten fossilfreien Häuser. Er macht drei Viertel der Gesamtemissionen eines Gebäudes über seine gesamte Lebensdauer aus. Dabei sind unsere Millionen Gebäude eines der Hauptprobleme bei der Klimaerhitzung. Viele meinen, wir könnten einfach so weiterbauen wie bisher und anschließend auf die Gebäude oder an die Fassade noch eine Solaranlage installieren. Dabei müssen wir bedenken, woher unsere Baumaterialien stammen, wie sie hergestellt wurden, und die gesamte Lieferkette abfragen vom Bau über den Abriss bis zur Wiederverwendung. Beim Bauen mehr Holz und recyceltes Aluminium für Fensterrahmen wären schon ein großer Fortschritt. Wobei dreifach verglaste Fenster zwar den Heizbedarf senken, aber ihr Kohlenstoffverbrauch ist enorm.

Bisher war Beton der erfolgreichste Baustoff der Menschheit. Weil aber seine Herstellung das Klima belastet, braucht es dringend einen Ersatz. Zurzeit produzieren wir jedes Jahr 33 Milliarden Tonnen Beton. Dadurch entstehen global etwa zehn Prozent aller Treibhausgase, die von Menschen freigesetzt werden – etwa dreimal so viel, wie der gesamte Flugverkehr in die Luft bläst. 98 Prozent aller CO_2-Emissionen des Betons stammen aus der Zementproduktion. Es ist klar, dass wir so nicht weiterbauen können. Mehr mit Holz bauen ist eine Alternative, mehr Recyclingbeton nutzen eine andere.

Um die notwendigen Klimaziele zu erreichen, müssen Gebäude in Zukunft viel mehr Energie selbst erzeugen – nicht nur über die Dachflächen, sondern noch mehr über die Fassaden. Die neuesten Solarzellentypen sind in Gebäude integriert und als solche kaum noch erkennbar. Der Vorteil: Wenn wir Strom dort produzieren, wo er gebraucht wird, müssen wir weniger Stromnetze ausbauen. Und wenn sich die Technik ästhetisch in die Architektur einfügt, wird sie nicht als Fremdkörper wahrgenommen. Fassaden werden dabei immer wichtiger. Die Dachfläche eines Gebäudes ist immer gleich groß. Doch die Fassade eines Gebäudes wächst mit der Höhe. Da Strom nicht nur mittags gebraucht wird, sind auch Fassaden mit Ost-West-Ausrichtung für die Nutzung von Solarenergie sinnvoll.

Zum Thema Beton fällt mir kurz vor Abschluss dieses Buchmanuskripts ein Artikel in der »Süddeutschen Zeitung« auf: »Vom Klimakiller zum Superhelden: Beton erlebt ein Öko-Comeback als Solarbeton.« Nanu, was ist denn jetzt passiert? Die Künstlerin und Architekturprofessorin Heike Klussmann hatte eine Idee, wie der klimafeindliche Baustoff rehabilitiert werden könnte: »Beton ist nicht das Problem, sondern die Lösung.« Auf der Expo 2021 in Dubai stellte sie ihre Vision erstmals der Öffentlichkeit vor. Ein interdisziplinär arbeitendes Team – unterstützt vom Helmholtz-Zentrum Berlin für Materialien und Energie – will Beton vom klimaschädlichen Baustoff zum klimafreundlichen Energielieferanten umschulen. Können künftig tatsächlich aus Betonfassaden Sonnenkollektoren werden? Das Forschungsprojekt von Heike Klussmann an der Universität Kassel ist zwischen Kunst, Umwelt, Technologie, Architektur, Ästhetik, Informatik und Energiepolitik angesiedelt. Das Ziel: Beton soll durch das Auftragen einer Schicht von photoreaktiven Substanzen leitfähig werden.

Vielleicht sind künftig nicht nur Dächer oder Fassaden mit Hilfe von Photovoltaikanlagen Energielieferanten, sondern die Betonwände ganzer Häuser. Die »Süddeutsche Zeitung«: »Die Idee entstand, als ein Bauklotz mit Fruchtsaft übergossen wurde. Der Klotz fing an, messbar Strom zu produzieren.« Wow! Betonfassaden rund um das Haus – auch in Richtung Norden – werden zu stromproduzierenden Sonnenkollektoren, denn sie funktionieren auch bei diffusem Licht. Solarstrom und Solarwärme sind künftig unschlagbar preiswert. Dem Fruchtsaft sei Dank, dass wir vielleicht früher das Solarzeitalter erreichen als bisher gedacht. Die deutsche Solarforschung ist viel weiter, erfolgreicher und effizienter als bisher in Politik, Medien und Wirtschaft bekannt. Hier treffe ich immer wieder sehr optimistisch orientierte Forscherinnen und Forscher.

Als unsere Vorfahren vor Tausenden Jahren zum ersten Mal auf die Idee kamen, Beton zu mischen und damit zu bauen, war das wohl eine ähnlich verrückte Idee. Zwischen 2011 und 2013 hat China mehr Beton verbaut als die USA im gesamten 20. Jahrhundert. Für das Klima bisher eine Katastrophe – vielleicht schon morgen ein Ökosegen?

Baupolitik für Doofe

Die Bundesregierung der Großen Koalition legte noch im Jahr 2021 einen Erlass für die Renovierung staatlicher Gebäude vor, der von der »Süddeutschen Zeitung« zu Recht als »Baupolitik für Doofe« bezeichnet wurde, weil er zum »massenweisen Abriss von intakten Gebäuden führen könnte« und eine »sinnlose Umweltverschmutzung in Form von Bauschutt« bewirken würde. Verantwortet von einer Regierung, die dem Klima schadet, um angeblich dem Klima zu dienen.

Im zuvor zitierten Bauerlass der alten Bundesregierung wird schlicht übersehen, dass bei Altbauten allein der Blick auf die Dämmwerte der Hülle und auf die Technik der Heiz- und Klimaanlagen nicht ausreicht. Ökologisch bauen heißt, im Zweifel nicht bauen, sondern renovieren oder restaurieren. Bauschutt macht in Deutschland und in der Welt die Hälfte allen Mülls aus. Dabei werden wertvolle Ressourcen schlicht vergeudet. Es ist unverantwortlich, im Namen einer zweifelhaften Energieeffizienz den Abriss ganzer Gebäude zu riskieren. Pro Jahr produziert Deutschland zwei Tonnen Bauschutt – pro Einwohner. Das ist noch das Gegenteil vom Kreislaufprinzip. Deutschland ist ein Papiertiger, was die Energieeffizienz und die Ressourceneffizienz angeht.

Wie es grundsätzlich besser gemacht werden kann, hat Klaus Töpfer als Bau- und Umzugsminister in den 1990ern bewiesen: Beim Umzug von Bonn in die neue Hauptstadt Berlin musste außer dem Kanzleramt kein einziges neues Gebäude in Berlin errichtet werden. Alle Ministerien zogen in bereits bestehende Gebäude ein, die renoviert wurden. Bei einer realistischen Energiebilanz muss die Energie beim Entstehen und beim Entsorgen eines Gebäudes mit berechnet werden.

Der Wald ruft

Bäume und Wälder sind ein Wunderwerk der Evolution: In einem einzigen Teelöffel Walderde befinden sich kilometerlange Pilzgeflechte, winzige Leitungen, die ganze Wälder vernetzen. Bis zur industriellen Revolution gab es weltweit sechs Billionen Bäume auf unserem Planeten, heute haben wir noch die Hälfte. Wälder sind die grüne Lunge der Erde und die wichtigste Kohlenstoffsenke. Ihr Wachstum entzieht der Atmosphäre jedes Jahr etwa zwei Milliarden Tonnen CO_2, das sind circa sechs Prozent der globalen CO_2-Emissionen, ein intakter Buchenwald speichert pro Hektar 1000 Tonnen CO_2. Bäume liefern Sauerstoff, reinigen die Atmosphäre, kühlen im Sommer die Luft und bieten vielen Tierarten einen Lebensraum. Außerdem verhindern sie Bodenerosion und Überschwemmungen. Bei Starkregen sind sie die effektivsten Schwämme, um Wasser zu speichern – ein intakter Waldboden hält pro Quadratmeter bis zu 200 Liter. Außerdem finden wir in den Wäldern die größte biologische Vielfalt an Land. Zusätzlich ist jeder Baum und auch jede Pflanze eine Art Wasserfabrik, die das dieser Art zuträgliche Wasser erzeugt: Ein ausgewachsener Laubbaum verdunstet an einem heißen Sommertag bis zu 500 Liter Wasser. Der Wald ist nicht Wasserkonsument, sondern Wasserproduzent.

Doch dem Wald geht es so schlecht wie seit 1984 nicht mehr. Die mittlere Kronenverlichtung im Wald nimmt seit vielen Jahren zu, vor allem durch den schlechten Zustand der Eiche. Seit 2015 verschlechtert sich auch der Zustand der Buche. Ihre Mortalitätsrate liegt bei 89 Prozent, bei Fichten beträgt sie 79 Prozent, bei Eichen und Kiefern 80 Prozent. Die Absterbekurven gehen so steil nach oben, dass einem ganz übel wird. Und die Jahre 2018, 2019 und vor allem 2020 haben gezeigt, dass der Klimawandel endgültig und für alle sichtbar im Wald angekommen ist. Die letzten Dürre- und Hitzesommer haben immer mehr Waldbestände beschädigt, 2021 war in Deutschland nur noch jeder fünfte Baum gesund. Geht diese Entwicklung so weiter, befürchten Wissenschaftler, gibt es 2050 keinen Wald mehr in diesem Land.

Deutschlands bekanntester Förster und Bestsellerautor Peter Wohlleben macht für die Hochwasserkatastrophen in Deutschland auch den Zustand des Waldes mitverantwortlich: »Viele unserer Wälder sind keine Wälder, sondern grüne Wüsten.« Er beklagt Monokulturen, großflächige Kahlschläge und dass die Böden im Wald oft durch schwere Maschinen verdichtet sind und viel Wasser deshalb nicht versickern kann. Ein Problem sei, dass große Holzerntemaschinen die Böden platt fahren und die Bodenökologie ersticken. Die klassische Forstwirtschaft, so Wohlleben, funktioniert wie die klassische Landwirtschaft: mit Monokulturen.

Aber nicht nur für den Wald ist die Lage dramatisch, sondern auch für die Waldbesitzer. Wenn Bäume bei Stürmen umknicken wie Streichhölzer, dann bedeutet das große wirtschaftliche Verluste. Auch der Waldeigentümerverband spricht von einer »Jahrhundertkrise«.

Am meisten sind unsere Wälder dort bedroht, wo sie am wichtigsten sind: in den Städten, wo 70 Prozent der Deutschen wohnen. In Berlin zum Beispiel gab es 2020 1,22 Millionen Autos, doch nur 431 000 Bäume – drei Autos auf einen Baum, welch ein Missverhältnis! Kein Wunder, dass es in vielen Innenstädten schon bis zu zehn Grad wärmer ist als außerhalb der Stadt. In Berlin etwa blühen die Forsythien heute etwa vier Wochen früher als 1950. Die Bäume sagen uns schon jetzt, was auf uns zukommt!

Seit wir in Deutschland über »Waldsterben« diskutieren, wissen wir, was Bäume hinter sich haben. Doch das ist wenig im Vergleich zu dem, was Wälder, Wasser, Luft und Böden durch den Klimawandel noch vor sich haben. Deshalb müssen wir in den nächsten Jahrzehnten nicht nur das Klima, sondern auch die Wälder, die Böden und das Wasser retten. Licht, Wasser, Erde und Wärme sind die Hauptvoraussetzungen allen Wachstums. Die Lehre für die Politik aus dem Waldsterben: Jede Milliarde Subvention, die nach der Corona-Pandemie nicht in Klimaschutz gesteckt wird, ist eine verlorene Subvention. Die Rettung der Wälder ist eine Generationenaufgabe. »Der deutsche Wald stirbt, gewöhnt euch dran!«, darf niemals unsere Antwort sein, sondern Klimaschutz, Klimaschutz, Klimaschutz – Energiewende, Energiewende, Energiewende.

Auch global wird der Ruf nach Wiederherstellung der ursprünglichen Waldfläche immer lauter. Es wird zunehmend anerkannt, dass Wälder uns Menschen eine Menge an Dienstleistungen anbieten. Wir haben global ein riesiges Baumrestaurierungspotenzial, wie eine Studie von Professor François Bastin von der ETH Zürich im Jahr 2019 ergeben hat. Danach könnte eine weltweite Aufforstung mehr als die Hälfte aller Kohlendioxidemissionen aufnehmen und speichern.

Erfolgreiche Vorbilder für Aufforstungen gibt es bereits: In Kenia hat eine christliche Jugendorganisation aus Bayern eine Million Bäume pflanzen lassen. Der Organisator Engelbert Groß, ein deutscher Theologieprofessor, schrieb über das Ergebnis: »Die Gegend war durch enorme Waldrodungen zur Halbwüste geworden. In den Jahren zwischen 1985 und 1997 haben wir eine Million Bäume gepflanzt. Heute sind die Bäume groß gewachsen und haben ein dichtes Blätterwerk. Das Klima in der Region hat sich durch den neuen Bewuchs verändert. Es gibt mehr Regen, die Flüsse führen mehr Wasser, die Ernten sind ertragreicher. Die Einkommen der Menschen sind gestiegen. Früher gab es in dieser Gegend eine weiterführende Schule. Heute gibt es sechs davon … Unsere Bäume gedeihen prächtig. Sie dienen nicht nur den Menschen, sondern auch den Tieren. Sie spenden Schatten, und in der Trockenzeit können die Blätter an die Ziegen, Schafe und Kühe verfüttert werden.«

Im Ruhrgebiet und im Kölner Grüngürtel gibt es ebenfalls positive Erfahrungen mit der Wiederaufforstung urbaner Wälder, die das Stadtklima deutlich verbessern und die Belastungen des Klimawandels für Mensch und Natur erträglicher machen. In Halle und Leipzig wird versucht, mit urbanen Wäldern die Schadstoffbelastung zu verringern. Mehr Bäume sind für das Stadtklima von besonderer Bedeutung. Nur dann werden unsere Städte klimaresilienter. Stadtentwicklung muss also neu gedacht werden.

Auch Italien erlebt seit einigen Jahren ein grünes Waldwunder. Der Forstwissenschaftler Marco Marchetti sagte der »Süddeutschen Zeitung«, dass der italienische Wald zurzeit um 800 Quadratmeter pro Minute wächst: »Er verdichtet sich, und er renaturiert vormals landwirtschaftlich genutzte Flächen. Die Bäume sind auf breiter Front auf dem Vormarsch, insbesondere entlang der Alpenkette und der Apenninen, die sich von Ligurien im Norden bis zur Stiefelspitze tief in den Süden ziehen. Alle zehn Minuten entsteht, statistisch gesehen, Jungwald von der Größe eines Fußballfeldes. Seit den 1950er-Jahren hat sich die Waldfläche beinahe verdoppelt.« Glückliches Italien, hier vollzieht sich die größte Umgestaltung des Waldes seit der Frührenaissance, seine Waldfläche hat sich in den letzten 75 Jahren etwa verdreifacht. Die gute Nachricht für den Planeten: Dadurch stieg auch die Fähigkeit italienischer Wälder, CO_2 aufzunehmen, um das Dreifache. Dabei war die Rückkehr der italienischen Wälder gar nicht von Menschen geplant. Die Natur hat ihre Aufgabe von selbst erledigt. Wälder forsten sich von selbst auf, wenn wir sie nur lassen.

Aufforsten und die Wüsten wieder fruchtbar machen, dass das geht und wie das geht, zeigt vorbildlich die Kinder- und Jugendorganisation Plant for the Planet, die in Mexiko über sechs Millionen Bäume gepflanzt hat. Die Idee dazu hatte im Jahr 2007 ein damals neun Jahre alter Junge aus Bayern, Felix Finkbeiner. Heute arbeiten für Plant for the Planet junge Menschen aus über 70 Ländern. Vor 100 Jahren hat der »Vater« der Baumpflanzbewegung, Richard St. Barbe Baker aus Großbritannien, die erste weltweite Baumpflanzaktion ins Leben gerufen. Ihm folgte die Friedensnobelpreisträgerin von 2004, Wangari Maathai aus Kenia, als »Mutter« der Bäume. Sie hat in Ostafrika Millionen Bäume angepflanzt. Felix Finkbeiner aus Deutschland brachte als »Kind« der Bäume die Kinder der Welt für die Bäume auf die Beine.

Und sie pflanzen Millionen Baumbabys. Welches Kind möchte da nicht dabei sein? So wird das Staffelholz des Bäumepflanzens weitergereicht. Kritiker werfen Plant for the Planet allerdings mangelnde Transparenz vor. Der inzwischen 23-jährige Felix Finkbeiner hat mir gesagt, dass seine Organisation künftig transparenter arbeiten werde.

Kinder wollen vor allem eins: eine gute, lebenswerte Zukunft. Die Baumpflanzaktion wird inzwischen auch vom Vatikan propagiert. Die fromme Kampagne heißt: »Pro Katholik ein Baum«. Als Erstes hat die Bischofskonferenz in Bangladesch die Aktion im Herbst 2020 umgesetzt.

Die drei Baumpflanzer Vater, Mutter und Kind dieser globalen Aktion veränderten das Bewusstsein der Welt. Zugegeben: Mit Aufforsten allein lässt sich das Klima nicht retten. Aber eine globale Aufforstung gibt uns eine längere Frist, um das Klima durch eine weltweite Energiewende doch noch zu stabilisieren und dann auch wieder die Treibhausgaswerte auf ein Niveau von vor der industriellen Revolution zurückzuführen.

Drei Forderungen sind dazu unabdingbar: schneller Umbau der Wälder in artenreiche Mischwälder mit standortgerechten Baumarten, eine Klimaanpassung der Wälder mit klimatoleranten Baumarten, die die Vielfalt und Stabilität des Waldes erhöhen, und eine natürliche Verjüngung, wo bereits Mischbestände bestehen. Nur dann wird es möglich sein, auch künftig die ganze positive Palette der Wälder ökologisch zu nutzen.

Wald ist auch mehr als eine Ansammlung von Bäumen und mehr als eine Kulisse für den Sonntagsspaziergang. Er ist ein ganzheitlich funktionierendes Ökosystem für alles Leben und hat auch einen großen ökonomischen Wert. »Sollen wir also keine Waldspaziergänge mehr machen?«, wird Peter Wohlleben des Öfteren gefragt. Seine Antwort: »Doch, Wald ohne Menschen ist blöd, aber Wald ohne schwere Maschinen und Kettensägen ist gut.« Und er schlägt vor: »Zwanzig Prozent unserer Wälder sollten wir unter Naturschutz stellen. Und achtzig Prozent bewirtschaften wir schonend als naturnahen Mischwald.«

Moderne Forstwirtschaft sollte auf artenreiche Mischwälder setzen, mit unterschiedlich alten Bäumen, die sich selbst fortpflanzen. Ehemalige Waldmoore sollten renaturiert werden. »Kein Baum ist der Superbaum«, sagt Steffen Tretter von der Bayerischen Landesanstalt für Wald- und Forstwirtschaft, »für den Waldumbau brauchen wir eine höhere Artenpalette.«

Das Wichtigste, was der »Vater« der Bäume sagte, ist vielleicht dieser Satz: »Die Rückeroberung der Wüste muss damit beginnen, dass die Wüsten in den Herzen der Menschen überwunden werden.«

Der Holzweg ist ein guter Weg

»Ohne radikale Bauwende wird das Pariser Klimaabkommen scheitern«, prophezeit Hans Joachim Schellnhuber, der frühere Chef des Potsdam-Instituts für Klimafolgenforschung, und gründete die weltweit aktive Organisation Bauhaus der Erde. Er begründet das so: Wenn wir Stahlbeton durch organische Materialien wie Holz oder Bambus ersetzen, können wir erhebliche Mengen an klimaschädlichen Emissionen vermeiden. Wir können uns mit regenerativer Architektur sozusagen aus der Klimakrise herausbauen.

Seine Berechnungen zeigen: Ein Einfamilienhaus aus Massivholz kompensiert allein schon den Kohlendioxidausstoß von 100 Hin- und Rückflügen zwischen Berlin und New York. Schellnhubers Anstoß könnte die gebaute Umwelt verändern, denn 40 Prozent der globalen Kohlendioxidemissionen haben in irgendeiner Weise etwas mit Bauen, Baumaterialien und dem Betreiben und Abreißen von Gebäuden zu tun. Und die Hälfte allen Mülls ist Bauschutt. Dämmen ist wichtig, ja, aber bitte mit biologischem Material. Sonst kleben wir den mit Öl produzierten Müll von morgen an unsere Häuser.

Die Liebhaber von Einfamilienhäusern – wie ich – werden umdenken müssen, wenn wir nicht wollen, dass unser Land eines Tages eine einzige Betonwüste ist. 83 Millionen Deutsche können nicht alle in Einfamilienhäusern wohnen, dazu fehlt die Fläche. Schon jetzt werden täglich hierzulande 56 Hektar Fläche neu versiegelt. Teures ökologisches Bauen als Einfamilienhaus darf aber auch nicht zum Elitenprojekt werden, wenn die soziale Spaltung der Gesellschaft nicht noch tiefer werden soll, denn beim Wohnraum leben wir praktisch bereits in einer Zweiklassengesellschaft.

Der Clou beim Bauen mit Holz: Es hilft an beiden Enden des Klimaschutzes, am Anfang bei der Produktion des Baumaterials und am Ende bei der Wiederverwertung. Und dazwischen wird über Jahrzehnte im

Holz Kohlendioxid gespeichert. Das alles ist weit effektiver als Bauen mit Beton und Stahl. Auch wenn sich daraus Zielkonflikte zwischen Naturschutz und Holznutzung ergeben, darf es kein Entweder-oder geben, sondern es braucht – und das ist schwierig – ein differenziertes, auch regional unterschiedliches, angepasstes, nachhaltiges Waldmanagement: eines, in dem sowohl Flächen bewirtschaftet als auch geschützt werden.

Mit dem Erweiterungsbau der Universität Witten/Herdecke entsteht zurzeit eines der nachhaltigsten Hochschulgebäude Deutschlands. Insgesamt werden 1200 Kubikmeter Holz verbaut, von denen jeder einzelne eine Tonne klimaschädliches CO_2 bindet. Der Kanzler der Universität, Jan Peter Nonnenkamp, ist überzeugt: »Die Entscheidung für diesen ökologisch wertvollen Baustoff ist ein Bekenntnis zu einer insgesamt nachhaltigen Universität.« Hinzu kommt: Holz hat als weiches, organisches Material eine positive Ausstrahlung auf Menschen.

Selbst der Verband norddeutscher Wohnungsunternehmen spricht sich inzwischen für eine neue ökologische Baukultur aus, die so aussehen könnte: höher bauen, mehr Grünflächen schaffen, vorhandene Flächen stärker begrünen, Baulücken schließen, schneller und mehr sanieren, weniger neu bauen und mehr renovieren und mehr Homeoffice. Dazu ist freilich eine nachhaltige Waldwirtschaft die Voraussetzung. Auf den Holzweg? Na hoffentlich! Ob lichte Buchenwälder in Hessen, dunkle Tannenwälder im Schwarzwald, Mischwälder in Sachsen, Kiefernwälder im amerikanischen Osten oder Eichenwälder im Mittleren Westen: Baut Holzhäuser statt Kriegsschiffe, egal in welchem Land. Wenn wir sonnenbewusst bauen, werden wir endlich eine Periode des Wandels erreichen, die der kopernikanischen Revolution gleichkommt.

Können ganze Städte nachwachsen?

Auch die amerikanisch-israelische Architektin Neri Oxman will die Welt nach dem Vorbild der Natur gestalten. Dazu entwickelt sie am MIT Media Lab in Cambridge Materialien, aus denen irgendwann ganze Häuser und Städte wachsen können. Am liebsten vergleicht sie ihre Arbeit mit der einer Gärtnerin. Im »Magazin« der »Süddeutschen Zeitung« sagt sie: »Meine Vision ist es, eine Welt zu gestalten, die nicht mehr aus Einzelteilen besteht. Für gewöhnlich zeichnen Designer und Architekten ihre Entwürfe, jedes Objekt wird in drei räumlichen Dimensionen beschrieben und gebaut: der X-Achse, der Y-Achse und der Z-Achse. Was für eine Beschränkung! In der biologischen Welt gibt es weitere Dimensionen wie die Temperatur, die Feuchtigkeit und natürlich die Zeit – und es entstehen lebendige Strukturen. An diesem Beispiel orientiere ich mich. Ich will Produkte und Gebäude wachsen lassen wie ein Gärtner seine Pflanzen.«

Neri Oxman nennt ihr Fachgebiet Materialökologie, vielleicht der bisher konsequenteste Cradle-to-Cradle-Ansatz. Hierbei steht nicht mehr der Mensch im Mittelpunkt, sondern die Natur und alles Leben. Dazu bedient sich die Forscherin der Methoden der Biotechnologie, aber auch digitaler Techniken wie 3-D-Druckern und Robotern, um neue Materialien und Prozesse zu entwickeln, die keine Spuren auf unserem Planeten hinterlassen. So bewegen wir uns in Richtung einer Welt, in der natürlich Gewachsenes und von Menschen Gemachtes kaum noch zu unterscheiden sein werden.

Heutige Baumaterialien wie Ziegel, Mörtel, Stahl und Glas dienen immer nur einem Zweck. Natürliche Strukturen und Organismen sind uns um einiges voraus. Bäume zum Beispiel können auf ganz andere Art Lasten tragen. Sie haben auch die optimale Struktur, um Umwelteinflüsse auszuhalten. Die Biologie ist anpassungsfähiger, effizienter und nachhaltiger als unsere bisherigen Baumaterialien.

Wie genau meint das die Bioarchitektin? »Seit wir Menschen vor 200000 Jahren auf dem Planeten erschienen sind, haben wir unsere Umwelt als Ressource verstanden. Wir haben so lange von Mutter Natur Gebrauch gemacht und sie missbraucht, dass wir ihr jetzt selbst eine Mutter werden müssen. Wir sollten sie als gleichwertiges Teammitglied sehen – als Designerin, als Ingenieurin, als Bauarbeiterin und als Konsumentin. Sie ist unsere Partnerin im Kampf um den Planeten, der sich in den nächsten Jahrhunderten und Jahrtausenden entfalten wird.«

Ein Beispiel, wie sich in Zukunft Biologie und Technik verbinden könnten, ist Neri Oxmans Arbeit zusammen mit ihrem Team aus Biologen, Materialwissenschaftlern, Ökologen, Meeresbiologen, Designern und Stadtplanern: Sie errichteten im Foyer der Universität eine Konstruktion, in der sie 6500 Seidenraupen einen Pavillon spinnen ließen. Mit Umweltwärme konnte das Team kontrollieren, in welche Richtung die Tierchen in jedem einzelnen Kokon einen fast einen Kilometer langen Faden spinnen und welche Beschaffenheit die Seide annimmt. Anders als in der herkömmlichen Seidenindustrie, wo die Tiere für diesen Prozess gekocht und getötet werden, müssen sie hier nicht mehr sterben. Mensch und Tier können stattdessen gemeinsam etwas erschaffen. Neri Oxman: »Wenn wir uns an der Natur orientieren, bewegen wir uns in einen Raum hinein, in dem es keinen Abfall mehr gibt. Und irgendwann wird es sogar möglich sein, ein Smartphone wachsen zu lassen.«

Die Wissenschaftlerin ist überzeugt davon: Häuser werden künftig so gebaut werden, dass aus dem Baumaterial wieder Wald und aus Wald wieder Holzhäuser erschaffen werden können. Kreislaufwirtschaft eben und Lernen von der Natur.

Ohne Wasser kein Leben

Wasser ist das Blut der Erde. Wasser ist mehr als H_2O: Aus dem Wasser ist alles entstanden. Es ist der universelle Rohstoff jeder Kultur und das Fundament jeder körperlichen und geistigen Entwicklung.

Für Wasser gilt die Grundregel: gutes Wasser – gutes Leben, schlechtes Wasser – schlechtes Leben, kein Wasser – kein Leben. Verschmutztes und verseuchtes Wasser führt zur Verminderung der physischen, der geistigen und sexuellen Potenz des Menschen. Deshalb werden wir mehr Ehrfurcht vor dem Wasser lernen müssen. Laut einem UN-Wasserbericht haben heute 2,2 Milliarden Menschen keinen Zugang zu sicherem Trinkwasser, hauptsächlich in Entwicklungsländern und in tropischen Regionen. Jedes Jahr sterben 360 000 Kinder durch verunreinigtes Trinkwasser. Studien in den USA zeigen, dass schon etwa 15 Prozent der Männer durch verunreinigtes Wasser impotent sind. Schon in den nächsten Jahrzehnten könnten einige der ärmsten Länder auf dem Trockenen sitzen, denn sie verfügen weder über Wasseraufbereitungsmöglichkeiten noch über geschlossene Abwassersysteme. Mehr als ein Drittel der Weltbevölkerung leidet schon heute unter

Wasserknappheit, 2030 werden es um die zwei Drittel sein, wenn alles so weitergeht wie bisher. Der Umwelt-Thinktank World Ressources Institute befürchtet sogar bis 2040 Wassernotstände in Nordafrika, Südosteuropa und Zentralasien, laut den Vereinten Nationen könnte bis 2050 die Hälfte der Menschheit ohne regelmäßigen Zugang zu Trinkwasser sein.

Nach acht zu trockenen Sommern in Mitteleuropa ist auch im noch wasserreichen Deutschland eine Wasserknappheit absehbar. Die Wetterextreme nehmen auch in Deutschland zu. Am 14. Februar 2021 wurden in Göttingen minus 23,8 Grad gemessen, am 28. Februar 2021 plus 18,1 Grad. Ein Temperaturanstieg um 41,9 Grad – so viel wie hierzulande innerhalb von 14 Tagen noch nie. Das lässt für die künftige Entwicklung der Niederschläge nichts Gutes erwarten. Wir verlieren fast unbemerkt unseren unterirdischen Wasserreichtum.

Das Deutsche Geoforschungszentrum in Potsdam meldete für den Dürresommer 2019 ein Wasserdefizit von 43,7 Milliarden Tonnen. In Teilen Brandenburgs, Thüringens, Sachsens, Hessens und Württembergs war der Wassermangel schon 2020 ganz konkret spürbar: An manchen Orten musste der Wassernotstand ausgerufen werden, Autowaschen, den Garten gießen, das Befüllen von Pools war verboten. In einigen Gemeinden mussten sogar Tankwagen anrücken, um die Einwohner mit Trinkwasser zu versorgen.

Die größten Konflikte um Wasser drohen zwischen den Milliardenvölkern Indien und China um das Himalayawasser. Wegen der Gletscherschmelze droht eine Wasserkatastrophe für bis zu zwei Milliarden Menschen. Sind Gletscher einmal komplett abgeschmolzen, trocknen als Folge Flüsse und ganze Täler aus. An der Universität in Peking wurden bereits Pläne entwickelt, wie das Himalayawasser, das heute noch überwiegend in den Süden nach Indien und Bangladesch fließt, nach Nordchina umgeleitet werden kann. Aber Indien und Bangladesch werden kaum tatenlos zusehen, wie ihnen China im wahrsten Sinne des Wortes das Wasser abgräbt. Kein Wasser bedeutet Dürre. Dürre bedeutet Hunger. Hunger bedeutet Migration. Migration bedeutet Krieg. Und beide Riesenvölker besitzen Atomwaffen.

Je wärmer es global wird, desto mehr Wasser brauchen Menschen, Tiere, Pflanzen und Bäume. Die Grundwasserspiegel sinken, und die Verteilungskämpfe werden härter. Wasser gehört niemandem und allen. Bayern pochte darauf schon im Jahr 2019, als ein Wasserkonzern im Altmühltal seine Fördermenge mehr als verdoppeln wollte. Es geht dabei um 10 000 Jahre altes Trinkwasser bester Qualität in Tiefenschichten aus 250 Metern, aus denen sich auch kommunale Wasserversorger bedienten. Die Umweltbehörden lehnten ab mit der Begründung: Es gehe um sinkende Grundwasserspiegel und um Ressourcenschutz. Die öffentliche Versorgung habe Vorrang vor privatwirtschaftlichen Interessen.

Ähnliche Konflikte gab es auch in Niedersachsen. Gegen die Begründung der Umweltbehörden laufen die Mineralwasserhersteller natürlich Sturm:»unverständlich«, »keine Investitionssicherheit«, »Arbeitsplatzverlust«, »Trinkwasser heißt Trinkwasser, weil es zum Trinken da ist«. Doch Umweltschützer verweisen auf die schlechte Ökobilanz, wenn Trinkwasser über weite Strecken in Plastikflaschen transportiert wird.

Der Klimawandel und die Umweltverschmutzung werden neue Wasserkreisläufe zur Folge haben. Eine der größten Herausforderungen ist eine neue Wasserpolitik. Wasser ist unser Lebensmittel Nummer eins, Kriege um Wasser sind nicht ausgeschlossen. Wasser könnte das neue Öl werden. Wasser ist systemrelevant.

Wie geht Wasserwende?

Wasser wird benutzt, verschmutzt und verschwendet. Und Wasser ist auf unserem Planeten himmelschreiend ungerecht verteilt. Trotz aller Kontrollen: Im Wasser sind Gifte, im Boden Pestizide, und Düngemittel bedrohen unser wichtigstes Lebensmittel. Die Vereinten Nationen erklärten den Zugang zu trinkbarem Wasser als Menschenrecht und prophezeiten, dass die Wasserkrise zum größten Problem des 21. Jahrhunderts werden könnte: »Wasser ist wertvoller als Gold.«

Viktor Schauberger: »Noch ist es nicht zu spät, noch haben wir Wasser. Pflegen wir doch endlich diesen Lebensspender, und alles wird von selbst wieder gut werden.« Ökotheologisch fügt Schauberger hinzu: »In jedem Tropfen Wasser wohnt eine Welt von Möglichkeiten. Auch das, was wir uns unter Gott vorstellen, hat in jedem Tropfen Wasser seine Heimat. Zerstören wir das Wasser, nehmen wir ihm seine Wiege, den Wald, so berauben wir uns sinnlos der höchsten Güter des Lebens, der Gesundheit, und verlieren dadurch auch die Stätte unseres Schaffens, die Heimat. Ruhelos wie das Wasser, dem seine Seele genommen wurde, müssen auch wir dann zum Wanderstab greifen.«

Wie finden wir Wege einer nachhaltigen und gerechten Wasserpolitik und wie vermeiden wir Kriege um Wasser? Alles, was den Klimawandel verlangsamt, hilft uns, den Wassernotstand zu entschärfen. Die Landwirtschaft mit ihrem unstillbaren Wasserdurst trägt dazu bei, dass das Wasser knapp wird: 70 Prozent des globalen Wasserverbrauchs gehen auf das Konto der Landwirtschaft, circa 20 Prozent verbraucht die Industrie, und zehn Prozent nutzen die privaten Haushalte.

In Trockengebieten wie Südspanien Intensivlandwirtschaft für den Export zu betreiben, ist keine kluge Idee. Aber Deutschland importiert auch Reis aus dem wasserarmen Indien, Zuckerrohr aus dem wasserarmen Pakistan und Bohnen aus dem wasserarmen Peru – und verschärft damit die Wasserprobleme in den armen Ländern. Wir sollten, was hier verzehrt wird, auch weitgehend hier anbauen.

Unseren Wasserfußabdruck hinterlassen wir weit mehr in den armen Ländern als hier. Oder in Australien: Der trockenste Kontinent unseres Planeten exportiert Wein, Obst und Fleisch in großen Mengen. Vordergründig betrachtet verbrauchen wir nur 120 Liter Wasser pro Kopf am Tag. Aber insgesamt und tatsächlich sind es 5200 Liter pro Kopf jeden Tag – hauptsächlich über importierte Lebensmittel. Zum Herstellen einer Tasse Kaffee werden 120 Liter Wasser verbraucht, für 100 Gramm Schokolade 1700 Liter, für ein Kilogramm Rindfleisch gar 15 500 Liter. Zur Produktion eines Kilogramms Kartoffeln werden nur 287 Liter Wasser verbraucht.

Konkret bedeutet Wasserwende: Wasser dort sammeln und zurückhalten, wo es anfällt; kein Trinkwasser benutzen, wo es auch mit Grauwasser und Brauchwasser geht; Regenwasser nutzen; eine dezentrale ökologische Wasserversorgung organisieren, bewusstes Einkaufen und bewusstes Essen vermindern unseren Wasserverbrauch.

Der Bundestag sollte ein Gesetz beschließen, das vorschreibt, sparsame Armaturen zu installieren, und Sparduschen, Spartoiletten, Sparwaschmaschinen und Sparspülmaschinen fördert, während Großverbraucher einen Wassercent bezahlen müssen. So würde jeder Deutsche höchstens noch halb so viel Wasser verbrauchen wie heute.

Genauso wie Abfall ist auch Abwasser eine wertvolle Ressource, die wir künftig intelligenter nutzen müssen. Für Gartenpflege oder Autowaschen oder zum Toilettenspülen kann Abwasser, wenn es aufbereitet ist, mehrfach genutzt werden, auch in der Industrie. Die Recyclingquote des Wassers liegt in den USA bei 17 Prozent, in Israel bei 86 Prozent. Wenig verwunderlich wurde in dem Nahostland die unterirdische Tröpfchenbewässerung erfunden, die andernorts kaum eingesetzt wird. Das hat dafür gesorgt, dass in der israelischen Landwirtschaft nur noch ein Fünftel des Wassers gebraucht wird gegenüber der früheren Oberflächenbewässerung.

Ähnlich ist es mit Jauche: Wird sie nicht mehr wie früher verspritzt, sondern direkt über dünne Schläuche in den Boden eingebracht, kann der Wind das giftige Ammoniak nicht mehr über die Meere und in Wälder tragen. Wenn der Dünger sparsam dosiert wird, dann kann Nitrat nicht mehr ins Grundwasser gelangen. Den Dünger können künftig die eigenen Kühe und nicht mehr die Chemiekonzerne liefern. Wenn diese Wasserschutz- und Wassersparpolitik konsequent umgesetzt wird, dann kann diese Wasserwende in einigen Jahren realisiert sein.

Wenn mit Wasser spekuliert wird, wird eine ethische Grenze überschritten: Je knapper das Überlebensmittel Wasser wird, desto brutaler könnten Spekulanten künftig ganze politische Systeme unter Druck setzen und über Leben und Tod von Mensch und Natur entscheiden. Wasser ist einfach nichts für Spekulanten.

Voraussetzung für eine neue Wasserpolitik sind freilich ein neues Wasserbewusstsein von unten und eine entsprechend neue Wasserwirtschaft von oben. Das Rezept heißt: schützen, sparen, sanieren. Wasserschutz ist Umweltschutz und umgekehrt. Wir werden lernen müssen, die Ressource Wasser global zu bewirtschaften. Anders als Erdöl erneuert sich Wasser ständig, ist aber die wichtigste Naturressource, die knapp ist.

Am globalen Wassermanagement wird sich ebenfalls zeigen, ob wir als Menschheit fähig sind, Stoffkreisläufe des Erdsystems nachhaltig zu managen. Nur dann werden wir Kriege um Wasser verhindern können. Am Wasser zeigt sich, ob wir fähig sind zu einem nachhaltigen Weltregieren.

Übrigens – es gibt ein einfaches Mittel, um mit wenig Aufwand viel für unsere Gesundheit zu tun: Jeden Morgen mit einem Glas warmem Wasser oder Tee in den Tag starten. Vor allem ist es gut für unser Gehirn und das Nervensystem, das einen Wasseranteil von 85 beziehungsweise 98 Prozent hat.

Die Verkehrswende oder: Autofahren ist heilbar

Freiheit, Status, Macht: Dieser Dreiklang hat in Deutschland nach 1950 den Besitz eines Autos bestimmt. Rationale Debatten haben oft keinen Platz, wenn es um das private »heilgs Blechle« geht. Doch allmählich gerät auch im Autoland das »System Auto« ins Wanken. Vor allem durch die Sharing Economy – gemeinsam nutzen statt alles besitzen. Sachen und Räume werden ausgeliehen und von mehreren Personen oder Familien genutzt: Räder, Roller, Daten, Büros und Autos. Die zunehmende Digitalisierung kann in Zukunft dem Sharing-Gedanken zum Höhenflug verhelfen. Dadurch entsteht auch ein hohes Potenzial für weniger Autos in den Städten. Untersuchungen haben ergeben, dass in Köln und Frankfurt durch ein Carsharing-Auto 20 private Pkw ersetzt werden konnten.

Andererseits sagen Untersuchungen, dass 75 Prozent der Deutschen »auf jeden Fall« oder »eher« ein eigenes Auto auch in Zukunft für notwendig halten. Nach wie vor hat das eigene Auto einen hohen Imagewert – in Dörfern weit mehr als in Großstädten, bei älteren Menschen mehr als bei jüngeren. Eine neue Mobilitätskultur weist dem Auto künftig eine geringere Rolle zu als bisher, und nur dann wird eine klimaneutrale Mobilitätswirtschaft entstehen.

Bisher hat Deutschland seine Klimaschutzziele im Mobilitätssektor deutlich verfehlt. Das bedeutet, dass wir bisher zu wenig getan haben, um den Verkehr zu modernisieren. Dies hängt ganz wesentlich mit den drei letzten Verkehrsministern zusammen, die alle von der CSU kamen.

Beim letzten Bundesverkehrsminister Andreas Scheuer hatte die Autoindustrie 2018 bis Mitte 2021 80 Termine, die Vertreter der Umweltverbände in derselben Zeit nur einen Termin. 80:1 für die Autoindustrie. Oder: In der Legislaturperiode von 2013 bis 2017 hatte die alte Energiewirtschaft im Kanzleramt und im Bundeswirtschaftsministerium zusammen 44 Gesprächstermine, die Vertreter der erneuerbaren Energien zusammen vier Termine. 44:4! Alles klar, wer uns wirklich regiert? Bisher haben sich die alte Energiewirtschaft und die Autolobby ihre Regierung kaufen können. Doch weder das Fahrrad noch das E-Auto allein werden eine ökologische Verkehrswende bringen. Die große Transformation wird nur stattfinden, wenn wir auch als Wählerinnen und Wähler etwas dafür tun. Mit den Altparteien wird das nicht gelingen.

Eine intelligente Verkehrspolitik sollte sich für die nächsten Jahrzehnte diese Schwerpunkte setzen: Ausbau des Fahrradverkehrs, des Fußgängerverkehrs, des öffentlichen Verkehrs, Rückbau des motorisierten Individualverkehrs und Verkehrsvermeidung durch Digitalisierung, Verlagerung des Verkehrs von der Straße auf die Schiene. Dafür braucht es positive Botschaften und überzeugende Alternativen. Ob das mit dem jetzigen FDP-Verkehrsminister gelingt? Bislang war diese Partei eher die »Freie Fahrt für freie Bürger«-Partei. Aber: Ist die Kehrseite der Freiheit nicht immer die Verantwortung?

Und vor allem: Die Zukunft fährt elektrisch. Allein die technologische Überlegenheit macht das E-Auto preiswerter als die alten Verbrenner. Neben der Elektrifizierung und der Nutzung erneuerbarer Energien wird die Digitalisierung mit dem automatisierten und vernetzten Fahren im 21. Jahrhundert eine wichtige Rolle spielen. All dies verlangt auch morgen Hunderttausende Jobs. Nachhaltige Mobilität ist möglich und sozial verträglich. Auch in der Zukunft wird die Automobilindustrie in Deutschland also eine herausragende Industrie sein.

Eine neue Mobilitätskultur bedarf hoher öffentlicher Subventionen. Durch weniger Autos nimmt die Aggressivität im Verkehr ab, es entsteht mehr Sicherheit und weniger Lärm. Die neue Mobilität schafft attraktive Lebensräume, wodurch allen Menschen eine klimafreundliche Mobilität ermöglicht wird.

Hinzu kommt, dass in vielen Städten mehr Fahrradwege gebaut werden müssen. Ob Autoland künftig Fahrradland sein wird? Zunächst ein Blick auf die Radwege einiger Hauptstädte in Europa: In den letzten Jahren hat Berlin pro Kopf 4,70 Euro für Radwege ausgegeben, Amsterdam 11 Euro, Kopenhagen 36 Euro, Oslo 70 Euro und Utrecht 132 Euro. In Deutschland sind es jährlich 1,57 Euro pro Nase für Radwege, hat Eckart von Hirschhausen recherchiert.

Deutschlands erste Radprofessorin Jana Kühl meint zu den Konflikten, die sich aus der Verkehrswende ergeben: »Wir müssen verhandeln, wie wir die öffentlichen Räume neu aufteilen. Um sichere Wege zu schaffen, brauchen wir Platz. Aber gerade in den Städten ist der begrenzt und vielfach auch belegt durch Infrastrukturen, die vor allem auf Automobilität ausgerichtet sind, mit Fußwegen und Radwegen als Nebenanlagen. Diese komfortable Situation der Autofahrenden werden wir zugunsten der anderen Verkehrsteilnehmer ändern müssen ... Wir brauchen neue Standards für Radinfrastrukturen, damit Radfahren sicher und zur Selbstverständlichkeit wird. Dazu gehört neben der Radwegeoptimierung zum Beispiel auch, Radwege konsequent von parkenden Pkw frei zu halten und Gefahrenstellen präventiv zu beseitigen.«

Oft dürfen sich deutsche Radfahrer schon glücklich schätzen, wenn ihnen auf den Autospuren schmale Streifen eine Existenzberechtigung einräumen. Von einem lückenlosen Radnetz wie in Brüssel, Paris oder Amsterdam können die Radfahrer in München, Berlin oder Hamburg nur träumen. Dabei zeigen Dänemark und die Niederlande, wie Anreize geschaffen werden können, um das Radfahren attraktiver zu machen: großzügigere Radwege, sichere Parkgelegenheiten, (einem Freund von mir wurden am Bahnhof in Heidelberg sieben Fahrräder geklaut!) und eine Kultur, in der tägliches Radfahren eine Selbstverständlichkeit ist – und eine Freude.

82 Millionen Deutsche fahren 48 Millionen Pkw, besitzen aber 79 Millionen Fahrräder, davon sieben Millionen E-Bikes. Und in Deutschland werden elf Prozent der Wege mit dem Fahrrad zurückgelegt, in Holland jedoch 27 Prozent.

In Berlin lese ich am Tag der Bundestagswahl 2021 auf einem Straßenschild:»In dieser Stadt werden 74 Prozent aller Wege zu Fuß, per Fahrrad oder im ÖPNV zurückgelegt.« Sollen also immer mehr Straßen gebaut werden für 26 Prozent der Bevölkerung? Die Hälfte der innerstädtisch mit dem Auto zurückgelegten Strecken hierzulande ist maximal fünf Kilometer lang und schneller und umweltfreundlicher mit dem Fahrrad zu erledigen. Oft habe ich während der Corona-Zeit gehört und gelesen: Radfahren stärkt das Immunsystem und entlastet den öffentlichen Nahverkehr beziehungsweise bietet einen Ausgleich zum Homeoffice. Doch in der Politik scheint diese Erkenntnis noch nicht angekommen zu sein.

In der Pandemie erlebten vor allem E-Bikes einen Aufschwung. Wissenschaftler haben errechnet, dass die durchschnittliche Entfernung, die ein E-Bike bei einer Stadtfahrt zurücklegt, 9,0 Kilometer beträgt, dafür braucht es 17 Minuten. Ein Auto fährt im Schnitt in der Stadt 9,2 Kilometer und braucht dafür einschließlich der Parkplatzsuche 15 Minuten, also zwei Minuten weniger. Auch hier gilt die Kardinalfrage: Soll die Autoindustrie wachsen, oder sind wir geistig reif für eine Alternative?

Kleiner Lichtblick: Es sieht so aus, als gehöre dem E-Bike die Zukunft der Mobilität. E-Bike-Fahren ist gesünder, billiger, umweltfreundlicher, schafft Platz in den Städten und erhöht die Unabhängigkeit vom Auto. Eigentlich eine ganz einfache Rechnung, die freilich jede und jeder für sich selbst aufmachen kann.

Gerechter, anders und besser

Kann die Verkehrswende auch sozial gerecht gestaltet werden? Verkehrswende als Fairkehrswende? Oder ist Autofahren künftig nur noch etwas für Reiche? Es ist an der Politik, die Mobilitätswende sozialökologisch so fair zu gestalten, dass sie auch gesellschaftliche Mehrheiten findet. Ein neues Autoprinzip könnte sein: leasen statt besitzen oder nutzen statt besitzen. Statistisch sitzen zurzeit in Deutschland nur 1,5 Menschen in einem Auto mit vier Sitzen. Wenn es gelingt, die Auslastung eines Autos auf zwei Personen zu erhöhen, würde das schon zehn Millionen Autos weniger bedeuten.

Das heißt auch: Das Elektroauto allein macht noch keine Verkehrswende. An den Staus ändert sich gar nichts, wenn künftig in Deutschland 48 Millionen E-Autos unterwegs wären statt wie bisher 48 Millionen Benziner oder Diesel. Wir brauchen einen Rückbau von Autoparkplätzen in Radwege und einen Preisvorteil der Bahn. Wird es nach der Corona-Krise weniger Autoverkehr geben als vorher? Bis zu 50 Prozent der Arbeitnehmer wollen künftig eine Kombination von Homeoffice und Arbeit im Büro vor Ort. Diese hybride Arbeitswelt von morgen reduziert drastisch die Autokilometer, die bislang für die täglichen Fahrten vom Wohnort zur Arbeit zurückgelegt werden mussten. Es wird wahrscheinlich weniger nationale Flugreisen geben, und mehr Menschen als bisher steigen auf das Fahrrad um. All dies zusammen könnte der Einstieg in eine neue Mobilität bringen, die auch das Klima entlastet.

Eine neue Firmenkultur könnte so aussehen, dass künftig in den meisten Berufen etwa gleichermaßen im Büro wie von zu Hause aus gearbeitet wird. Das bedeutet auch mehr Flexibilität als bisher. Mitarbeiterinnen und Mitarbeiter können dann arbeiten, wenn es für sie am sinnvollsten ist, und nicht mehr starr zwischen 9 und 17 Uhr. Virtuelles Arbeiten wird selbstverständlich, zu Hause, im Zug, auf der grünen Wiese, an verschiedenen Standorten. Dieses Konzept wird einen Bedarf an neuen Moderationstechniken schaffen. Es wird nicht mehr in jedem Fall erforderlich sein, für jeden neuen Job in eine andere Stadt oder gar ins Ausland zu ziehen. Die Möglichkeitsräume sind größer geworden. Mehr Autonomie ist ebenso möglich wie auch mehr Verantwortung.

Den Vertretern und Lobbyisten des Weiter-so kann man gar nicht deutlich genug sagen, dass ihr vorgestriges Denken und Handeln ein Votum für das Ende der Menschheit spätestens im nächsten Jahrhundert ist.

Biologische Agrarwende

Landwirtschaft ist die Grundlage jeder Zivilisation. Wir alle kommen aus der Landwirtschaft. Fast alle unsere Vorfahren waren einmal Bauern – über Hunderte Generationen. Das Umweltbundesamt urteilte im August 2021 über das »Mysterium Boden, der Welt unter unseren Füßen«: »Boden ist die Lebensgrundlage für Mensch, Tiere und Pflanzen.

Er übernimmt viele Funktionen und Leistungen im Naturhaushalt: Er bildet die Grundlage für unsere Ernährung, ist selbst Lebensraum für unzählige Bodenbewohner, dient als Filter für Schadstoffe, dämpft die Erderwärmung, speichert Regenwasser und hilft so, Überschwemmungen vorzubeugen. Doch diese Funktionen sind zunehmend gefährdet.«

Wir behandeln Boden, Felder und Landschaft oft wie »den letzten Dreck«. Die Bodenökologie schlägt Alarm, weil die Böden mit zu vielen Herbiziden, Pestiziden und Fungiziden traktiert werden. Insekten und Vögel verschwinden, Moore vertrocknen, Felder vertrocknen, die Nitratwerte im Boden steigen, Millionen Tiere leiden unnötig, Bauernhöfe sterben. Das sind nur einige der Probleme in der heutigen Landwirtschaft.

Werden wir im 21. Jahrhundert endlich den Hunger überwinden? Soeben lese ich, dass die Zahl der hungernden Menschen weltweit wieder steigt, im Jahr 2020 um 161 Millionen auf 811 Millionen. Fast 2,4 Milliarden Menschen waren zeitweise unterernährt. Dieser Skandal hängt sowohl mit dem Klimawandel als auch mit unseren Essgewohnheiten wie mit der Landwirtschaft zusammen. Unsere Lust auf Fleisch und Avocados vernichtet anderswo Existenzen. Erst wenn wir den Klimawandel wirklich effektiv bekämpfen, werden wir den Hunger überwinden können. Und nur agroökologische Anbaumethoden anstatt Monokulturen mit den immer gleichen Gewächsen und industriellen Methoden werden helfen, die Erosion der Böden zu stoppen, und damit besseres Wassermanagement ermöglichen. Alles hängt zusammen: gesunde Böden, sauberes Wasser, gute Luft, Landwirtschaft und Essen. Wer neue Herausforderungen verstehen und lösen will, muss neue Fragen stellen.

Wenn das Klima entlastet, das Tierwohl verbessert und unser Essen gesünder werden soll, dann muss sich (nicht nur) die europäische Landwirtschaft grundlegend ändern. Aber nicht nur Schmetterlinge, auch Landwirte müssen besser geschützt werden. Zurzeit machen in Deutschland Jahr für Jahr mehrere Tausend Höfe dicht, obwohl die EU jährlich 50 Milliarden Euro an Bauern überweist. Warum hilft das viele Geld so wenig? 87 Prozent der weltweiten Subventionen für die Landwirtschaft sind laut einer UN-Studie wettbewerbsverzerrend und schaden der Umwelt wie auch kleinen Unternehmen.

»Immer billiger« ist angesichts der vielfältigen Zusammenhänge der Landwirtschaft mit Klima, Umwelt, Biodiversität und Tierwohl längst zu teuer, stellte eine von der deutschen Bundesregierung eingesetzte Kommission zur Zukunft der Landwirtschaft ebenfalls im Juli 2021 fest. Nachhaltigkeit sei »ein erfolgreiches Geschäftsmodell«. Das ist ein historischer Kompromiss zwischen dem Deutschen Bauernverband und großen Umweltverbänden, der zuvor undenkbar schien. Was lange unmöglich schien, erklärt der einstimmig verabschiedete Bericht jetzt: Umwelt- und Klimaschutz werden nur möglich, wenn weniger Fleisch gegessen wird. Auch konventionelle Bauern wollen klimafreundlich und ökologisch produzieren.

Europas Agrarmilliarden haben die Misere bisher nicht abwenden können, im Gegenteil: Sie haben die Misere befördert, die Bauern ackern sich mehr und mehr zu Tode. Das ist ein Weckruf an die Regierungen der Welt, die Landwirtschaft nachhaltiger zu gestalten. Nur dann, sagt die Chefin des UN-Umweltprogramms (UNEP), Inger Andersen, könne die Landwirtschaft zu einem Haupttreiber für das Wohlergehen der Menschheit werden, den Klimawandel stoppen helfen und den Naturverlust verringern. Wenn alles so bleibt, wie es heute ist, sind nicht nur die Bauern die Verlierer, sondern auch die Natur und die Gesellschaft.

Europas Landwirtschaft muss umweltfreundlicher, tierfreundlicher und regionaler werden, wenn sie Zukunft haben soll. Darauf haben sich immerhin im Juli 2021 Europäisches Parlament und Europäische Kommission geeinigt. Nur dann werden auch die Bauern eine Zukunft haben. Eines der Ziele: weniger Tiere, mehr Tierwohl – was auch eine große Chance für mehr Klimaschutz ist. Außerdem will die EU, dass künftig 20 bis 30 Prozent der Gelder für Umwelt- und Klimaschutzmaßnahmen eingesetzt werden, was heißt, dass das bisherige Gießkannenprinzip aufgegeben und mehr nach ökologischen Kriterien gefördert werden muss. Und nicht: Wer viel hat, bekommt auch viel.

Der Umstieg geht sicher nicht von heute auf morgen. Aber wenn

Jahr für Jahr zehn Prozent der heutigen Ausgaben abgebaut und auf nachhaltige Landwirtschaft umgewidmet würden, dann hätte Europa zum Vorteil aller in zehn Jahren eine andere, zukunftsfähige Landwirtschaft, und der Kontinent sähe auch anders aus. Und dann würden Landwirte auch Verständnis und Wertschätzung für ihre wichtige gesellschaftliche Arbeit erfahren. Gepflegte Landschaften, die wir alle erwarten, kann es nur geben, wenn wir eine zukunftsfähige Landwirtschaft haben.

Wer eine grüne und tierfreundliche Zukunft will, darf sich diesem Bewusstseinswandel nicht widersetzen. Das gilt für die Politik, aber auch für uns Verbraucher und Verbraucherinnen. Konkret: Die Abkehr von der Massentierhaltung gelingt nur durch die Abkehr vom Massenfleischverzehr. Mehr Umwelt-, Klima- und Tierschutz sind überfällig für unsere eigene Zukunft. Um die Klimaschutzziele der deutschen Landwirtschaft zu erreichen, müssen wir eine Halbierung der Tierzahl erreichen. Und jene Länder, die einen hohen Standard beim Tierschutz haben, haben nicht zuletzt auch einen hohen Gesundheitsstandard bei Menschen. Tierschutz ist darum auch Menschenschutz.

Die Zukunft der Landwirtschaft wird nicht nur auf dem Feld und in Brüssel entschieden, sondern auch auf dem Teller und in jedem Haushalt. Um wirklich klimaneutral, umweltfreundlich und tierschutzgerecht zu werden, müssen auch wir Konsumenten uns ändern. Das bisherige gesellschaftliche Motto in der Agrarpolitik hieß: »Bauern brauchen wir nicht, wir haben ja Aldi.«

Doch allmählich spricht sich herum, dass die Verbesserung der Umweltqualität eine Gemeinwohlleistung ist und Bauern für diese Umweltleistung auch honoriert werden müssen. Lebensmittelproduzenten erzielen mit ungesunden »Lebensmitteln« wie Süßwaren, Softdrinks oder Fertiggerichten die höchsten Renditen, was zeigt, dass der Markt für Nahrung nicht so funktioniert, wie es für unsere Gesundheit gut ist. Es gibt zu wenig Parameter für Gesundheit und Klimafreundlichkeit. Ernährung sollte wie die Klimapolitik ein wahlrelevantes Thema werden.

Was können Landwirte tun? Ein Beispiel: Werden Erdbeeren, Spargel, Salate, Kürbisse und anderes Gemüse mit Kunststofffolien abgedeckt, können sie bis zu vier Wochen früher geerntet werden. Doch die herkömmlichen Folien aus Polyethylen, das aus Erdöl produziert wird, zersetzen sich teilweise und bleiben als Mikroplastik im Acker. Biologisch abbaubare Agrarfolien werden in den Boden eingearbeitet, wo sie Mikroorganismen nach und nach abbauen. Ausgangsmaterial hierfür sind nachwachsende Rohstoffe wie Maisstärke oder Cellulose aus Holz. Es geht also auch ganz ohne Plastik.

Oder das Prinzip des Mulchens: Es ist so alt wie die Pflanzendecke der Erde, denn in der Natur sind Wald- und Wiesenböden durch Bedeckung mit Laub oder abgestorbenem Wiesengras entstanden. Dadurch können sich die Bodenorganismen artgerecht das ganze Jahr ernähren. Auch hier gilt: Die Natur ist unsere beste Lehrmeisterin.

Dass und warum der Wandel bisher viel zu langsam geht, zeigt auch die Entwicklung der Agriphotovoltaik – 40 Jahre dauerte es, bis sie in nennenswertem Umfang eingesetzt wurde. Agri-PV heißt: landwirtschaftliche Flächen doppelt nutzen. Am Boden werden wie bisher Feldfrüchte angebaut, fünf bis sechs Meter darüber wird eine Photovoltaikanlage betrieben. Dass das geht, hat schon 1980 der Chef des Fraunhofer-Instituts ISE in Freiburg, Professor Adolf Götzberger, gezeigt. Doch wie so vieles in Deutschland wurde diese geniale Idee nicht ernst genommen und von Bedenkenträgern mit unsäglichen Argumenten zerredet.

Die unbestreitbaren Vorteile dieser zweistöckigen Landwirtschaft sind mehr Fläche für die Solarstromgewinnung, ein niedrigerer Wasserverbrauch durch die Beschattung, Schutz vor Hagel und Starkregen, sogar Wüsten könnten im Schatten von Solaranlagen begrünt werden. Jetzt endlich wurde diese einfache, aber revolutionäre Idee im neuen Erneuerbaren-Energien-Gesetz verankert, wenn auch noch viel zu schwach. Wie so oft: Wir wissen, wie es geht, aber wir tun es nicht hinreichend – noch nicht. Doch wir sollten die Welt nicht den Schwarzmalern und Bedenkenträgern überlassen. Die Welt ist und bleibt bunt. Und sie bietet allen unglaubliche Chancen! Zum Beispiel: Solaranlagen nicht nur auf Dächern und an Fassaden, sondern auch über Autobahnen, über Feldern, auf Autos, Lkw, Bussen und Obstplantagen. Selbst auf Fenster lassen sich künftig Solarfolien aufkleben.

Tierschutz ist Menschenschutz

»In der industriellen Tierhaltung ist jegliche Empathie für die sogenannten Nutztiere verloren gegangen«, sagt Rupert Ebner, ein unbeque-
mer Tierarzt aus Bayern. Wir werden wohl eines Tages niederknien und
die Tiere um Verzeihung bitten müssen. Die meisten Tiere in Massentierhaltung erfahren mehr Leid als Glück. Das gilt auch für die Fische in
den Meeren. Billionen von Fischen verenden elend in den Netzen oder
Laderäumen der Fangschiffe, weil sie qualvoll ersticken.

Das Leid der Tiere ist weitgehend ein blinder Fleck in unserer Wahrnehmung. 97 Prozent aller Tiere werden weltweit in Massenställen gehalten. Ihr Wert wird ausschließlich nach dem Nutzen für uns Menschen gemessen. Hühner, Schweine, Rinder, Fische, Gänse und Enten
und alle anderen Tiere sind ähnlich wie wir Menschen sowohl zu Leid
und Schmerz, aber auch zur Freude fähig. Sie können komplexe soziale Beziehungen eingehen. Sie haben Charakter: manche selbstbewusst,
andere scheu und schüchtern. Durch die Massentierhaltung werden sie
wie eine Ware behandelt. Darunter leiden sie physisch und psychisch.
»Die Folgen der Massentierhaltung sind gravierend – für das Tierwohl,
aber auch für die Wälder, die infolge der Futteranpflanzungen und für
Weideflächen weichen müssen«, schreibt Dirk Rossmann in seinem Kli-
mathriller »Der neunte Arm des Oktopus«. Und Paul McCartney meint:
»Hätten Schlachthöfe Wände aus Glas, wären alle Menschen Vegetari-
er.«

Tolstoi wusste: »Solange es Schlachthöfe gibt, wird es Schlachtfelder
geben.« Wir haben in meinen Fernsehsendungen schockierende Bilder von Hühnern mit aus den Gelenken gerissenen Beinen, verdrehten
Köpfen, Löchern im Leib und offenen Beinbrüchen in industriellen Le-
gehennenbetrieben gezeigt. Massentierhaltung heißt: 18 Hennen pro
Quadratmeter Stallgrundfläche. Manche Hühner sahen aus wie schon
geschlachtet. Es wäre gewiss ein großer Fortschritt in der Evolution,
wenn wir in Tieren primär Mitgeschöpfe und nicht Nutztiere sehen
würden.

Ein kleiner Lichtblick ist immerhin: Die Zahl der Betriebe mit ökologischer Tierhaltung steigt in Deutschland. Ihre Zahl ist in den letzten

zehn Jahren insgesamt um 41 Prozent auf 17 300 gestiegen. 13 000 Betriebe halten Rinder ökologisch und 5400 ihre Hühner. Auch die Zahl der ökologisch gehaltenen Schweine stieg um 36 Prozent, aber der ökologische Schweinebestand liegt insgesamt noch immer unter einem Prozent. Arme Schweine!

Weniger Fleisch, weniger Klimaschäden, mehr Gesundheit, mehr Lebensfreude: Wir können lernen, im Tier ein Mitgeschöpf zu sehen. Diese Verantwortung beschert auch uns mehr Lebensfreude und Glücksgefühle. Denn wie können wir uns selbst als rationale Wesen ernst nehmen, solange wir das massenhafte Tierleid ignorieren und verdrängen? Eine zeitgemäße rationale Ethik müsste lernen, dass die unantastbare Würde des Menschen (Grundgesetz, Artikel 1) immer nur in Zusammenhang mit der Würde aller leidempfindlichen Lebewesen zu sehen ist. Im Buddhismus ist das eine Selbstverständlichkeit!

Weniger ist mehr

Fleisch, Fliegen, Fahren: Diese drei Fs lassen sich vermitteln und gerecht gestalten. Zu Recht zögern Politiker und Politikerinnen, in diesem Zusammenhang das Wort »Verzicht« auszusprechen. Um die notwendigen Veränderungen sozial gerecht zu gestalten, reicht es nicht, allein den Preis für Kohlendioxid zu erhöhen. Die Reichen können steigende Energiepreise problemlos bezahlen, aber die sozial Schwachen dürfen nicht aus der gesellschaftlichen Teilhabe ausgeschlossen werden.

Verzicht ist immer unpopulär und vertrackt. Aber darum geht es gar nicht. Es geht um mehr Gewinn für alle. Das kann freilich auch heißen, dass wir uns von Dingen frei machen, die wir gar nicht brauchen. Weniger mineralische Düngemittel sind ebenso ein Gewinn wie weniger Autos. Es ist Aufgabe der Politik, diese Mehrung des Gemeinwohls zu vermitteln. Daran hapert es freilich noch gewaltig. Deshalb werden Politik und Wirtschaft in ökologische Infrastrukturen investieren müssen, die dem Gemeinwohl zugutekommen: in Ökostrom statt in Kohlekraft oder Gaspipelines, in Radwege statt in Autostraßen, in Biolandwirtschaft statt in Chemielandwirtschaft. So können die Lebensqualität und die Lebensfreude für alle gesteigert werden.

Die eigentliche Tragik der Klimakatastrophe besteht vielleicht darin, dass sie zum Ende allen Lebens führen kann, auch zum Nichtgeborenwerden der Ungeborenen. Darin liegt die wahre Würdelosigkeit von uns Heutigen, eine wohl historisch einmalige Würdelosigkeit unserer Spezies. Der Neuro- und Kognitionswissenschaftler Thomas Metzinger sagt dazu: »Wenn wir die Leidensfähigkeit nicht menschlicher Wesen nicht respektieren, können wir auch unsere eigene Leidensfähigkeit nicht achten.«

Bei aller Skepsis gegenüber Prognosen – eine möchte ich doch wagen: Entscheidend für das Überleben der Menschheit wird sein, ob auch noch in 50 Jahren ihr eigenes Ego ihr größter Feind sein wird.

Ein neuer Kompass für eine moralische Revolution

Eine Gesellschaft, die die Orientierung verloren hat, braucht einen neuen Kompass, neue Vorbilder und einen neuen Sinn für Werte. Dieser steuert uns hin zu einer moralischen Revolution. Die 17 UN-Nachhaltigkeitsziele beziehen sich nicht nur auf die ökonomisch noch armen Länder. Auch Deutschland kann zum Beispiel von Indien lernen, wie sich eine ganze Gesellschaft mit weniger Fleischkonsum gut ernähren kann. In Deutschland landen 57 Prozent der Getreideernte im Futtertrog, außerdem ist der viel zu hohe Fleischkonsum Ursache für bestialische Massentierhaltung.

Der Himalayastaat Bhutan beflügelt mit seinem Bruttoglücksprodukt statt des klassischen Bruttoinlandprodukts herkömmliche Ökonomen auf der ganzen Welt beim Umdenken. Oder: Japan und die Schweiz machen vor, wie auch in industrialisierten Gesellschaften öffentlicher Verkehr weit besser und ökologischer funktioniert als hierzulande.

Manche Forderungen gelten seit Jahrtausenden, zum Beispiel das Zinsverbot in den meisten heiligen Schriften. Bewirkt haben sie freilich wenig. Aber auch ohne Zinsverbot sind wir seit Jahren praktisch bei einer Nullzinspolitik angekommen. Freilich: In unserem kapitalistischen System der Finanzwirtschaft zählen nach wie vor nicht Glück und Erfüllung, sondern nur der Zuwachs des BIP. Laut Umfragen wollen jedoch in den drei deutschsprachigen Ländern bis zu 80 Prozent der Menschen ein anderes, ein menschenfreundlicheres politisches und wirtschaftliches System, eine ökosoziale Marktwirtschaft. Das ist ein System, in dem der Einfluss des Geldes auf die Politik und auf die Politiker geringer ist als heute.

Kriege gegen die Natur können wir nie gewinnen. In den vergangenen 50 Jahren, so UN-Generalsekretär António Guterres in seiner dramatischen Rede, haben sich die Weltwirtschaft verfünffacht und der Handel verzehnfacht, eine Million der acht Millionen Pflanzen- und Tierarten sind vom Aussterben bedroht, der Verbrauch natürlicher Ressourcen hat sich verdreifacht, menschliches Handeln ist auf drei Vierteln der eisfreien Erdfläche zu verzeichnen und auf drei Vierteln der Ozeanfläche, die Menge der Treibhausgase hat sich verdoppelt.

Der zivilisatorische Fortschritt, den wir heute in westlichen Ländern an Freiheit, Sicherheit, Gesundheit und materiellem Wohlstand genießen, lässt sich kaum noch steigern. Denn der materielle Stoffwechsel, auf dem dieser Fortschritt beruht, ist so sehr außerhalb jeder Balance, dass er in Fortsetzung eher zur Zerstörung führt. Dieser Fortschrittspfad ist vernichtend für alle: für die Erde, für das Klima, für die Artenvielfalt, für die Menschen. Es bedarf eines grundsätzlichen Pfadwechsels in Politik, Wirtschaft und Gesellschaft.

Nach aller historischen Erfahrung kann es schon mittelfristig nicht gut gehen, wenn ein Prozent der Reichsten heute über genauso viele Vermögenswerte verfügt wie 99 Prozent aller Erdbewohner zusammen. Wirkliche Demokraten können und werden es nicht hinnehmen, dass die heutigen Oligarchen des globalisierten Finanzkapitals über Hunderte von Millionen in Armut und Elend lebender Menschen herrschen. Eine erstarkende globale Zivilgesellschaft wird genauso gegen Ausbeutung, Gewalt und Marktradikalismus kämpfen wie schon heute die Fridays-for-Future-Bewegung gegen die Klimaerhitzung.

Ist es nicht beschämend, dass Kinder und Jugendliche erwachsene Politiker und Politikerinnen an ihre eigenen Abkommen erinnern müssen? Ich empfinde diese Situation als Skandal. Hunderttausende junge Menschen gehen auf die Straße und rufen: »Wir sind hier. Wir sind laut. Weil ihr uns die Zukunft klaut.« Weltweit sind es Millionen. Man kann es auch so sagen: Wenn Politiker und Politikerinnen uns dauernd erklären, dass sie es in Zukunft besser machen wollen, ist das ein deutlicher Hinweis darauf, wie wenig funktionsfähig unser System ist. Letztlich werden die Klimademonstrationen nur erfolgreich sein, wenn sich möglichst viele Erwachsene den jungen Menschen anschließen und vor allem: wenn möglichst viele anders wählen als bisher. Wir brauchen Klimawahlen – und noch haben wir die Wahl.

Weltweit sind es Millionen. In China hatte ein einziges Mädchen den Mut, ihre Regierung zu kritisieren: die 17-jährige Howey Ou. Die chinesische Greta heißt Howey Ou. Der gravierende Unterschied: Howey Ou kämpft allein auf weiter Flur, während Greta Thunberg Millionen folgen. Die Chinesin hat mit großen Buchstaben auf Chinesisch »Schulstreik fürs Klima« auf ihr Plakat geschrieben. Fotos von Tieren mit Plastik im Magen waren bei ihr der Auslöser, sich für die Umwelt zu engagieren, schreibt meine ARD-Kollegin Tamara Anthony. Und »Howey isst vegan, ihre Eltern vegetarisch. Einwegplastik ist aus dem Haushalt verbannt, Flugreisen und Privatautos sind tabu.« Nach einer Woche Demonstration in ihrer südchinesischen Heimatstadt Guilin hat die Polizei die Aktion beendet.

Jean Ziegler, gestützt auf seine Erfahrungen als UN-Sonderberichterstatter für Armut und seine Forschungen als Soziologe, schreibt: »Die Menschen im Widerstand, nicht das Kapital, sind das Subjekt der Geschichte.« Sie werden global lernen, was die Ostdeutschen 1989 erlebt haben: Wir sind das Volk. Eine kannibalische Weltordnung ist keine Ordnung, sondern ein unerträgliches Chaos. Ich erlebe manche junge Klimaaktivisten schon am Rande der Verzweiflung, wenn sie an ihre Zukunft denken. Andere fragen: Soll ich in diese Welt noch Kinder setzen?

Der Hydrologe und Klimaforscher Luis Samaniego sagt im Juli 2021 in der »Süddeutschen Zeitung«: »Wenn wir so weitermachen wie bisher, ist Spanien in 50 Jahren nicht mehr bewohnbar.« Es ist zu trocken und zu heiß – wenn wir so weitermachen wie bisher. Aber müssen wir das? Ende Juni 2021: In Süddeutschland Starkregen, Stürme und Überschwemmungen. Im US-Staat Oregon wüstenheiße Temperaturen von 46,6 Grad, wo sonst 26 Grad üblich sind. Menschen – vor allem ältere – mussten sich in Kühlräume retten. Auf den Straßen bildeten sich Hitzeblasen, die aufplatzten und den Verkehr ausbremsten. Die US-Klimaforscherin Kristie L. Ebi: »Die Klimawissenschaft weiß, dass der Klimawandel die Frequenz, die Intensität und die Dauer der Hitzewellen erhöht. … Unsere Prognosen beinhalten, dass diese Trends sich fortsetzen.« So ähnlich sprechen Klimawissenschaftler auf der ganzen Welt.

Die demokratische US-Senatorin des Bundesstaates Washington, Maria Cantwell, erklärte sarkastisch: »Der US-Staat Washington wurde nicht für solche Temperaturen gemacht.« Die Klimawissenschaftler haben sich nur in einem Punkt getäuscht: Die Erhitzung kommt schneller, früher und drastischer als noch vor 30 Jahren prognostiziert.

Der Klimawandel hat die jüngste Rekordhitzewelle im Westen Nordamerikas 150-mal wahrscheinlicher gemacht, ergab eine Kurzstudie der Initiative World Weather Attribution im Sommer 2021. Unklar sei noch, ob die Vorgänge einen wirklich seltenen Ausreißer darstellen oder ob der Klimawandel eine neue Dynamik entwickelt. Diese Extremhitze bereitet den Klimawissenschaftlern Kopfschmerzen. Sie sei ohne menschlichen Einfluss praktisch undenkbar.

Im kanadischen Dorf Lytton, 200 Kilometer nordöstlich von Vancouver, zeigte das Thermometer am 26. Juni 2021 den Rekordwert von 46,6 Grad, am 27. Juni waren es schon 47,9 Grad und am 28. Juni bereits lebensfeindliche 49,5 Grad. Seit Temperaturen gemessen werden, war es hier noch nie so heiß. Diese Hitzewelle ist historisch, ganze Ortschaften mussten evakuiert werden. Zwei Tage später gab es das Dorf Lytton nicht mehr, Feuer hatten es abgebrannt. Der Abgeordnete Brad Vis: »Neunzig Prozent des Dorfes sind verbrannt.« Das Wetter spielt immer häufiger total verrückt, wir erleben die Vorboten der Heißzeit.

Aber Lytton ist doch ganz weit weg? Das kanadische Kaff liegt auf dem Breitengrad von Koblenz. Es kann jeden treffen. Für Klimaforscher ist klar, dass es ohne den Klimawandel diese Extremwetterhäufigkeit nicht geben würde. 2021 wurden nahezu alle früheren Schreckensvorhersagen des Weltklimarats IPPC übertroffen. Weltweites Entsetzen, die Fakten spotten allen Prognosen. Es rumort in der Wetterküche des Planeten immer heftiger.

Zurzeit reiht sich tatsächlich eine Krise an die nächste, die Zukunftsprognosen werden immer dramatischer. Eine Studie des UN-Kinderhilfswerks UNICEF stellte unlängst fest: Das Leben von einer Milliarde Kindern ist durch Tod oder schwere Krankheit bedroht. Eine Milliarde Kinder, die am wenigsten zum Klimawandel beigetragen haben, leiden am meisten darunter! Gegenüber Kindern stellt sich die Frage der Klimagerechtigkeit am dringlichsten, vor allem, weil sie weit weniger widerstandsfähig sind als Erwachsene. Doch Parteien wie die AfD schwafeln, dass man da leider nichts machen kann. Wie gerecht ist das denn?

Wie aber könnte ein Heilungsplan für Mutter Erde aussehen? Gibt es einen solchen Plan überhaupt (Monika Alleweldt)? Der eben beschriebene Krisenwahnsinn ist menschengemacht und sicherlich nicht gottgewollt. Also können die Krisen auch von Menschen gelöst werden. Diese Arbeit ist Teilhabe an der Schöpfung. Schon die Eingeborenenvölker wussten, dass wir die Hüter der Erde sind.

Das wussten auch die Autoren von »Die Grenzen des Wachstums«. Es ist in allen Auflagen des Buches eine der wesentlichen Basiserkenntnisse, dass letztlich alles mit allem zusammenhängt. Der Dalai-Lama sagt dazu: »In der Tiefe ist alles eins.« Ein Beispiel für diese Tiefe der Zusammenhänge: Jedes Jahr vernaschen wir Deutsche 20 000 Tonnen Honig, die etwa 79 000 Bienenvölker hierzulande für uns einsammeln. Dafür fliegt eine Biene rein rechnerisch dreimal um die Erde und bestäubt dabei 75 Millionen Blüten, auch von vielen Nutzpflanzen. Ohne Bienen hätten wir eine riesige Hungersnot. Vielleicht kann man sogar sagen: ohne Bienen kein Leben.

Bienen zählen zu den ältesten und wertvollsten Begleitern des Menschen. Wir verdanken ihnen Einzigartiges. Doch durch den Klimawandel und durch das Artensterben sind sie vom Aussterben bedroht. Schon seit der Antike werden Bienenprodukte als Pflege- und Heilmittel benutzt. Für ihre Schönheit soll die ägyptische Königin Kleopatra in Milch und Honig gebadet haben.

Die geistig-göttliche Ordnung erkennen

Wir haben allzu lange Geist und Seele vergessen und verdrängt. In ihrer Renaissance liegt unsere Rettung. Was aber ist Geist? Geist ist jene Macht, die stärker ist als Gewalt. Das wird mir immer wieder klar, wenn ich mir das Verhältnis der chinesischen Machthaber zum Dalai-Lama anschaue und es zum Teil auch miterlebe. Eine riesige Militärmacht mit Millionen Soldaten, Atomwaffen, Panzern und Kampfflugzeugen hat Angst vor einem einfachen und bescheidenen, aber geistvollen und angstfreien Mönch und nennt ihn »Staatsfeind Nummer eins«.

Die geistige Welt ist eine Welt ohne Wachstumsgrenzen, eine Welt wie ein »Meer aller Möglichkeiten« (Victor Rollhausen). Im Johannesevangelium heißt es dazu: »Der Geist ist es, der lebendig macht« (Johannes 6,63). Deshalb hat Jesus seinen Freundinnen und Freunden zugesagt: Ich schicke euch den Heiligen Geist, den Pfingstgeist, den ich oft als heilenden Geist erleben durfte. Ein lebendiger Geist ist immer ein Geist der Heilung und Erneuerung. Auch Aristoteles wusste schon: »Des Geistes Wirklichkeit ist Leben.«

Daher müssen wir uns weit mehr als bisher öffnen für die Inspirationen aus der geistigen Welt. Gerade diese Öffnung für und Kooperation mit der geistigen Welt ist die Basis für unsere Rettung und die Erfolgsbedingung für unser Überleben. Wir können und müssen einen stärkeren Austausch und eine tiefere Verbindung zwischen unserer materiellen Welt und der göttlich-geistigen Welt schaffen.

Materielles Wachstum ist begrenzt, aber die Intelligenz der Schöpfung, des Schöpfers oder der Schöpferin ist grenzenlos. Und wir alle sind Kinder dieser Intelligenz. Deshalb ist unser geistiges Potenzial riesig und unbegrenzt. Darin liegt unsere Chance – trotz allem: noch.

Was aber ist Geist? Für mich ist Geist die in jedem Menschen wirkende natürliche Kraft Gottes, die sich in der Seele manifestiert und in der Lage ist, menschliche Leiden an Körper, Geist und Seele zu heilen.

Am Anfang war das Wort? Am Anfang war der Geist. Ich genoss das Privileg, zehn Semester an der Universität Heidelberg studieren zu können. Oft ließ ich mich von der Schrift über dem Haupteingang inspirieren: »Dem lebendigen Geist«. Der Philosoph Karl Jaspers zu die-

»Dem lebendigen Geist« über dem Haupteingang der Universität Heidelberg

ser Inschrift: »Leben und Geist werden schon längst in eins gesetzt, sei es, dass der Kern des Geistes als Leben, oder dass der Kern des Lebens als Geist galt.«

Geist und Seele stärken unsere Herzensintelligenz, ermöglichen eine Weltrevolution des Mitgefühls sowie eine Ökologie der Herzen und überwinden endlich die jahrtausendealte Herrschaft von Geiz und Gier, von Kriegen, Macht und Gewalt, von Neid und Egoismus. So lernen wir in Politik, Gesellschaft und Wirtschaft, in Achtsamkeit gegenüber den Schöpfungsgesetzen und in Harmonie mit der Natur zu leben. Eine solche spirituelle Ökologie lehrt uns, die Natur mit den Augen der Seele zu sehen. Dann besitzen wir die Erde nicht mehr, wir kümmern uns um sie.

Für die Wirtschaft der Zukunft werden Wahrhaftigkeit, Ideenreichtum, Inspiration, Integrität und Interesse an wahren Bedürfnissen und echten Werten wichtiger sein als Geld, geistiger Gewinn wichtiger als materieller Profit. Die Zeit ist also reif für ein neues geistiges Modell, in dem wir die göttliche Handschrift der Evolution wiedererkennen können.

Michail Gorbatschow erzählte mir einmal, dass er nur deshalb mit US-Präsident Ronald Reagan die atomare Abrüstung zustande brachte, weil es ihnen »gelungen ist, gegenseitiges Vertrauen aufzubauen«. Vertrauen ist eine große Geistkraft. Bei der Katholikin Mutter Teresa klang dieses Vertrauen so: »Christus wirkt in mir, Christus denkt in mir, Christus schaut aus meinen Augen, Christus spricht durch meine Worte, Christus arbeitet mit meinen Händen, Christus liebt mit meinem Herzen.«

Neues Bewusstsein oder neues Feindbild?

1990 träumten viele im Westen vom »ewigen Frieden«. In der Zeit nach Michail Gorbatschow wurde die globale Friedenssehnsucht allerdings schnell wieder schwächer. Die seitherigen Kriege haben die damalige starke Friedensbewegung beinahe zerstört. Geblieben und verstärkt wurden die Militarisierung des Denkens und der Überlegenheitsdünkel des Westens sowie das oft aggressive Unterlegenheitsgefühl Russlands unter Wladimir Putin. Das Scheitern der westlichen Militärinterventionen in den letzten Jahren zeigt sehr deutlich, dass Gewalt kein Mittel zur Lösung von Konflikten ist. Die Kriege gegen Afghanistan und den Irak wurden »Kriege gegen den Islamismus« genannt. Im Grunde hat nur der »böse Islam« den »bösen Kommunismus« als westliches Feindbild abgelöst. Geblieben und verstärkt wurden die Militarisierung des Denkens und der Überlegenheitsdünkel des Westens. Was nicht heißt, dass ich in Putin einen Friedensengel sehe.

In Afghanistan hat die Nato nicht den Frieden gesucht, sondern den Krieg. Die Katastrophe, welche die Nato durch ihre militärische Intervention in Afghanistan 2021 erlebt hat, ist wohl der bisher deutlichste Weckruf zur Umkehr und Abkehr von altem Denken. US-Präsident Joe Biden hat am 31. August 2021 klare und bemerkenswert starke Worte zum Afghanistandebakel gefunden: »Wir müssen aus unseren Fehlern lernen. Jeden Tag haben sich seit Beginn des Kriegs achtzehn Veteranen das Leben genommen. Bei dieser Entscheidung über Afghanistan geht es nicht nur um Afghanistan. Es geht darum, eine Ära großer Militäroperationen zur Umgestaltung anderer Länder zu beenden.«

Das ist die deutlichste Bankrotterklärung der Nato-Politik der letzten Jahrzehnte durch einen US-Präsidenten. Fakt ist: Damit gesteht der US-Präsident ein, dass nach 1945 sämtliche militärischen Interventionen des Westens gescheitert sind – vielleicht mit Ausnahme der Kriege um Jugoslawien. Das war so in Vietnam, in Syrien, im Irak und nun in Afghanistan. Es geht jetzt endlich darum, Sicherheit völlig neu zu denken.

Die »New York Times«: »Seit 2014 haben sich 45 000 US-Soldaten und Veteranen das Leben genommen. Seit 2001 sind mehr Soldatinnen und Soldaten durch ihre eigene Hand gestorben als in Frontkämpfen im Irak und Afghanistan zusammen.« Die meisten Opfer seien unter 30 Jahre alt gewesen. Nicht nur diese erschütternden Zahlen, sondern viele weitere Ergebnisse der militärischen Interventionen erfordern neues Denken und erst recht neues Handeln, wenn es um mehr Sicherheit geht.

Die Hauptergebnisse der Kriege des Westens nach 2001:

Diese »Kriege gegen den Terror« kosteten etwa 1,5 Millionen Menschenleben, etwa die Hälfte waren Zivilisten, unter ihnen etwa 300 000 Kinder. Das ist auch das Ergebnis von Waffenexporten aus Deutschland. Waffenexport bedeutet immer auch Teilhabe an Massenmord.

Die Nato-Kriege brachten Millionen Menschen Hunger und Zerstörung – auch mit deutschen Waffen.

Die Waffengewalt verursachte ein beispielloses Flüchtlingselend, das nur vom Flüchtlingselend des Zweiten Weltkriegs noch übertroffen wurde. Das Costs-of-war-Project in den USA spricht von 5,9 Millionen afghanischen Flüchtlingen, von 3,7 Millionen pakistanischen Flüchtlingen, von 9,2 Millionen irakischen Flüchtlingen und von 7,1 Millionen syrischen Flüchtlingen. Die US-Wissenschaftler schätzen, dass durch die »Kriege gegen den Terror« rund 60 Millionen Menschen – auch in ihren eigenen Ländern – auf der Flucht sind. Auch dafür sind deutsche Waffen mitverantwortlich.

Bisher galt der altrömische Grundsatz: Si vis pacem, para bellum – wer den Frieden will, muss den Krieg vorbereiten. Das Ergebnis ist: Massenmord, Gewalt, Staatsterror, Vertreibung und Elend von Milli-

Michail Gorbatschow mit Franz Alt

onen Menschen. Jetzt, spätestens im Atomzeitalter, wo jeder Krieg der letzte sein könnte, weil es danach keine Menschen mehr gäbe, müssen wir dieses katastrophale Motto vom Kopf auf die Füße stellen. Es gilt, wie Biden sagte, aus Fehlern zu lernen. Das neue Motto könnte heißen: Wer Frieden will, muss den Frieden vorbereiten.

Das heißt: Raus aus der alten zerstörerischen Spirale von Gewalt und Gegengewalt, von Drohgebärden und Vernichtungsfantasien. Nicht länger Kriege vorbereiten, sondern Frieden. Heilung kann nur durch Vertrauensbildung gelingen, so wie es Gorbatschow und Reagan vorgemacht haben. Heilende Vertrauensbildung geht nur über vertrauenswürdiges Verhalten und durch ehrliche Kommunikation, die auch die Interessen der anderen Seite berücksichtigt. Das führt schließlich zu einer Win-win-Situation, wie wir sie 1989 und 1990 erlebt haben. Der jetzt überfällige Schritt ist, dass die EU und Russland an der Gorbat-schow-Idee vom »Gemeinsamen Haus Europa« weiterarbeiten. Es ist der entscheidende Beitrag zu einer »Weltinnenpolitik« (Hans-Dietrich Genscher). Nur mit einer Weltinnenpolitik, die diesen Namen verdient, werden wir sowohl Frieden schaffen mit weniger Waffen als auch die sozialen und ökologischen Probleme unserer Zeit lösen können.

Zum Glück gibt es auch in der Sicherheitspolitik Alternativen: eine zivile Sicherheitspolitik. Das heißt: »Sicherheit neu denken ist ein be-grüßenswerter und notwendiger Teil der neuen Aufklärung, die unsere Welt so dringend braucht.« (Ernst Ulrich von Weizsäcker) Die Hauptthese lautet: So, wie wir in den letzten Jahren den Ausstieg aus der Atomenergie erfolgreich begonnen haben und aus Kohle und Erdgas aussteigen werden, so ist es auch möglich, aus dem alten militärischen Denken auszusteigen und alles Geld, das bisher ins Militär und in Kriegsvorbereitung floss, in zivile, soziale und ökologische Projekte umzuwidmen. Ein Land muss damit anfangen. Aufgrund seiner Geschichte wäre Deutschland geradezu prädestiniert.

Ein konkreter Vorschlag, um dieses Ziel zu erreichen: Wenn die Vereinten Nationen durch deutsche Initiative beschließen, dass alle Militärhaushalte pro Jahr um fünf Prozent reduziert werden, dann wären die globalen Militärausgaben nach zehn Jahren halbiert, und wir hätten genügend Geld für Bildung, Klimaschutz, Gerechtigkeit und Friedensprojekte. Die meisten Menschen wollen doch Abrüstung statt immer mehr Aufrüstung. Und die Welt wäre sicherer. Die bisherige Politik führt zu immer mehr Unsicherheit und Gefahr. Vielleicht hat die neue »feministische« Außen- und Sicherheitspolitik eine Chance, wenn es künftig mehr Außen- und Verteidigungsministerinnen als heute gibt. Immerhin hat Deutschland mit der neuen Bundesregierung dazu einen Anfang gemacht: Zwei Frauen leiten das Außen- und das Verteidigungsministerium.

Ist dieser Vorschlag naiv und wirklichkeitsfremd? Er ist zumindest so realistisch wie Greta Thunbergs Idee eines »Schulstreiks fürs Klima« oder das Paris-Ziel von 2015 oder die Vision der friedlichen deutschen Einheit im Herbst 1989. Ich halte den Vorschlag vor allem deshalb für realistisch und für realisierbar, weil Millionen Menschen darauf warten. Sie haben erkannt, dass uns die bisherige militarisierte Freund-Feind-Politik nicht in eine gute Zukunft führen kann. Es gibt aber immer Alternativen.

Jürgen Todenhöfer hat ausgerechnet, dass wir heute etwa 50-mal mehr Terroristen haben als am Beginn des »Kriegs gegen den Terror«. Es gibt sehr viele Gründe, weshalb wir aus den Erfahrungen mit diesen Kriegen sehr viel lernen müssen. Braucht es noch mehr Katastrophen, noch mehr Tote und Flüchtlinge und noch einmal eine Vervielfachung der Zahl von Terroristen, um endlich etwas aus der Geschichte zu lernen?

Eine weitere schlimme Folge: Die Welt hat jetzt in Afghanistan die am besten aufgerüstete und militärisch ausgerüstete Armee eines Talibanstaates. Noch nie hatte ein Terrorregime so viele modernste und gefährliche Waffen – die Hinterlassenschaft von Nato-Armeen. Denn die meisten Waffen, mit denen die Nato-Staaten in Afghanistan operierten, sind jetzt in den Händen der Talibanregierung. Das ist die traurige Bilanz des Antiterrorkriegs. Die einzigen Gewinner in allen Kriegen sind die Waffenproduzenten. Aber in ihrer Haut möchte ich nicht stecken.

Das kleine mittelamerikanische Land Costa Rica ist das einzige Land der Welt ohne Militär und führt seit fünf Jahren ununterbrochen die Liste der glücklichsten Länder der Welt, den Happy Planet Index, an. Das Land ist beim Strom zu 100 Prozent erneuerbar. Costa Rica, die »reiche Küste«, hat einen um zwei Drittel geringeren ökologischen Fußabdruck als die USA und bringt Frieden, Wohlstand und Umwelt miteinander in Einklang. Ich habe den früheren Präsidenten Costa Ricas, den Friedensnobelpreisträger Óscar Arias Sánchez, einmal gefragt, wie sein Land ohne Militär sicher sei. Seine – bedenkenswerte – Antwort: »Wir haben keine Feinde, weil wir kein Militär haben.«

Ich möchte Sie fragen: Welche anderen Möglichkeiten haben wir denn als die sinnvolle Hoffnung, an einer besseren, gerechteren und friedlicheren Welt mitarbeiten zu können? Wir brauchen jetzt einen Aufbruch in eine nachhaltige, lebensfreundliche und naturnahe Zivilisation, in der die Technik uns dient und nicht unterwirft.

In der Nach-Gorbatschow-Zeit wurde die globale Friedenssehnsucht wieder schwächer. Das Scheitern der westlichen Interventionen im Irak, in Afghanistan und in Mali zeigt wieder einmal sehr deutlich, dass Gewalt kein Mittel zur Lösung von Konflikten ist. Charlotte Wiedemann dazu in der »taz«: »Durch die Kriege des Westens starben zig-fach mehr Menschen als durch jene, die man zu bekämpfen gedachte« – also durch die Terroristen. Die Kollegin schreibt, dass durch die US-Intervention im Irak mindestens 150 000 Menschen getötet wurden. Andere Schätzungen vermuten bis zu einer halben Million Tote.

Vor lauter Corona und Klimaschutz ist die Gefahr eines Atomkriegs in der Öffentlichkeit beinahe vergessen und verdrängt worden. Dabei ist sie heute mindestens so groß wie in den 80er-Jahren des letzten Jahrhunderts. Es werden immer mehr atomare Massenvernichtungswaffen entwickelt, die zerstörungsstärker, zielgenauer, schneller und flexibler einsetzbar sind als ihre Vorgänger, hat das renommierte Stockholmer Friedensforschungsinstitut SIPRI im Jahr 2021 errechnet. Weltweit sind 13 980 atomare Sprengköpfe stationiert, davon 6255 in Russland und 5550 in den USA. Experten gehen davon aus, dass auch in Deutschland noch immer 15 bis 20 Atombomben in der Nähe des Luftwaffenstützpunkts Büchel in Rheinland-Pfalz gelagert sind. Die Gefahr eines Atomkriegs ist größer als je zuvor. 2020 stellten Atomwissenschaftler des US-amerikanischen »Bulletin of Atomic Scientists« die Zeiger ihrer Weltuntergangsuhr auf 100 Sekunden vor 12 Uhr, so nahe wie nie zuvor, seit diese Uhr 1947 in Betrieb ging. Durch ein technisches oder menschliches Versagen kann jederzeit eine unvorstellbare Katastrophe ausgelöst werden. Ein Atomkrieg könnte das Ende allen menschlichen Lebens bedeuten.

Davor warnt bis heute unermüdlich Michail Gorbatschow. Es könnte sein, dass wir seinen mutigen Abrüstungsschritten unser Überleben verdanken. Dieser Michail Gorbatschow – er hat die kommunistische Diktatur besiegt, die Mauer zum Einsturz gebracht, den Kalten Krieg beendet, die friedliche deutsche Einheit ermöglicht, 80 Prozent der gefährlichsten Atomwaffen verschrotten lassen und der Welt die Angst vor einem Atomkrieg genommen –, woher nur nahm er für all dies

Raissa und Michail Gorbatschow

die Kraft? Das habe ich ihn 1996 in Frankfurt bei einem Fernsehinterview gefragt, bei dem ihn seine Frau Raissa begleitet hat. Seine Antwort: »Meine Kraft steht hier hinter der Kamera.« Raissa lächelte und winkte ihm zu. Die Welt ahnt bis heute nicht, was wir dieser Frau und diesem Liebes- und Arbeitspaar verdanken. Diese beiden Menschen, in Liebe und in politischem Austausch vereint, haben gemeinsam die Welt verändert und verbessert. Für mich sind die Gorbatschows das politische Liebespaar des 20. Jahrhunderts.

Wenn ich in den letzten Jahren Michail Gorbatschow in Moskau besucht habe, hat er mir so enthusiastisch von Raissa erzählt und Fotos von ihr gezeigt, als stünde sie noch immer neben ihm. Aber was ist aus den großartigen Ideen dieses wunderbaren Liebespaares geworden?

Zwar haben 133 UN-Mitgliedsstaaten das Abkommen zum vollständigen Verbot aller Atomwaffen unterzeichnet, doch die neun Atomwaffenbesitzer (USA, Russland, China, England, Frankreich, Indien, Pakistan, Nordkorea und Israel) haben bisher nur leere Versprechungen zur atomaren Abrüstung abgegeben. Die deutliche Mehrheit der Regierungen und erst recht der Menschen will eine atomwaffenfreie Welt. Doch noch tickt die Weltuntergangsuhr. Und auch die neue deutsche Regierung will neue Kampfflugzeuge für die US-Atomwaffen hierzulande anschaffen.

Doch Afghanistan lehrt: Mit immer mehr Waffen können wir keinen Frieden schaffen. Eine neue Politik beginnt mit neuem Denken. Helmut Kohl schlug einmal vor: Frieden schaffen mit immer weniger Waffen. Diese Hoffnung enthält den Keim, aus dem heraus bald die konstruktive Zusammenarbeit aller Völker erwachsen kann, die allen Kriegen ein Ende setzt. Ist das zu idealistisch? Spätestens im Atomzeitalter sollten wir damit beginnen, unsere uralten Ideale einer friedlichen Welt auch zu verwirklichen. Denn welche anderen Möglichkeiten haben wir?

Alle großen Entwicklungen haben klein angefangen. Das war so bei allen Religionsstiftern, bei Greta Thunberg, bei der deutschen Einheit ebenso wie beim bayerischen Volksbegehren zum Schutz der Bienen. Immer ging eine Idee, eine Geisteskraft, der Umsetzung voraus. Das größte Wunder jeder Veränderung ist immer der menschliche Geist. Unsere ostdeutschen Mitbürgerinnen und Mitbürger gingen 1989 mutig und heldenhaft gegen ein Unrechtsregime auf die Straße. Jetzt ist die nächste friedliche Revolution fällig: für das Klima.

Wie viele neue Menschen mit einem neuen Bewusstsein wir für die große Transformation brauchen, wissen wir nicht. Doch wir können wissen, dass der Geist weht, wo er will. Auch bei jeder Leserin und bei jedem Leser dieses Buches.

64 gute Nachrichten – aber ...

Mittlerweile haben sich unzählige lokale Bündnisse, die in Klimafragen eine Art globales Netzwerk bilden, zusammengetan und seither Hunderte Millionen Tonnen Kohlendioxid eingespart. Um die 100 der größten Metropolen weltweit haben sich zusammengeschlossen und ehrgeizige Klimaziele verabredet. Allein diese Metropolen repräsentieren 700 Millionen Menschen auf allen Kontinenten. Ein globaler Wendepunkt, ein Wendepunkt zum Guten scheint möglich.

Immerhin sind seit dem Pariser Klimagipfel 2015 die Kohlendioxid-emissionen in 64 Staaten gefallen. In 130 Ländern aber sind sie weiter angestiegen und damit auch insgesamt. Das heißt: Von den anvisierten Klimazielen ist die Welt noch weit entfernt. In den 64 Staaten, die ihre Emissionen reduzieren konnten, sanken diese um insgesamt 168 Millionen Tonnen. Aber zum Erreichen des Paris-Ziels, global wesentlich weniger als zwei Grad Erwärmung gegenüber 1880, müssten sie um ein bis zwei Milliarden Tonnen sinken. Wir haben die Wahl. Noch!

Wer Klimaschutz weiterbringen und das Paris-Ziel erreichen will, muss einen ständig ansteigenden Preis auf die alten Energieträger erheben. Hier liegt der entscheidende Hebel. Auch das hat uns die Corona-Krise gelehrt: Wo die Emissionen am stärksten sanken, war dies nicht Corona-bedingt, sondern durch den gestiegenen Kohlendioxidpreis auf Kohle.

Die Welt im Jahr 2072
Lernen wir ein nachhaltiges Weltregieren?

Ich bin kein Naturwissenschaftler, so wie wohl auch die meisten Leserinnen und Leser dieses Buches. Aber wir können und müssen wissen: Das Gleichgewicht der Erde bleibt fragil. Um die schlimmsten Katastrophen zu verhindern, brauchen wir ein UN-Weltparlament, das in allen 196 Ländern gewählt werden muss und dann eine demokratische Weltregierung bildet. Es muss den unsäglichen UN-Sicherheitsrat als Überbleibsel aus der Nachkriegszeit ablösen, wo letztlich nur die Interessen der fünf Siegermächte des Zweiten Weltkriegs vertreten sind, also die Interessen der Vergangenheit und nicht die der Zukunft.

Eine nachhaltige Welt braucht zwei große Veränderungen: ein Umdenken der Mächtigen und eine aktive Zivilgesellschaft, die sich schon immer deutlicher abzeichnet. Nur dann werden wir künftig von einer Qualität des Weltregierens sprechen können. Das liegt im wirklichen und langfristigen Interesse aller acht Milliarden Menschen, die wir bald sein werden.

Sowohl eine künftige Weltregierung als auch die Zivilgesellschaft sollten sich an der Erkenntnis des großen österreichischen Naturforschers Viktor Schauberger orientieren: »Nur die Natur kann und darf unsere große Lehrmeisterin sein.«

Die Beziehung Mensch-Tier muss ethisch neu bestimmt werden. In der Juristerei werden Tiere Rechtssubjekte werden müssen. Tiere, Natur, Wälder, Böden, Luft und Wasser werden Klagerechte bekommen müssen, die dann stellvertretend von Menschen oder Organisationen wahrgenommen werden. Die Natur braucht ein neues Naturrecht. In Kolumbien haben die höchsten Richter dem Fluss Atrato und dem Amazonasgebiet bereits eine eigene Rechtspersönlichkeit zuerkannt. Das deutsche Bundesverfassungsgericht argumentiert in ähnliche Richtung, wenn es Freiheitsrechte auch für die heute noch nicht Wahlberechtigten oder gar für die noch nicht Geborenen fordert.

Was können wir für die nächsten 50 Jahre erwarten? Das fragen wir 50 Jahre nach dem Ersterscheinen von »Die Grenzen des Wachstums«. Ich kann und möchte keine Prognosen in exakten Zahlen vorlegen, aber ich stimme Erich Kästner zu: »Es geht auf keinen Fall so weiter, wenn es so weitergeht.«

Die Fehlprognosen der letzten 50 Jahre sollten uns vorsichtig und bescheiden machen in Bezug auf weitere Prognosen. Nicht nur Steven Hawkings Prognose, dass die Erde in 100 Jahren unbewohnbar ist, ist möglich. Alles ist möglich, vieles denkbar. Die Zukunft ist offen, Wesentliches hängt von uns ab. Richtig bleibt: Es gibt Grenzen des Wachstums. Lernen wir, achtsam zu sein für diese Grenzen.

Was aber können wir für den Klimaschutz lernen – auch aus der Corona-Krise, in der die Politik plötzlich auf die Wissenschaft gehört hat? Ich schlage sieben von der Wissenschaft geforderte Lernschritte vor:

— einen raschen globalen Umstieg auf 100 Prozent erneuerbare Energien;

— eine Reglobalisierung und zugleich eine Regionalisierung der heutigen Produktionsweisen;

— die Umstellung auf eine pestizidfreie Landwirtschaft sowie einen kleinteilig biologisch-organischen Anbau sowie entsprechendes Konsumverhalten;

— die Kommunalisierung aller Trinkwasserreserven auf der Mutter Erde;

— eine Kreislaufwirtschaft in Form von Cradle to Cradle;

— die globale Wiederaufforstung und höhere Abgaben auf Treibhausgase;

— jede Wahl muss eine Klimawahl werden.

Vieles davon kostet nur Umdenken, einiges allerdings auch Geld. Aber es nicht tun, kostet noch viel mehr. Und wie sagte Eleanor Roosevelt: »Die Zukunft gehört denen, die an ihre Träume glauben.«

Wer selbst Verantwortung und Eigeninitiative übernimmt, spürt auch seine eigene Kraft und Energie. Es ist genug für alle da, wenn wir lernen, in Harmonie mit der Natur zu leben, zu arbeiten und zu wirtschaften. Es bedarf hierfür eines Netzwerks von Menschen mit Selbstermächtigung und Verantwortung für ihr eigenes Leben ohne Wenn und Aber. Oder mit Immanuel Kant gesprochen: »Bediene dich deines eigenen Verstandes.« Wir können vertrauen auf die Kraft der Zuversicht und hoffen auf die Energie der Liebe. Die Liebe ist die größte Kraft im Universum. Künftige Generationen zu lieben heißt, Verantwortung für sie zu übernehmen. Also: nachhaltig wirtschaften lernen, nicht länger auf Kosten künftiger Generationen und auf Kosten der Armen leben.

»Wer lieblos mit sich selbst umgeht, wird krank«, das gilt persönlich, beruflich, in der Wirtschaft und in der Politik, meint der Neurologe Gerald Hüther. Der indische Yogi Paramhansa Yogananda sagt: »Unser Körper ist ein Königreich, das von der Seele regiert wird.«

Die Zeit ist reif: Kipppunkte

Siemens-Chef Roland Busch sagt einen ganz banalen Kipppunkt voraus: »Ab 2030 werden Züge in Deutschland keine Verspätung mehr haben« und mit Hilfe der Digitalisierung würde ein Flughafen wie in Berlin fertig gebaut – na ja, schau'n wir mal.

Klimawissenschaftler warnen vor Kipppunkten, nach denen es kein Zurück mehr geben könne. Es gibt aber auch geistige Kipppunkte hin zum Positiven: Greta Thunberg ist ein solcher. Seit ihrem »Schulstreik fürs Klima« folgen ihr Millionen junger Menschen auf der ganzen Welt und machen Druck auf Politik, Wirtschaft und Gesellschaft für mehr Klimaschutz. Daran zeigt sich, dass sich jeder Einsatz auf geistiger Ebene lohnt. Auch die Gerichtsurteile zugunsten von mehr Klimaschutz sind geistige Kipppunkte.

Ich habe selbst solche geistigen Kipppunkte erlebt. In den 80er-Jahren des vorigen Jahrhunderts habe ich mit der Friedensbewegung gegen atomares Wettrüsten gekämpft. Dann kam Michail Gorbatschow, und die gefährlichsten Atomwaffen wurden verschrottet. Der Kampf hat sich gelohnt. Nach der Tschernobyl-Katastrophe kämpfte ich mit der Antiatombewegung für einen deutschen Atomausstieg. Zuerst durch Rot-Grün und danach durch Angela Merkel wurde er organisiert. Auch dieser Kampf hat sich gelohnt.

Heute kämpfe ich gegen die Klimakatastrophe und für die militärische Abrüstung – und es kam Greta Thunberg. Dieser Kampf wird sich ebenfalls lohnen, weil wir den nächsten geistigen Kipppunkt erreichen werden, wenn wiederum Millionen Menschen dafür kämpfen. Jetzt erwarte ich gern das Unerwartete. Lassen wir uns nicht länger hinters Licht führen, sondern seien wir selbst das Licht, indem wir uns für die Sonne öffnen. Als freier Journalist nutze ich den »Joker der Narrenfreiheit« (Rüdiger Fox), der die Wahrheit ungeschminkt aussprechen und schreiben kann.

Eine Welt ohne Müll, ohne Klimakatastrophe, ohne Kriege und Hunger ist möglich. Und Frieden ist möglich, so wie Liebe möglich ist. Eine effizientere Wirtschaft bietet ein riesiges Einsparpotenzial. Ein neues grünes Wachstum wird ein Zeichen von intelligenterer Ökonomie. Sie entsteht aus einem Mix von Ökonomie, Ökologie, Sozialpolitik und Vertrauen in die Heilkräfte der Natur. Produkte können länger leben, sind reparaturfähig und recycelbar. Produkte und Energien werden gebraucht und nicht mehr verbraucht.

Die Zivilgesellschaften werden gestärkt, Genossenschaften wichtiger. Soziale Vordenker und Vorkämpfer wie Friedrich Wilhelm Raiffeisen, Hermann Schulze-Delitzsch oder Adolf Kolping können neu entdeckt werden. Es kann eine »Gesellschaft des Teilens und Kümmerns« entstehen (Daniel Dettling). Das Erfolgsmodell der EU hat bewiesen, dass Demokratien friedlich sein und gewinnen können. Was jedoch nicht heißen sollte, dass wir von anderen nichts lernen können.

Während der Corona-Krise, die bis Oktober 2021 etwa fünf Millionen Menschenleben gekostet hat, haben konfuzianisch geprägte Gesellschaften mit ihrem Wir-Denken erfolgreicher die Pandemie bekämpft als die christlich geprägten Ich-Gesellschaften. Darauf weist der Politikwissenschaftler Kishore Mahbubani hin und vergleicht die Todeszahlen durch Corona in ostasiatischen Ländern mit denen in westlich orientierten Demokratien: Danach sind von einer Million Einwohnern in Belgien 2218 gestorben, in den USA 2187, in Italien 2181, in Deutschland 1131, aber in Japan 144, in Südkorea 53, in Singapur 42, in China drei. (Quelle: Our World in Data, Stand: 19. Oktober 2021). In Tokio oder Peking, in Schanghai oder Hongkong wurden schon vor Corona Gesichtsmasken getragen, und dort käme niemand auf die Idee, dass dies eine Einschränkung der individuellen Freiheit sei. Es ist die Rücksichtnahme auf die anderen, sie sollten vor Infektionen geschützt werden.

Wir können voneinander lernen. Ein friedliches, demokratisches Europa hat hierbei die besten Voraussetzungen, die künftige ökologische Großmacht zu werden. Ein Lichtblick am Jahresbeginn 2022: Deutschlands neuer grüner Wirtschafts- und Klimaminister Robert Habeck legt erstmals seinen Jahreswirtschaftsbericht vor, der ein »Lob des Verzichts« (»Spiegel«) enthält. Bisher waren Jahreswirtschaftsberichte immer Wachstumsberichte. Doch dieser ist erstmals wachstumskritisch. Konkret geht es um »nachhaltiges Wachstum« wie »Ausgaben für Bildung« oder auch um »zentrale Einrichtungen der Daseinsvorsorge«. Auch umweltbelastende Faktoren des Wirtschaftens werden berechnet. Für klassische Ökonomen eine Revolution. Nach diesem Bericht verbrauchen deutsche Unternehmen für die Herstellung ihrer Produkte heute etwa 30 Prozent weniger Ressourcen als noch vor zehn Jahren, und sie emittieren in derselben Zeit etwa 25 Prozent weniger Treibhausgase. Der Flächenverbrauch sank seit 2010 um 40 Prozent. Habeck schwört die Deutschen in seinem Bericht auf »Verzicht zugunsten des Klimas« ein. Die »Transformation zur klimaneutralen Wirtschaft« werde ein »fordernder Weg« werden: »Ganze Wirtschaftsbereiche können merklich schrumpfen.« In der Mitte der Gesellschaft sei eine »Sättigung mit Konsumgütern erreicht«. »Nachhaltigkeit und Gerechtigkeit« seien wichtiger als »stetig steigender materieller Pro-Kopf-Konsum« – eine deutliche Abkehr vom bisherigen grenzenlosen Wachstumswahn.

Eine große Zukunftschance bietet die weitere Entmaterialisierung der Wirtschaft in Form einer Sharing Economy. Sie schont Ressourcen, spart Zeit und bringt mehr Gerechtigkeit. Die klassische Ökonomie hat in solchen Strategien lange Wirtschaftsfeindlichkeit vermutet. Doch das Gegenteil ist der Fall: Sie sind gesamtökonomisch sehr förderlich. Auch hier gilt: An ihren Früchten werden wir es erkennen.

Die Grenzen des Wachstums waren, sind und bleiben ein Aufruf zum Handeln. Ob Klimawandel, Digitalisierung, demografischer Wandel oder soziale Spaltung: Die »große Transformation« ist nicht nur groß, sie ist auch komplex. Und sie ist sozial, nie nur technologisch.

Der notwendige Systemwandel zu einer ökosozialen Marktwirtschaft wird nicht ohne gravierende Veränderungen funktionieren. Sozial engagierte und orientierte Unternehmer und Unternehmerinnen – Entrepreneure – können die dafür notwendige Zukunftslust vermitteln. Auf geht's! Come on! Wir sind dran:

Die Ernährungswende kann uns nur gelingen, wenn wir uns und unseren Kindern die Natur näherbringen.

Die Mobilitätswende kann uns nur gelingen, wenn wir das Bürgerengagement steigern und regionale Mobilitätskonzepte für den ländlichen Raum entwickeln – die Wiederbelebung des ländlichen Raums ist eine soziale Aufgabe.

Der Klimaschutz kann uns nur gelingen, wenn er sozial abgefedert wird.

Abrüstung bedeutet: Wir müssen abrüsten. Heute gibt es eine Milliarde Kleinwaffen und 15 000 Atomsprengköpfe.

Die Rettungsformel könnte heißen: Nicht Wut, Angst und Frust, sondern Mut, Motivation und Lust werden uns leiten. Die Zeit ist jetzt reif für viele geistige Kipppunkte. Das Spiel des Lebens beginnt immer dann neu, wenn wir uns verändern.

Die 18 Angebote des Überlebens

Der Klimawandel und die Klimapolitik werden überall auf der Welt vieles auf den Kopf stellen: in Deutschland die Autoindustrie und die alten Energiekonzerne, in Russland die Gaswirtschaft, in den Golfstaaten die Ölindustrie, in Australien, China und Polen die Kohlewirtschaft, in Frankreich die Atomlobby. Und weltweit die Luftfahrt, die Zement-

und Metallindustrie. Der Druck zum Wandel wächst überall. Wer ihn verschläft, verschläft seine eigene Zukunft. »Die Krise besteht darin, dass das Alte stirbt und das Neue nicht geboren werden kann.« (Antonio Gramsci)

Die deutschen Autobauer, die sich – außer Mercedes – auf der Weltklimakonferenz in Glasgow noch geweigert haben, sich auf den Abschied vom Verbrennerauto ab 2040 einzulassen, werden dazugehören. 33 andere Länder haben sich zum Abschied vom Verbrennungsmotor bis 2040 bekannt. Dabei ist es absehbar, dass der Umstieg aufs E-Auto weit früher kommt. Mercedes hat im Januar 2022 ein E-Auto mit Solardach vorgestellt. Es verbraucht weniger als zehn Kilowattstunden auf 100 Kilometer und soll das effizienteste E-Auto der Welt sein. Meine Frau und ich fahren mit unserem E-Auto und mit Solarstrom vom eigenen Dach aus über 30 Jahre alten Solarzellen so gut wie umsonst.

Viel mehr, als heute denkbar ist, wird künftig elektrifiziert werden: neben Autos und Heizungen in Zukunft auch Langstreckenflüge mit solar erzeugtem Wasserstoff, die Stahlproduktion, die Zementindustrie und die chemischen Grundstoffe.

Zum Schluss – statt weiterer Zukunftsprognosen – möchte ich lieber 18 Zukunftsthesen oder, wenn Sie so wollen, 18 Angebote des Überlebens aufstellen nach dem Motto, das Martin Luther King der Menschheit 1963 ins Gedächtnis einbrannte mit seinem »I have a dream«:

1. Das Wir ist wichtiger als das Ich (Peter Spiegel). Dieses Wir ist freilich mehr als wir Menschen. Wir müssen endlich Abschied nehmen vom Anthropozentrismus. Das Prinzip der Zukunft heißt: Das Leben steht im Mittelpunkt – Menschen, Tiere und Pflanzen. Es geht um die Interdependenz allen Lebens. Denn alles ist mit allem verbunden und voneinander abhängig. Erst das Mitgefühl mit allen Geschöpfen macht uns wirklich zu Menschen. Wir werden lernen müssen, dass auch Insekten irgendwo leben und wohnen müssen. Es geht um Ökosysteme, nicht um Egosysteme.

2. Die gesamte Schöpfung basiert auf dem Prinzip von Abhängigkeit und Wechselwirkung: Ohne Insekten gibt es keine Bestäubung und ohne Bestäubung keine Frucht. Und ohne Frucht keine Nahrung

und ohne Nahrung kein Leben. In der Tiefe ist alles eins. Das ist das Geheimnis der Schöpfung, die noch lange nicht »fertig« ist.

3. Wir müssen es schaffen, aus der heutigen Bedarfsweckungsgesellschaft eine Bedarfsdeckungsgesellschaft zu organisieren. 2020 sind die globalen Militärausgaben nochmals um 64 Milliarden US-Dollar auf irrwitzige 1981 Billionen US-Dollar gestiegen. Ursache hierfür sind Neid, Angst, Dummheit, übertriebenes Konkurrenzdenken und Machtstreben, Ideologien und Religionen. Politische und wirtschaftliche Systeme beherrschen uns mehr als das, was uns eint. Wenn wir aber erkennen, dass uns mehr eint als trennt, können wir zur Krone der Schöpfung aufsteigen und diese nicht länger zerstören.

4. In den letzten drei Jahrhunderten seit der Aufklärung war ein sinnloses Leben in einem planlosen Universum der Freibrief für unsere ressourcenfressenden Gesellschaften. Wir können uns aber aus unserer »transzendenten Obdachlosigkeit« (Thomas Lambert Schöberl) befreien, indem wir uns auf Religionsstifter und Weisheitslehrer oder auch auf moderne Bewusstseinsforscher wie C. G. Jung oder Stanislav Grof besinnen. Viele Umfragen zeigen, dass Geld und Besitz für die meisten Menschen wichtig sind, aber nur als Basis. Der wichtigste Glücksfaktor ist jedoch die Sinnhaftigkeit. Menschen sind glücklich, wenn sie das Gefühl haben, etwas zu einem sinnhaften Projekt beizutragen.

5. Das Engagement für sozial Schwache und für Tiere ist beglückender als Aktiengewinne. Nicht Dollar und nicht Euro, nicht Pfund, nicht Lira und nicht Yuan, sondern einzig die Funktionsfähigkeit von Ökosystemen ist die Leitwährung der Zukunft.

6. Die Volkswirtschaft ist wichtiger als die Betriebswirtschaft.

7. Wir brauchen dringend einen Finanzwirtschaftswechsel. Es ist ökonomischer Unsinn, dass die »wertvollsten« Unternehmen wie Google oder Microsoft die höchsten Gewinne einfahren, aber am wenigsten Steuern bezahlen.

8. Es ist unerträglich, dass in Corona-Zeiten, die unendliches Leid über Millionen Menschen gebracht haben, an den Börsen der Champagner floss.

9. Es ist skandalös, dass global einige Dutzend Milliardäre über mehr Geld verfügen als die ärmere Hälfte der Menschheit, also 3,9 Milliarden Menschen. Und es ist unsäglich dumm und lächerlich, wenn drei Milliardäre sich einen Wettlauf in den Weltraum liefern und zu gleicher Zeit auf der Erde Millionen Menschen hungern. Die global vorgesehenen 15 Prozent Mindeststeuer sollten auf 25 Prozent erhöht werden. Nach der globalen Mindeststeuer, die erst 2021 beschlossen wurde, sollte auch ein globaler Mindestlohn von einem Dollar pro Stunde für die armen Länder beschlossen werden – der Mindeststundenlohn beträgt heute noch zum Beispiel in Bangladesch 25 Cent. Eine solche Ein-Dollar-Revolution würde die Kaufkraft von Hunderten Millionen armer Menschen über die Armutsgrenze heben und die Wirtschaft ihrer Länder stärken. Ein globaler Mindestlohn wäre per se wettbewerbsneutral, denn er bedeutet für alle dieselbe Veränderung der Spielregeln.

10. Die heutigen Indikatoren des Bruttoinlandsprodukts sind grotesk und pervers: Je mehr Verkehrstote, desto besser fürs BIP. Ein Boom der Sargindustrie ist kein Indikator für mehr Wohlstand.

11. Wir brauchen eine Revolution der Arbeit. Nicht Jobs um jeden Preis sind erstrebenswert für die Zukunft der Arbeit, sondern sinnstiftende und selbstbestimmte Jobs. Arbeiten wir, um zu leben, oder leben wir, um zu arbeiten? Politiker sind sich nicht zu schade, den klimaschädlichen Braunkohletagebau noch immer mit extrem wichtigen Arbeitsplätzen zu rechtfertigen. Dabei ist schon lange unbestreitbar, dass erneuerbare Energien Millionen neue und zukunftsfähige Jobs schaffen, weit mehr, als in der alten Energiewirtschaft verloren gehen. Der globale Umstieg auf erneuerbare Energien wird bis 2050 über 120 Millionen neue Arbeitsplätze schaffen. Die Bundesagentur für Arbeit geht davon aus, dass Deutschland jedes Jahr 400 000 Zuwanderer braucht, um seinen Wohlstand zu halten.

12. Der Finanzkapitalismus macht aus Geld noch mehr Geld – ohne jeden Sinn und Verstand. Befriedigendes Einkommen kann aber nur aus sinnhafter Arbeit entstehen. Wir brauchen keine Maximierung

der Geldumwälzung, sondern eine Minimierung der Verschwendung und Naturzerstörung.

13. Schon eine geringe Finanztransaktionssteuer von vielleicht 0,2 Prozent bringt in Zukunft die Milliarden, die der Staatshaushalt braucht, um Pflegekräfte in Krankenhäusern und Altenheimen besser zu bezahlen. Es ist völlig sinnlos, dass die höchsten Löhne bis zu 200-mal höher sind als die niedrigsten.

14. Immer größere Einkaufszentren am Stadtrand entleeren unsere Innenstädte, zerstören unsere Umwelt und vernichten Millionen Jobs beim Mittelstand und Einzelhandel. Schon 1965 beklagte Alexander Mitscherlich in seinem Buch »Die Unwirtlichkeit unserer Städte« die Trostlosigkeit unserer Innenstädte sowie deren negative Auswirkungen auf unser Seelenleben und warb stattdessen für ein »Planen für die Freiheit«.

15. Bei 20 oder 25 Stunden sinnvoller Erwerbsarbeit pro Woche bleiben jedem Menschen Zeit für kreative Arbeit, für Familie, Partnerschaft und Kinder. Die Routinearbeit erledigen künftig Maschinen, die Digitalisierung und die künstliche Intelligenz. In vielen Berufen muss man nicht mehr von Montag bis Freitag unendlich viel Zeit im Büro verbringen. Nicht alle, aber viele Jobs kann man gut in zwei oder drei Tagen pro Woche von zu Hause aus erledigen. Kürzere Arbeitszeiten und Homeoffice oder eine sinnvolle Kombination von beidem können zur Routine werden. Das bringt weniger Reisezeit, weniger Stress sowie mehr Zeit für Familie und Freunde.

16. Wir können von der Weisheit der Natur lernen: Kein Tier und keine Pflanze produziert nicht recycelbare Abfälle oder gar ihren eigenen Untergang. Noch nie hat eine Maus eine Mausefalle gebaut, aber Menschen bauen Atombomben. Die Atombombe ist die größte und gefährlichste Missgeburt unseres materialistischen Zeitalters. Leben meint Wandel, aber nicht Zerstörung. In der biblischen Schöpfungsgeschichte heißt es: »Gott, der Herr, brachte also den Menschen in den Garten Eden. Er übertrug ihm die Aufgabe, den Garten zu hegen und zu pflegen.« (Genesis 2,5) Von Zerstörung ist nicht die Rede.

17. Wir sollten die Umweltbilanz von Produkten durch einfache Zeichen oder Worte sichtbar machen: »nachhaltig«, »bio« oder »öko«. Oder ein Totenkopf auf Schokolade, der signalisiert, dass zu viel Zucker Gift ist. Bei Zigaretten hat die deutliche Aufschrift »Rauchen tötet« vielen Menschen das Leben gerettet.

18. Die Zukunft der Natur und die Natur der Zukunft ist die Zukunft von uns Menschen. Die Erde ist die gemeinsame Heimat aller Lebewesen. »Alle Macht gehört allen Lebewesen.« (Stefano Mancuso) Die bestimmende Aufgabe des 21. Jahrhunderts ist, wieder Frieden mit der Natur zu schließen (UN-Generalsekretär António Guterres). Ohne Frieden mit der Natur wird es keinen Frieden unter Menschen geben.

»Mensch sein heißt Sinn finden«, schrieb Viktor Frankl, nachdem er vier Konzentrationslager überlebt hatte, in denen seine Mutter, sein Vater, sein Bruder, seine Schwägerin und seine Frau umgekommen waren. Gerettet hatte ihn das jüdische Gebet eines Mitgefangenen, das er auf einem Zettel gefunden hatte, der aus einem Gebetbuch herausgerissen war: »Liebe deinen Gott mit Herz und Seele, mit deiner ganzen Kraft.« Er interpretierte diesen Text als Aufforderung, »Ja zum Leben zu sagen, egal womit es einen konfrontiert«. Frankls Bestseller »Trotzdem Ja zum Leben sagen« wurde ein Welterfolg und eines der wichtigsten Bücher der Menschheit in Krisenzeiten. Warum? Alle Weisheitslehren wissen, dass der Mensch kein vergänglicher Körper, sondern eine lebendige und unsterbliche Seele ist.

Das Scheitern vieler Menschen auf der Suche nach Sinn nennt Frankl »die Massenneurose der modernen Zeit«. Und: »Das Leben selbst ist es, das dem Menschen Fragen stellt. Er hat nicht zu fragen, er ist vielmehr der vom Leben her Gefragte, der dem Leben zu antworten – dem Leben zu verantworten hat.«

Die uns allen angeborenen großen geistigen Ressourcen sind unsere Fähigkeit zu lieben, unsere Möglichkeit, nach Sinn zu suchen, und unsere Lust auf Beziehungen. Die Stressforschung sagt uns erfreulicherweise auch, dass diese drei geistigen Ressourcen auch noch gesundheitsfördernd sind. Statt einer Herrschaft der Technik brauchen wir eine Kultur der Kooperation. Die Welt ist keine Maschine, sondern ein lebendiger Organismus. Wir haben heute noch keine wirklich menschliche Ordnung, sondern eine räuberische. Jeder Paartherapeut und jede Paartherapeutin bestätigt uns, dass unsere Verbundenheit mit anderen Menschen für unsere Gesundheit eine ganz besondere Rolle spielt. Das gilt auch für unsere Lust auf Zukunft. Gute Gene sind ja ganz hilfreich, aber gute Beziehungen sind nach meiner Lebenserfahrung wichtiger.

Der Sinn unseres heutigen Hierseins ist unsere Mithilfe bei den großen Überlebensthemen Frieden, Gerechtigkeit und Bewahrung der Schöpfung. Jede und jeder kann ein Pionier des Wandels sein. Wenn wir lernen, den Tod als Übergang in die geistige Welt anzuerkennen, dann verlieren wir die Angst vor dem Tod und ebenso auch viel Angst vor dem Leben, und wir werden weniger raffgierig.

Es liegt primär an uns selbst, ob wir im Leben Jäger sind oder Gejagte. Dabei können Empfehlungen helfen, die der innovative Neudenker Rüdiger Fox in seinem Buch »Der 0,1-Prozent Joker« vorschlägt: »Spielen! Leute! Spielen! Für mehr Kreativität und Kooperation in angstfreien Räumen.«

Geist ist der Urgrund allen Seins. Alles, was in unserer Welt entsteht, ist zuerst geistig. Schöpfung kann nur aus Geist erfolgen. Deshalb sind Achtsamkeit, Meditation, tiefes Gebet, Träume, die Betrachtung innerer Bilder wie Liebe, Freude, Dankbarkeit und ein Innehalten reine innere Quellen, aus denen wir Kraft und Energie schöpfen können. Diese Quellen fließen unerschöpflich, weil sie göttlich sind. Diese in jedem und jeder von uns fließenden Quellen sowie wissenschaftliche Forschung sind die Instrumente zur Beschleunigung der menschlichen Entwicklung. Das ist der Wissensschatz der gesamten Menschheit, die Summe aller Weisheitslehren, das Yoga unserer Zeit und aller Zeit.

In jedem Menschen
und in jedem Tier,
in jedem Baum

und in jeder Pflanze
erkenne ich einen Ausdruck
und einen Abdruck,
einen Spiegel und ein Siegel
göttlicher Intelligenz,
göttlicher Weisheit,
göttlicher Kreativität und
göttlicher LIEBE.

Drei Nächte, nachdem ich dieses Gedicht geschrieben hatte, sah ich im Traum die Schrift an einer Wand: »Alles kommt von Gott.«

Was könnte die Alternative sein?

Kurz bevor ich dieses Buch abschließe, im Januar 2022, warnt die Weltgesundheitsorganisation: »Fossile Brennstoffe bringen uns um. Die Klimakrise ist die größte Gesundheitskrise der Menschheit.« Aber aus Krisen müssen keine Katastrophen entstehen. Menschen können lernen, wenn sie wollen.

Wenn wir lebend aus diesen Problemen herauskommen wollen, die wir geschaffen haben, brauchen wir eine moralische Revolution mit tieferem Bewusstsein, neuem Denken und vor allem mit neuem Handeln. Das heißt: Wir brauchen jetzt einen Aufbruch in eine nachhaltige, lebensfreundliche und naturnahe Zivilisation, in der die Technik uns dient und nicht unterwirft. Unsere Zukunft ist weder gut noch böse, sondern ergebnisoffen. Mensch sein heißt wissen wollen. Aus Wissen kann Handeln werden. Dies befähigt uns, einen modernen Ökohumanismus zu entwickeln. Und: »Aus der Erkenntnis der menschlichen Wirkmächtigkeit erwächst Verantwortung.« (Pierre Leonhard Ibisch und Jörg Sommer)

Zuallererst sollten wir nach Corona aus der Weiter-so-Illusion erwachen. Die Pandemie hat uns gelehrt, dass wir so nicht weitermachen können. Wir spüren jetzt, dass der Kampf gegen den Klimawandel in eine neue Phase getreten ist. Die postfossile Wirtschaftsweise erfordert eine Transformation, die alle Bereiche unseres Lebens erfasst: die Energie, die Architektur, die Ernährung, die Politik, die Mobilität und die Arbeitswelt. Die Pandemie wird den Wandel beschleunigen.

Wir sollten endlich aufhören, uns gegenseitig mit Vernichtung zu drohen. Sonst könnte passieren, was niemand wirklich wollen kann. Die Sonne ist die Kraft, die das Leben auf unserem wunderbaren Planeten seit Jahrmilliarden formt und nährt. Sie fällt gerecht, gleichermaßen und preiswert auf Ost und West, auf Nord und Süd. Wenn wir lernen, mit diesem Licht zu leben, wählen wir das Leben selbst. Liebe Sonne und liebe Sonne hinter der Sonne, bitte erleuchtet uns!

Ein neues Solarzeitalter ist die Vision einer solaren Gesellschaft, die in Harmonie mit der Sonne lebt. Wir erleben gerade, dass dieser Traum global realisierbar ist. Der Berliner Solarforscher Professor Klaus Möbius sagt zu dieser Vision: »Drei Milliarden Jahre Evolution können nicht irren.«

Was wir zerstören, wird uns zerstören. Heute wissen wir, dass der Planet in Lebensgefahr schwebt und mit ihm alle seine Bewohner. Die Kerninformationen zum Klimawandel, die wir von der Wissenschaft heute haben – in 23 Worten zusammengefasst:

Er ist real.
Er betrifft alle.
Er ist gefährlich.
Wir sind die Ursache.
Die Fachleute sind sich einig.
Wir können noch etwas tun.
Quelle: Deutsches Klimakonsortium

Wir müssen uns als globale Gesellschaft endlich als Weltfamilie begreifen. Anfangen mit einem bescheideneren Lebensstil müssten die Wohlhabenden. 10 bis 30 Prozent der Bevölkerung müssten mitmachen, dann entwickeln sich neue gesellschaftliche Normen. 10 bis 30 Prozent, dann kann das bisherige Wirtschaften gegen die Natur kippen!

Mit der raschen und sanften solaren globalen Energiewende werden wir einen Selbstheilungsprozess für die Erde starten. Dabei wird uns ein zukunftsfähiges Bildungssystem helfen, dessen wichtigste Ziele Kreativität, Weisheit, Mitgefühl, Achtsamkeit und Ehrfurcht vor allem Leben sind.

Helfen kann uns auch das Recht. Weltweit geben immer mehr Gerichte Klimaschutzklagen recht. Klima, Frieden und Recht – wie das Freiheitsrecht künftiger Generationen – gehören zusammen. Klimaschutz kann oberstes Völkerrecht werden. Im Kalten Krieg haben internationale und überprüfbare Abrüstungsverträge jenes Vertrauen geschaffen, sodass am Ende die Konfrontation friedlich beendet werden konnte. Vertrauen ist das wichtigste Zukunftsmedikament. Vorbilder hierfür sind das Montreal-Abkommen zum Verbot von FCKW 1987, die Rio-Konvention zum Erhalt der Biodiversität 1992 und das Paris-Abkommen zum Klimaschutz 2015. Auf diesem rechtlichen Kurs kann Klimaschutz verbindliches Völkerrecht werden.

Historiker finden beim Blick zurück fast immer nur Fortschritt, Futurologen aber beim Blick in die Zukunft fast immer nur Katastrophen. Beide Blicke sind zu eng. Das Spiel des Lebens beginnt immer dann neu, wenn wir uns verändern. Statt ständig die bestehenden Grenzen zu überschreiten, können wir lernen, wie wir innerhalb dieser Grenzen alle gut leben können. Es wird auch in Zukunft genug Sonne und Wind für alle geben.

Meine Erkenntnisse und Erfahrungen wird im folgenden Teil dieses Buches einer der profiliertesten deutschen Naturwissenschaftler und Ehrenpräsident des Club of Rome, Professor Ernst Ulrich von Weizsäcker, vertiefen. Freuen Sie sich darauf!

50 Jahre nach
»Die Grenzen des Wachstums«
Ernst Ulrich von Weizsäcker

Aurelio Peccei hatte einen guten Instinkt!

Schon in den späten 1960er-Jahren hörte ich von einem italienischen Industriellen namens Aurelio Peccei. Eduard Pestel war mir bekannt, Professor und Systemanalytiker an der Technischen Hochschule Hannover. Er berichtete über aufregende Gespräche mit Peccei und anderen über das künftige Schicksal der Menschheit, auf Englisch »The Predicament of Mankind«.

Es war auch die Zeit der Studentenrevolten, der »68er«, in Paris, in Berkeley (USA) oder Westberlin. An anderen Stellen wie Prag, Warschau oder New York gingen junge und alte Menschen auf die Straße, um gegen ein autoritäres System oder Rassismus oder den Vietnamkrieg zu protestieren. Im Ruhrgebiet, in Pittsburgh, in Osaka war die Luft zum Schneiden schmutzig, und der Cuyahooga-Fluss nahe Detroit brannte buchstäblich – so verölt und verschmutzt war seine Oberfläche. Aurelio Peccei wusste, dass es haufenweise Gründe der Verunsicherung, des Protests, ja des Aufruhrs gab. Was war das Schicksal der Menschheit? Das war nicht eine akademische Frage, sondern eine äußerst sorgenvolle!

Mir war die Frage dessen, was auf uns zukommt, überaus präsent. Ich hatte meine Doktorarbeit in der Freiburger Zoologie bei Professor Bernhard Hassenstein im Umkreis der biologischen Kybernetik geschrieben. Ich war fasziniert von Norbert Wieners »Kybernetik«, der Kontrolltheorie und Regelungstechnik zur Berechnung von komplexen Systemen.

Und neugierig hörte ich von jenem Team von schlauen Leuten aus aller Welt, wo man sich mit Methoden der Mathematik um das anzunehmende Schicksal der Menschheit kümmerte.

Das Team hatte Rang und Namen. Außer dem sehr erfolgreichen Industriellen Peccei war auch Alexander King dabei, Leiter der Wissenschaftsabteilung der OECD, Hugo Thiemann, Leiter des europäischen Ablegers der amerikanischen Denkfabrik Battelle Institute, Professor Pestel und Professor Jay Forrester vom Massachusetts Institute of Technology (MIT), damals die vermutlich spannendste Technische Hochschule der Welt, eine Art Vorläufer dessen, was später das Silicon Valley in Kalifornien wurde.

Aurelio Peccei arrangierte im Frühjahr 1968 eine internationale Konferenz in Rom, in der Eliteakademie der »Luchse« (Accademia Nazionale dei Lincei) im Palazzo Corsini, und er lud die genannten Spitzenkräfte und vielleicht 25 weitere ehrgeizige Systemtheoretiker ein, um über das künftige Schicksal der Menschheit nachzudenken. Doch er war mit den Ergebnissen angeblich nicht so recht zufrieden und setzte sich anschließend mit einigen Freunden zusammen, zu denen auch noch der niederländische Diplomat Max Kohnstamm, der Generaldirektor von Crédit Lyonnais Jean Saint-Geours und der geniale österreichische Astrophysiker Erich Jantsch gehörten. Einer von diesen schlug angeblich vor, der Gruppe nunmehr den Namen The Club of Rome zu geben – was breite Zustimmung fand.

Ein weiteres Treffen, in Anwesenheit von Pestel und Forrester, wurde dann etwas konkreter. Forrester präsentierte stolz sein systemtheoretisch-mathematisches Modell »Dynamo« und sagte, man könne doch mit ein paar relevanten Variablen und der Verknüpfung derselben die Zukunft der Menschheit mathematisch ausrechnen. Und Pestel, der bereits eine wichtige Rolle bei der Volkswagen-Stiftung hatte, bot an, diese Zukunftsmathematik zu finanzieren. Forrester übernahm den Auftrag, ein wissensdurstiges Team junger Leute am MIT zusammenzubringen und an die Arbeit zu setzen.

Das Team bestand aus Dennis Meadows und seiner Frau Donella Meadows, Jørgen Randers, einem norwegischen Doktoranden, und

William Behrens III. Und es kam nach erstaunlich kurzer Zeit zu greifbaren Ergebnissen über die kommenden hundert Jahre. Bloß waren diese Ergebnisse äußerst erschreckend: Wenn das Wachstum einfach so weiterginge, käme das System Menschheit in den ersten Jahrzehnten des 21. Jahrhunderts zu einem fürchterlichen Kollaps. Innerhalb von zwei oder drei Jahrzehnten würde eine Hungerkatastrophe eintreten, kombiniert mit Verschmutzungskatastrophen, und das bei immer noch wachsender Weltbevölkerung. Auch diese würde dann aber kollabieren, aus den genannten Gründen.

Noch während der Fleißarbeit am MIT erfuhr der junge niederländische Journalist Wouter van Dieren, vermutlich von Max Kohnstamm gut informiert, vom Fortschritt des Meadows-Teams. Und er publizierte Artikel mit Mutmaßungen darüber, was sich dieser geheimnisumwobene Club of Rome jenseits des Atlantiks ausdachte. Van Dierens Artikel machten die Runde, und die Neugier stieg rasant. So war es dann kein Wunder, dass das Buch mit dem Titel »The Limits to Growth« sofort zum Bestseller wurde. Es wurde in alle Weltsprachen übersetzt. Rund 30 Millionen Exemplare wurden verkauft, und als Intellektueller konnte man sich nicht mehr leisten, den Club of Rome und sein Produkt nicht zu kennen.

Im Jahr 1972 erschien das sehnlich erwartete Buch. Im gleichen Jahr fand in Stockholm die erste UN-Umweltkonferenz statt. Der Generalsekretär der Konferenz, der Kanadier Maurice Strong, zitierte in seiner Eröffnungsrede mehrfach »Die Grenzen des Wachstums«. Das war ein erneuter, weltweit hörbarer Posaunenruf für die Tätigkeit des noch ganz jungen Club of Rome.

Aurelio Peccei hatte also genau den richtigen Instinkt, und er hatte ein fabelhaftes Team zusammengebracht. Der Club of Rome wurde weltberühmt. Der damalige österreichische Bundeskanzler Bruno Kreisky lud die Spitzenleute des Club of Rome zu einer gemeinsamen Sitzung mit dem Bundeskabinett ein.

Zugleich schossen Nichtregierungsorganisationen wie Pilze aus dem Boden und versuchten, den vom Club of Rome bereiteten Boden weiter fruchtbar zu machen. Hierdurch verschwand allerdings das große

Privileg des Club of Rome, als alleiniger Verkünder des Schicksals der Menschheit von allen Seiten umworben zu werden. Der Schwede Jakob von Uexküll gründete in Hamburg den World Future Council. Greenpeace und WWF erlebten sagenhafte Mitgliederzuwächse. Die christlichen Kirchen engagierten sich auf einmal auch ökologisch, ebenso Oxfam in England, ursprünglich für die Überwindung des Hungers gegründet.

Ein Einfachmodell für eine sehr komplexe Nachricht

Das Modell, welches die Gruppe um Donella und Dennis Meadows verwendete, war naturgemäß sehr einfach gestrickt. Es sollte ja in kurzer Zeit klare Aussagen machen. Es wurde das »World3-Modell« getauft, aber manchmal auch »MIT-Modell« genannt. Es erlaubte fünf Parameter oder Variablen: Weltbevölkerung, Nahrungsmittel pro Kopf, Industrieerzeugnisse pro Kopf, verfügbare Ressourcen, Verschmutzung.

Die fünf Variablen wurden zum Zeitpunkt null (zum Beispiel 1972) empirisch gemessen. Auch die jeweils gegenseitigen Beeinflussungen der Variablen wurden empirisch aus den Erfahrungen der vergangenen Jahre oder Jahrzehnte mathematisch abgeleitet. Mit diesen Daten konnte der Computer in kürzester Zeit die Zukunft voraussagen. Und World3 funktionierte tatsächlich.

Einige Resultate waren natürlich korrekt. Industrieerzeugnisse pro Kopf würden schrumpfen, wenn die Bevölkerung zunimmt. Aber wenn die Industrie schneller wächst als die Bevölkerung, nehmen die Industrieerzeugnisse pro Kopf dennoch zu. Wenn jedoch die Ressourcen, auf deren Ausbeutung die Industrie angewiesen ist, abnehmen, schrumpfen die Erzeugnisse doch wieder.

Ein dicker Fehler unterlief dem Club jedoch mit dem World3-Modell. Gestützt auf den klaren empirischen Befund der 1960er-Jahre wurde mathematisch festgelegt, dass die Verschmutzung weiterhin völlig parallel mit dem Industrieoutput zunehmen würde. Aber in den 1970er-Jahren begann schon der Boom der Umweltgesetzgebung, auch vom Club of Rome angefeuert. Die Umweltgesetze befahlen die rasche Überwindung der entsetzlichen Umweltverschmutzung. Also nahm die

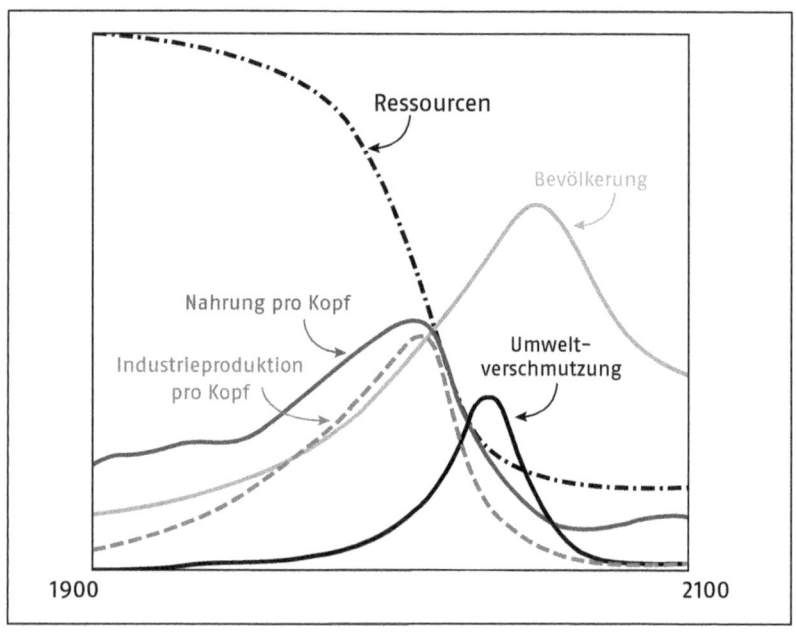

Das Standardmodell von »Die Grenzen des Wachstums« 1972 nach dem World3-Modell

Verschmutzung ab, je später das Jahr der Messung war. Das gab das World3-Modell absolut nicht wieder!

Ähnlich ging es mit der Verfügbarkeit von mineralischen Ressourcen. Das Modell nahm an – geologisch korrekt –, dass sich mineralische Ressourcen, insbesondere fossile Brennstoffe, nicht regenerieren. Aber im Gefolge der Ölkrise gab es einen Boom der Suche, Auffindung und Gewinnung von Öl, Gas und festen Mineralien. Und so wuchs die Verfügbarkeit, statt zu schrumpfen. World3 gab auch diese historische Wende nicht wieder.

Das World3-Programm war also für die Prognose einer komplexen Welt zu einfach. Aber die Grundaussage, dass ein räumlich begrenzter Planet mit begrenzten mineralischen Ressourcen keine andauernde Konsumvermehrung verträgt, wird von dieser eher methodischen Vereinfachung nicht beschädigt.

In der öffentlichen Wahrnehmung war ohnehin der größte Schock die Endlichkeit der mineralischen Ressourcen, einschließlich Erdöl, unabhängig von den Feinheiten des Modells.

Harte Kritiken

Das Buch »Die Grenzen des Wachstums« war ein riesiger Bestseller, aber genau das brachte haufenweise Kritiker auf den Plan. Den lautstarken Kritikern waren jedoch die methodischen Schwächen ziemlich egal. Historisierende Optimisten sahen in der Schrift des Club of Rome den alten Pessimisten Thomas Robert Malthus wiederauferstehen. Malthus stellte es als unvermeidlich dar, dass die Menschheit blind dem Gesetz der unbegrenzten Vermehrung folge, während sich die Ressourcen, von denen Menschen leben, deutlich langsamer vermehren. Diese »Tatsache« brachte ihn zu dem Schluss, es handle sich hier um ein unumstößliches mathematisches Axiom. Moderne Kritiker sahen ferner – wie oben angedeutet – die Behauptung der baldigen Ressourcenerschöpfung und die endlose Zunahme der Verschmutzung als pessimistischen Denkfehler an. Generalisiert sahen sie das World3-Modell als viel zu statisch an, weil es den technischen Fortschritt nicht einbezog.

Einer der wortmächtigsten Kritiker war John Maddox, der Chef des höchst angesehenen Wissenschaftsjournals »Nature«, ein Guru in Sachen technischer Fortschritt. Sein Klagebuch hieß »The Doomsday Syndrome« und beschimpfte den Club of Rome und sein primitives Modell. Auch H. S. D. Cole und Christopher Freeman fielen über den Club of Rome her und wiesen viele Übertreibungen, Vereinfachungen und pure Mutmaßungen nach.

Von ganz anderer Seite kam die Kritik aus Südamerika – von der sehr angesehenen Bariloche-Stiftung. Diese beauftragte zwei renommierte Autoren, Amílcar Herrera und Hugo Scolnik, ein lateinamerikanisches Weltmodell (LAWM) zu entwickeln. Das Ergebnis war ein Weltmodell, welches den Entwicklungsländern mehr Wachstumsspielraum ließ, aber zulasten des Konsums in den reichen Ländern.

Wirtschaftswunder – Ölkrise – Reaganomics

Auch im Norden gab es jenseits der wissenschaftlichen Dispute kräftige politische Kritik, vor allem von der Wirtschaft. Man hatte ja zwei glorreiche Jahrzehnte des Wachstums hinter sich, das »Wirtschaftswunder«. Dieses wurde in der Bundesrepublik als das große Heilmittel nach der politischen Kriminalität des Hitler-Regimes angesehen. Wachstum war auch das Wunderrezept gegen die bei Kriegsende weitverbreitete Armut, speziell bei den Millionen von Flüchtlingen, die sich ohne Hab und Gut auf den »Treck« nach Westen aufgemacht hatten. In dieser Gemütslage Grenzen des Wachstums auszurufen, war politisch sehr unpopulär – und das keineswegs nur in Deutschland.

In den USA und fast allen anderen westlichen Ländern brach anderthalb Jahre nach der Publikation von »Die Grenzen des Wachstums« eine Wirtschaftskrise aus, die »Ölkrise«. Im November 1973, nach dem für Israel glimpflich verlaufenen, kurzen Yom-Kippur-Krieg, kamen die arabischen ölexportierenden Länder auf die Idee, Israels Freunde, speziell die USA, durch einen Ölpreissprung zu bestrafen, eine unangekündigte Vervierfachung des Preises. Die Folge waren der Kollaps vieler ölabhängiger Betriebe, die Entwertung der vorhandenen Autoflotte, autofreie Sonntage und im Effekt eine tiefe Rezession. Nicht wenige Kritiker warfen dem Club of Rome vor, durch seine Botschaft der Ressourcenknappheit die in der OPEC geeinten Ölländer geradezu ermutigt zu haben, mit dem willkürlich angehobenen Ölpreis Geld zu scheffeln und Politik zu machen.

Viele Länder verlegten sich nun auf die von John Maynard Keynes erfundene Defizitstrategie zur Wiederankurbelung des Wachstums. Jedoch wollte das partout nicht gelingen. Es folgte die Stagflation: eine Kombination aus Stagnation und Inflation.

Die Stagflation war eine Ohrfeige für die politische Linke, und sie führte gegen Ende der 1970er-Jahre in vielen Ländern zu einem politischen Rechtsruck. In Großbritannien siegte Margaret Thatcher 1979, und in den USA siegte 1980 Ronald Reagan. Der Staat wurde dort verächtlich gemacht. Und zu Reagans politischem Repertoire gehörte auch ein von oben verordneter Optimismus, speziell zugunsten des von Restriktionen befreiten Marktes.

Das war nun das Gegenteil der als pessimistisch beschimpften Botschaft des Club of Rome. Reagan verkündete mit expliziter Kritik am Club of Rome: »There are no such things as limits to growth«[1] (deutsch: So was wie Grenzen des Wachstums gibt's überhaupt nicht).

Reagan hatte mit dieser unsinnigen Rhetorik ein unglaubliches Glück! Die durch die Macht der OPEC aufgeschreckten Ölfirmen waren inzwischen auf den Trichter gekommen, kräftig und weltweit nach neuen Ölquellen zu suchen und die allenthalben gefundenen Quellen auszubeuten. Die nahezu monopolistische Macht der OPEC war schwer beschädigt, und weltweit kam es zu einem deutlichen Rückgang der Ölpreise, den Ronald Reagan natürlich als seinen Verdienst verkaufte. Seine neoliberale Wirtschaftsauffassung ließ er fröhlich als »Reaganomics« betiteln.

Der politische Rechtsruck beendete auch den anfänglichen Glorienschein des Club of Rome. Gewiss brachte das Team um Dennis Meadows gelegentlich gute Aktualisierungen der »Grenzen des Wachstums« heraus, mit optimistischem Unterton, methodisch tadellos, aber nur noch mit mäßigen Verkaufserfolgen. Der Club of Rome produzierte noch Dutzende weiterer Berichte, die sich fast durchweg auf den berühmten Bestseller von 1972 bezogen.

Faktor Vier

Einen etwas anderen Weg schlugen die Denkfabriken Rocky Mountain Institute und das Wuppertal-Institut für Klima, Umwelt, Energie ein. 1994 organisierte der Club of Rome unter seinem damaligen Präsidenten Dr. Ricardo Díez Hochleitner in Bonn eine Konferenz, welche den Entwurf eines neuen Berichts an den Club of Rome zum Thema hatte. Die Idee war, dass man die Ressourcenproduktivität einschließlich der Energieproduktivität technisch ohne Weiteres vervierfachen konnte. Das Rocky Mountain Institut wurde von seinen Leitern Dr. Amory Lovins und dessen damaliger Frau Hunter Lovins vertreten, das Wup-

---

1 Das vollständige Zitat heißt: »There are no such things as limits to growth, because there are no limits to the human capacity for intelligence, imagination, and wonder.«

pertal-Institut durch mich (Ernst Ulrich von Weizsäcker) sowie meinen Stellvertreter, Professor Friedrich Schmidt-Bleek. Der Entwurf enthielt 50 Beispiele dieser kühnen Vervierfachung der Produktivität, 20 bei der Energie, 20 bei materiellen Ressourcen und 10 bei der Mobilität. Mit einigen Modifikationen wurde das Manuskript als Bericht an den Club of Rome akzeptiert und publiziert.

Diese Botschaft widersprach natürlich der statischen Modellmathematik der »Grenzen des Wachstums«, bei welcher Wohlstand und Ressourcenverbrauch dauerhaft an die Menge der Industrieerzeugnisse gekoppelt waren, dass also der Wohlstand mit geringerem Ressourcenverbrauch als unmöglich angesehen wurde. Leider behielt die World3-Skepsis jedoch auf indirekte Weise recht: Die historisch gemessenen Effizienzgewinne wurden samt und sonders von zusätzlichem Konsum und folglich wachsendem Bruttoinlandsprodukt überrollt. Und genau das war den Nationen der Welt und ihren Bürgerinnen und Bürgern überaus willkommen – wie ein Geschenk des Himmels.

Diese für die amerikanischen Autoren von »Faktor Vier« überraschende Wende hatte eine historisch altbekannte Begründung: den Rebound-Effekt, im englischen Sprachraum meistens als Jevons-Paradox bezeichnet. Solange Ressourcen noch verfügbar sind, werden sie gnadenlos verbraucht, und wenn die Ressourcen effizienter genutzt werden, kann man mit dem gesparten Geld woanders mehr konsumieren. Die geniale Erfindung der lichtelektrischen Diode, der LED, die pro Wattsekunde fast zehnmal mehr Licht produziert als die alte Glühbirne, hat den Stromverbrauch praktisch nicht gesenkt, sondern einfach viel mehr Licht produziert.

Es gibt aber einige Beispiele, bei denen der Rebound-Effekt nicht zuschlägt, weil es einfach keinen Sinn macht, vom betreffenden Produkt beliebig viel mehr Exemplare zu produzieren und zu konsumieren. Das für den Umwelt- und Klimaschutz vielleicht wichtigste Beispiel dieser Art ist das Passivhaus. Die passive Sonnenenergie reicht praktisch aus, um die gewünschte Erwärmung oder auch Kühlung bereitzustellen. Externe Heizung und Kühlung sind fast nicht nötig, weil man mit einer Wärmeaustausch-Belüftung die Wärme der verbrauchten Luft nutzt, um die kalte hereinströmende Frischluft aufzuwärmen. Und im heißen Sommer kühlt die verbrauchte Innenluft die hereinströmende warme Außenluft ab. Das System wurde in Deutschland von Wolfgang Feist und seinem Team in Darmstadt entwickelt.

Sehr viel weniger günstig sieht es mit der Digitalisierung aus. Anfangs denkt jeder, sie spart jede Menge Energie und Materialien. Aber sie hat, wie jeder Facebook-Nutzer weiß, die Eigenschaft, immer mehr Bilder und mehr Information zu produzieren und damit immer mehr Energie zu verbrauchen. Bekannt wurde das Problem durch den riesigen Energiehunger des »Schürfens« von Bitcoins.

Dem Rebound-Effekt ist dann im Nachfolgebuch »Faktor Fünf«, ebenfalls einem Bericht an den Club of Rome, ein ganzes Kapitel gewidmet worden. Und zur Abschwächung des Rebound-Effekts wird empfohlen, die Ressourcen im ungefähren Gleichschritt mit den Effizienzgewinnen fiskalisch zu verteuern. Dann würde es zu einer Art Pingpong kommen zwischen Energieeffizienz und Energiepreisen. Dieses Pingpong würde den Fortschritt in Richtung Ressourcenschonung entscheidend beschleunigen. Bei der Zähmung des Energiehungers der Digitalisierung kann man durch ein Preissignal einen Anreiz schaffen, nicht unsinnig viele Mega- oder Terabits zu verschicken.

Die Analogie hierzu ist das über fast 200 Jahre der industriellen Revolution entstandene Pingpong zwischen Steigerung der Arbeitsproduktivität und Steigerung der Löhne (oder Lohnkosten pro Stunde). Jenes Pingpong hat zu einer ungefähren Verzwanzigfachung der Arbeitsproduktivität und der Einkünfte der Arbeiterschicht geführt. Leider ist die fiskalische Verteuerung von Energie und anderen Ressourcen im Volk extrem unpopulär und für die im internationalen Preiswettbewerb stehende Industrie kaum aushaltbar. Man müsste also die Idee a) sozial abfedern und b) internationale Handelsabkommen so umformulieren, dass der ökologische Fortschritt nicht bestraft wird.

Wir sind dran: Was wir ändern müssen, wenn wir bleiben wollen

Der Club of Rome lässt sich nicht entmutigen. Die Botschaft der Grenzen des Wachstums wird ja nicht schwächer, bloß weil bestimmte Maßnahmen zum Schutz des Klimas und des Planeten unpopulär sind und die internationale Harmonisierung noch nicht genügend Befürworter hat. Wir haben in einem ebenso ehrgeizigen wie langwierigen Kommunikationsprozess alle Mitglieder des Clubs eingeladen, sich an der Entwicklung von Strategien zu beteiligen, die die unangefochtene Wahrheit der Grenzen des Wachstums auf einem kleinen und begrenzten Planeten ernst nehmen und zugleich politisch tolerabel sind.

Anders Wijkman und ich waren von 2012 bis 2018 Co-Präsidenten des Club of Rome. In dieser Zeit haben wir uns daran gemacht, mit insgesamt 40 Co-Autoren einen neuen Bericht zu verfassen, der die politische Seite ernst nimmt. In vier Jahren harter kommunikativer Arbeit haben wir aus anfänglichen Skizzen ein Buch produziert, welches aus drei Teilen besteht: 1. Die heutigen Trends sind überhaupt nicht nachhaltig!; 2. Auf dem Weg zu einer neuen Aufklärung; 3. Eine spannende Reise zur Nachhaltigkeit.

Die »neue Aufklärung« empfanden wir als nötig, weil der pure Rationalismus, Materialismus, Utilitarismus, Individualismus – alles auf der alten Aufklärung fußende Übertreibungen – sehr unbefriedigend waren. Die Übertreibungen stellten die philosophisch-politische Grundlage für die Nichtnachhaltigkeit der heutigen Welt dar. Auch die christliche Mission und erst recht der auf ihr basierende und durch die Aufklärung legitimierte europäische Kolonialismus müssen aus heutiger Sicht sehr kritisch bewertet werden.

Das Buch »Come On!« wurde ausdrücklich zum fünfzigjährigen Bestehen des Club of Rome publiziert. Es sollte eine Art Synthese der Programmatik des Club of Rome darstellen – daher auch die Einladung an alle Clubmitglieder, sich an der Schrift zu beteiligen, was in erfreulichem Umfang gelang.

Die deutsche Fassung von »Come On!« heißt »Wir sind dran«, ein zweideutiger Titel: Wir sind an der Reihe – aber wenn wir's schlecht machen, dann sind wir dran! Und der Untertitel heißt: »Was wir ändern müssen, wenn wir bleiben wollen«. Die deutsche Übersetzung hat eine wesentlich stärkere öffentliche Resonanz erfahren als das englische Original oder die insgesamt zehn weiteren Übersetzungen einschließlich der chinesischen, japanischen und spanischen Ausgaben. Die Resonanz betrifft besonders Teil drei des Buches über vorsichtige Entwürfe für staatliches und wirtschaftliches Handeln, welches die abschüssigen Trends des Anthropozäns verlangsamen und schließlich stoppen kann.

Ganz knapp kann resümiert werden, worum es hier geht: Die Agrarpolitik muss unbedingt ökologischer und kleinteiliger werden – aus Gründen des Klimaschutzes, der biologischen Vielfalt und des Bodenschutzes. Energie- und Verkehrspolitik müssen – weltweit! – selbstverständlich die fossilen Brennstoffe durch Solar- und Windenergie ersetzen, zugleich aber die Energieeffizienz erheblich steigern, wie oben im Kapitel »Faktor Vier« gesagt. Die Finanzmärkte müssen nach den übertriebenen Wellen der Deregulierung dringlich neu kontrolliert werden. Das Steuersystem muss so entwickelt werden, dass die Steuer auch ein Nachhaltigkeitssignal enthält. Klima- und biodiversitätsfreundliche Technologien und Tätigkeiten müssen Schritt für Schritt steuerlich entlastet und die naturschädigenden Tätigkeiten und Technologien müssen Schritt für Schritt steuerlich höher belastet werden.

Besonders wichtig scheint mir die Forderung, die Rolle des Staates neu zu gestalten. Staaten sollen nicht in erster Linie Rivalen zueinander sein, sondern kooperieren. Gerhard Knies, einer der Erfinder der »Desertec«-Idee des Club of Rome (bei der der energiehungrige Norden die Sonnenüberschüsse Nordafrikas als Elektrizität oder Wasserstoff importieren könnte), hat ein neues Modell des zwischenstaatlichen Zusammenlebens entwickelt. Jeder Staat sollte ein eigenes »Kohabitationsministerium« schaffen, dessen Hauptaufgabe die Entwicklung von zwischenstaatlichen Synergien wäre. Und die Staatengemeinschaft sollte ein Intergovernmental Panel on Habitability of Planet Earth schaffen.

Das Vorbild für den dramatischen Übergang vom Rivalitätsprinzip zum Freundschaftsprinzip war natürlich die Gründung der Europäischen Wirtschaftsgemeinschaft, die sich später zur Europäischen Union fortentwickelte. Für Deutschland, für Frankreich, eigentlich für die Welt war dieser Übergang ein großer Segen!

Die bis Ende 2018 amtierenden Co-Präsidenten wirkten als »Architekten« und Editoren des in fünf Etappen immer weiter ausgebauten Manuskriptes der – wie gesagt – 40 verschiedenen Autoren, meistens Mitglieder des Club of Rome. Der Titel »Come On!« ist übrigens ein Wortspiel mit zwei konträren Bedeutungen. In der Alltagssprache heißt es ungefähr:»Komm her, mach mir doch nichts vor!« Aber es kann mit anderer Betonung heißen:»Komm mit, lass es uns anpacken!«

Der Club of Rome heute

Der Club of Rome hat unter Anleitung durch Jørgen Randers, einem der vier Autoren von »Die Grenzen des Wachstums«, den Modellansatz fortentwickelt. Zur Unterscheidung redet man jetzt vom Earth3-Modell, und statt von Grenzen des Wachstums redet man von den planetaren Grenzen (planetary boundaries) von Johan Rockström und Will Steffen. Und man bringt die 2015 mit der UN-Nachhaltigkeitsagenda 2030 eingeführten Nachhaltigen Entwicklungsziele (Sustainable Development Goals, SDGs) mit den planetaren Grenzen zusammen. Drei Szenarien wurden untersucht: 1. Business as usual (»Weiter so!«), 2. beschleunigtes Wachstum und 3. Fokus auf die SDGs. Das dritte bringt uns dem Erhalt der Erdsysteme etwas näher, das erste schürt die Katastrophe, das zweite ebenso, bloß schneller. Die Welt muss, um die Katastrophen zu mildern oder abzuwehren, die Probleme der Vermehrung der Weltbevölkerung, des zunehmenden Konsums, der klaffenden Lücke zwischen Reich und Arm sowie der Fossilenergie rasch in den Griff bekommen!

Der Club of Rome hat vier neue internationale Arbeitsgruppen, sogenannte Impact Hubs, gebildet, nämlich Klima und Notlage des Planeten; Finanzmärkte überarbeiten; neues Denken der Ökonomie; Intergenerationendialog. Die neue Co-Präsidentin des Clubs, Sandrine Dixson-Declève ist besonders in den Arbeitsgruppen Klima und Neue Ökonomie aktiv und hat die Verbindung zur EU-Kommission ausgebaut, speziell mit dem Vizepräsidenten Frans Timmermans, dem Koordinator des 2019 von EU-Kommissionspräsidentin Ursula von der Leyen ausgerufenen European Green New Deal.

Erfreulicherweise gibt es durchaus Chancen, das Blatt noch zu wenden. Die Überwindung der Fossilenergiephase der Weltwirtschaft ist durch das dramatische Sinken der Solarenergiepreise (auf etwa einen Eurocent pro Kilowattstunde in den sonnenverwöhnten Ländern) sowie das Potenzial der Verfünffachung der Ressourceneffizienz in Reichweite gekommen. Immer mehr Länder führen vor, dass eine Stabilisierung der Bevölkerung oder sogar deren Rückgang mit der Wohlstandsentwicklung Hand in Hand geht. Die Konsumexplosion bis hin zu Weltraumausflügen für Milliardäre wird allenthalben bereits als »Krankheit« angesehen. Und die Art der deregulierten Globalisierung, die als Erfolgskriterium nur die Steigerung der Kapitalrenditen akzeptiert und damit die Kluft zwischen Arm und Reich drastisch vergrößert, wird auf allen Kontinenten inzwischen als zivilisatorischer Niedergang kritisiert.

Ein neues Club-of-Rome-Projekt ist noch im Entstehen: »Earth4All«. Jørgen Randers und Per Espen Stoknes haben die alte Idee der Modellierung mit fünf einfachen Parametern, aber moderneren Daten und Methoden aufgegriffen: Energie, Nahrung, Armut, Ungerechtigkeit und Familie (einschließlich Bevölkerungsentwicklung). Das Projekt läuft auch unter dem Titel »Transformational Economics« auf eine recht fundamentale Kritik der neoliberalen Ökonomie hinaus. Die Publikation der Resultate ist für den 50. Jahrestag von »Die Grenzen des Wachstums« geplant.

Woran es natürlich noch fehlt, sind politisch durchschlagende und hinreichend populäre Instrumente, die vielen aus dem »Rivalitätsprinzip« resultierenden zerstörerischen Trends zu verlangsamen und zu stoppen. Hier sei zum Studium von Global-Governance-Konzepten und der Soziologie der Weltbürgerbewegung von 1948 unter anderem auf die beiden Bücher »Dag Hammarskjöld – Pionier einer Menschheitspolitik« sowie »Garry Sol Davis – Heimatland: Erde« des kosmopolitischen Autors Stephan Mögle-Stadel hingewiesen.

Mehr Infos von und über Franz Alt: www.sonnenseite.com
Wenn Sie Franz Alt schreiben wollen: franzalt@sonnenseite.com
Franz Alt behandelt jeden Montag um 20.30 Uhr auf »Transparenz TV«
in der Sendung »Franz Alt« wichtige Zukunftsthemen.
Herzliche Einladung!

Literatur

Alt, Franz: Die Sonne schickt uns keine Rechnung – Die Energiewende ist möglich, Piper 2014

Alt, Franz: Lust auf Zukunft – Wie unsere Gesellschaft die Wende schafft, Gütersloher Verlagshaus 2018

Alt, Franz: Jesus – Liebe und Frieden sind möglich, Benevento 2018

Alt, Franz: Die außergewöhnlichste Liebe aller Zeiten – Die wahre Geschichte von Jesus, Maria Magdalena und Judas, Herder 2021

Blüchel, Kurt G., Malik, Fredmund (Hrsg.): Faszination Bionik – Die Intelligenz der Schöpfung, Bionik Media 2005

Cohen, Richard: Die Sonne – Der Stern, um den sich alles dreht, Arche-Literatur 2012

Cole, H. S. D., Freeman, Christopher (Hrsg.): Models of Doom: A Critique of the Limits to Growth, Universe Books 1973

Dalai Lama, Alt, Franz: Schützt unsere Umwelt, Benevento 2020

Damásio, António: Wie wir denken, wie wir fühlen, Hanser 2021

Ebner, Rupert: Pillen vor die Säue – Warum Antibiotika in der Massentierhaltung unser Gesundheitssystem gefährden, Oekom 2021

Feist, Wolfgang: Gestaltungsgrundlagen Passivhäuser, Verlag Das Beispiel 2000

Fox, Rüdiger: Der 0,1-Prozent Joker, Murmann 2021

Göttner-Abendroth, Heide: Am Anfang die Mütter – Matriarchale Gesellschaften und Politik als Alternative, Kohlhammer 2011

Göpel, Maja: Unsere Welt neu denken, Ullstein 2020

Gorbatschow, Michail, Alt, Franz: Kommt endlich zur Vernunft – Nie wieder Krieg, Benevento 2017

Herrera, Amílcar: Catastrophe or New Society? A Latin American World Model, International Development Research Centre 1976

Ibisch, Pierre Leonhard, Sommer, Jörg: Das Ökohumanistische Manifest, Hirzel 2021

Knies, Gerhard: Model of a Viable World for 11 Billion Humans and Future Generations. Typoscript 2016. Kurzfassung in: von Weizsäcker, Ernst Ulrich, Wijkman, Anders: Wir sind dran – Was wir ändern müssen, wenn wir bleiben wollen, Pantheon 2019, S. 354–358

Lovins, Amory B.: Sanfte Energie – Das Programm für die energie- und industriepolitische Umrüstung unserer Gesellschaft, Rowohlt 1978

Maddox, John: The Doomsday Syndrome, MacGraw Hill 1972

Malthus, Thomas Robert: An Essay on the Principle of Population, J. Johnson 1798

Mauser, Wolfram: Wie lange reicht die Ressource Wasser? Fischer 2007

Meadows, Donella, Meadows, Dennis, Randers, Jørgen, Behrens, William III: The Limits to Growth, Universe Books 1972

Mulack, Christa: Im Anfang war die Weisheit – Die Wiederentdeckung eines weiblichen Gottesbildes, Fabrica Libra 2004

Müller, Harald: Wie kann eine neue Weltordnung aussehen? – Wege in eine nachhaltige Politik, Fischer 2008

Nicoll, Norbert: Adieu, Wachstum – Das Ende einer Erfolgsgeschichte, Tectum Sachbuch 2016

Radermacher, Franz Josef: Balance oder Zerstörung? Ökosoziale Marktwirtschaft als Schlüssel zu einer weltweit nachhaltigen Entwicklung, Ökosoziales Forum 2002

Randers, Jørgen, Rockström, Johan u. a.: Transformation is feasible! How to achieve the sustainable development goals within planetary boundaries, Stockholm Resilience Center 2018

Rockström, Johan: Planetary Boundaries: Exploring the Safe Operating Space for Humanity, erschienen in: Ecology and Society, 14 (2): 32, auf Deutsch zum Beispiel in: WBGU: Welt im Wandel – Gesellschaftsvertrag für eine Große Transformation. Hauptgutachten 2011, 2. veränderte Auflage 2011

Rollhausen, Victor: Die Vision – Wie wir eine gedeihliche Zukunft in der Gegenwart erschaffen, Earth Oasis 2020

Ramonet, Ignacio: Kriege des 21. Jahrhunderts – Die Welt vor neuen Bedrohungen, Rotpunktverlag 2002

Schauberger, Jörg: Victor Schauberger – Das Wesen des Wassers, AT-Verlag 2006

Scheer, Hermann: Sonnen-Strategie – Politik ohne Alternative, Piper 1993

Scheppach, Joseph: Am Himmel ist die Hölle los – Wie die Sonne unser Leben beeinflusst, Insel 2001

Schneidewind, Uwe: Die Große Transformation – Eine Einführung in die Kunst gesellschaftlichen Wandels, Fischer 2018

Scheidler, Fabian: Der Stoff aus dem wir sind, Piper 2021

Spiegel Peter und Zervas Georgios: Wettbewerbsneutral – Wirtschaft neu gestalten als Shakeholder Economym WeQ Institute, 2022

Schuhmacher, Helmut: Korallen – Baumeister am Meeresgrund, blv 2010

Seba, Tony: Saubere Revolution 2030 – Wie das Silicon Valley mit disruptiven Technologien und Geschäftsmodellen Kohle, Uran, Erdöl, Erdgas, traditionelle Energieversorger und konventionelle Autos verdrängt, MetropolSolar 2017

Siebenpfeiffer, Wolfgang (Hrsg.): Mobilität der Zukunft, Springer 2021

Stadermann, Gerd: Das Notwendige möglich machen – Die solare Forschungswende in Deutschland, Springer 2021

Sternstein, Wolfgang (Hrsg.): Mahatma Gandhi – Der Weg der Wahrheit, Buch.one-Verlag 2017

Stöcker, Christian: Das Experiment sind wir, Blessing 2020

Trippel, Katja: Überhitzt, Duden-Verlag 2021

Tolle, Eckhart: Eine neue Erde, Goldmann 2005

von Weizsäcker, Ernst Ulrich u. a.: Faktor Vier – Doppelter Wohlstand, halbierter Naturverbrauch, Droemer Knaur 1995

von Weizsäcker, Ernst Ulrich u. a.: Faktor Fünf – Die Formel für nachhaltiges Wachstum, Droemer Knaur 2010

von Weizsäcker, Ernst Ulrich, Wijkman, Anders: Wir sind dran, Gütersloher Verlagshaus 2017; aktualisierte Ausgabe: Pantheon 2019

Wohlleben, Peter: Das geheime Leben der Bäume, Ludwig 2015

Wohlleben, Peter: Der lange Atem der Bäume, Ludwig 2021

Yogananda, Paramhansa: Autobiographie, Hans-Nietsch-Verlag 2017

Ziegler, Jean: Ändere die Welt – Warum wir die kannibalische Weltordnung stürzen müssen, Bertelsmann 2015

Bildnachweis

S. 10 © Bigi Alt; S. 20 © Pixabay.com/Myriam Zilles; S. 39 © Hirzel Verlag; S. 45 © Bigi Alt; S. 64 © GoldbeckSolar; S. 80 © Chris Alt; S. 89 © Depositphotos/Sergey Nivens; S. 110 © FA FridaysforFuture Berlin 2021/privat; S. 112 © Hirzel Verlag; S. 114 © Bigi Alt; S. 116 © picture alliance/blickwinkel/F. Fox; S. 165 © picture alliance/dpa; S. 168 © Bigi Alt; S. 172 © Jurij Lisunow/Gorbatschow-Stiftung; S. 194 © Hirzel Verlag; S. 208 Franz Alt: © Bigi Alt; S. 208 Ernst Ulrich von Weizsäcker © picture alliance/Frank May

Die Autoren

Bestsellerautor Franz Alt erhielt als bekannter Fernsehjournalist sowie für sein ökologisches Engagement zahlreiche Auszeichnungen. Seine Bücher sind in 23 Sprachen übersetzt und erreichten Millionenauflagen. Seit Jahrzehnten tritt er für ein neues ökologisches Bewusstsein ein.

Ernst Ulrich von Weizsäcker ist Physiker und Biologe. Der bekannte Umweltwissenschaftler und Politiker war u. a. Co-Präsident des Club of Rome, Co-Vorsitzender des International Resource Panel und Direktor des Wuppertal Instituts für Klima, Umwelt, Energie.